中冊目錄

第 **5** 戰

火燒赤壁：真相到底是什麼？

一、臥龍出山

位列中國戰役知名度前三的一戰，是大名鼎鼎的赤壁之戰。三國三巨頭全部參賽。此戰之後劉備流竄團夥終於算是正式上道了，孫劉聯盟正式形成，曹操這輩子再也沒有將手伸過大江以南。三足鼎立的局勢，開始漸漸地清晰。

不過這一戰的真實性和它的知名度相比，卻是所有名戰中幾乎最低的一場。因為這一戰的最終演化，變成了諸葛亮的造神運動和關二爺的義氣豐碑，而此次扭轉中國歷史中的兩個關鍵角色：周瑜和魯肅，一個被描寫成了小肚雞腸的小氣鬼，一個被塑造成了厚道樸實的傻子。這對兩根江東擎天柱來說確實不公平。

這一戰，我們耳熟能詳的著名橋段，基本上都是虛構的。諸葛亮沒有火燒博望坡和新野；劉備沒有摔孩子而是繼續習慣性地拋妻棄子致敬劉邦；諸葛亮沒有雄辯東吳群儒，沒有拿小喬智激周瑜，沒有草船借箭，更沒有借來那呼呼的東南大風；黃蓋沒挨打；關二爺也沒在華容道做那痛徹心扉的決定；曹操也根本沒有八十二萬南下大軍。

整場赤壁大戰的過程實際是下面這樣的：

1.劉備被追得命懸一線等待救贖，突然碰見迎上來的魯肅，隨後派諸葛亮搞外交。

2.「大明白」魯肅內部小會「說明白」孫權。

3.不用激的周瑜一錘定音。

4.下決定的孫權跳腳罵街，跟老賊拚了。

5.曹軍未戰，內部有了大規模瘟疫。

6.曹操自己決定把船連上。

7.莫名其妙地刮起東南風。

8.周瑜一把大火讓曹操認輸。

9.隨後曹操幫著燒自家的船，然後狼狽逃走。

是不是跟印象裡的不一樣？

周瑜和魯肅，這兩個東吳歷史中堪稱最重要的官員，是中國歷史大方向再度翻轉的關鍵。

曹操差一點兒就揮鞭定天下了！

208年，是三國歷史中繼196年後的又一個極其關鍵的年份，不僅僅是轉折性的赤壁之戰，更重要的是兩個人前後腳地登上了歷史舞臺。

這兩個年輕人，在諸多三國梟雄拚殺下場後，扛起了三國時代的腰，接住了三國時代的尾。兩人沒見過幾面，僅僅相差一歲，是一生之敵，他們是諸葛亮和司馬懿。

這兩個大神，是一個級別的經天緯地全才，很多地方有著相通之處，比如都讓人請了好幾次。

諸葛亮的三顧茅廬成了千古佳話。司馬懿也著實有意思，即便201年曹操已經打贏了官渡之戰，還照樣玩中風半身不遂都不去曹操那裡上班，208年，曹操統一北方，再次拿著刀才把司馬懿從家裡逼出來。

怎麼這回就出來了呢？因為司馬師小朋友在這一年出生了。你不是

半身不遂嗎！這孩子怎麼搗鼓出來的！自家好歹也是書香門第，別人幫著播種耕田這鍋實在沒法背，司馬懿大吼一聲我好了！都能動了！顛顛地報到來也。

當然，作為中國歷史上頂級的「向使當初身便死，一生真偽復誰知」的潛伏之王，司馬懿畢竟是開國奠基之人，史官總得給人家留點兒面子，比如說當初曹操非得逼他來上班。

這兩位大才，出道都讓領導費了大工夫，當然結果也都各自對得起當年自己的出道方式。

「先帝不以臣卑鄙，猥自枉屈，三顧臣於草廬之中，諮臣以當世之事」的諸葛亮，最終鞠躬盡瘁成了中華文明之光，再過兩千年依然會被當作漢民族的圖騰供後世瞻仰。

我不想跟你過，你非拿槍逼著我跟你過，我跟你過了以後你還總覺得我不是好人的那位，最終讓一位雄才大略之主為他辛苦為他忙。我大宣王再過兩千年同樣還會是囑咐接班人時刻提高警惕時的最核心教材！四千年前啊，有個人叫司馬懿，他七十好幾的時候啊……

司馬懿，還要過很多年才能浮出歷史的水面露個小頭。諸葛亮，在這轉折性的208年，這個剛上班不到一年的二十七歲小夥子就必須以荊北游擊隊特派聯絡專員的身份前往柴桑拉贊助了。

世界上絕大多數的人，都是需要一步步地去歷練、去打磨、去完善，直到擔當重任。

不過還是有那麼一小撮人是例外的。這幫人有一個特點，就是年紀輕輕已經具備了統馭萬物的能力，他們可以跳過很多平常人的修煉環節，直接擔大任、操大盤、頂大樑。

三國這段並不長的時間，出了好幾個這樣的人物。比如荀彧，比如孫策，比如孫權，比如接下來要說的諸葛亮。

劉備自201年在袁紹戰敗曹操親自來踢他的時候投奔了劉表，隨後被劉表安置在了新野，也就是劉表所控制荊州的最北邊，讓他做保安隊長，類似於當年張繡的工作。

不過劉備可遠沒有張繡混得好，因為張繡佔據著南陽，有著名大都會宛城，地盤很值錢，而且張繡有賈詡，跟曹操你來我往這些年愣是沒吃什麼虧。

劉備不僅地盤小、實力弱，劉表還老防著他，他又沒有賈詡，這些年提起曹操帶給他的基本上都是恥辱，而且他本人只要看見曹操來了，基本上撒丫子就跑。沒辦法，太熟悉了，當年大亂起兵時就跟人家混，太明白了，就是打不過人家。

但是，他還是要感謝曹操。因為，他近些年來的實力不見長，咖位卻越來越大的關鍵原因，就是曹操的巨大背景襯托。

劉備是目前唯一一個能從曹操手下一直被狂揍卻總能逃出來的游擊隊長，還是曹操官方親口認證的能夠等量齊觀的天下英雄。

這就好比一個已經在世界範圍內得到認可的大國總理對一個掛名單位領導說：「咱倆一個水平。」那個掛名領導能不被人周知嗎？

劉備敗逃到袁紹那裡時，袁紹出城二百里迎接。

劉備帶著盛名來到劉表那裡之前，還在整個汝南跟曹操打游擊，打得那叫一個有聲有色，直逼得曹操親自掉轉槍口，才大罵撒丫子逃向劉表。

隨後整個中國北方一口一口地被曹操好整以暇地全咽了下去。

前期劉備在曹操打袁紹那幾個倒霉兒子時一度出動過，還打到了當年劉秀老祖的革命景點葉縣，在博望坡火燒了一回夏侯惇，伏擊了一把，然後也就這意思了。

整整八年，劉備基本上就擱新野那裡杵著。這倒也不能完全賴劉

備，因為他向來是曹操只要一走他就是天下第一的自我認同感，屬於有賊心有賊膽但買不起刀的那種。

有刀的那位卻使不動自己的刀。劉表自己這把刀是半自動的，防禦還行，指著它砍出去根本沒戲。因為他得跟刀商量，刀要是不同意他也沒轍。

所以劉備就只能在新野曬著太陽、聽著新聞，曹操前年打到河北了，今年打到天津了，前兩天又打到遼寧了。

當然，他也不是什麼也沒幹，比如劉備在新野開始把荊州的很多豪傑又弄得心癢癢了，但關鍵劉表也不是吃素的，當年人家也是單槍匹馬入宜城的頂級人精，劉備在劉表這裡最終並沒有再造當年徐州大餡餅的盛況。

大好的時光啊，如流水般匆匆地就這麼流走了，劉備一直很鬱悶，因為他真的覺得自己是個人物，所帶的隊伍卻一直是個游擊隊級別，都對不起自己雙耳垂肩、雙手過膝的大福報長相。

萬物皆有定數，你的帝王之資還是有的，只不過，要等一個人。這個人，其實就離他不遠，但時候未到，總是想不起來去開啟這段緣分。

207年，緣分到了。

曹操都去觀滄海了，劉備才去找了那條傳說中的「臥龍」。

諸葛亮，字孔明，琅邪陽都士族，漢司隸校尉諸葛豐之後；父諸葛珪，泰山郡丞。

諸葛亮年少時父親就去世了，然後十幾歲的時候，大概率在家鄉體驗到了什麼叫報復性屠城。屠城的男主角是坑爹派掌門人「大孝子」曹操。

無論當時小諸葛亮是否親歷琅邪慘案，中國人是重鄉土、講究落葉

歸根的，誰把他家鄉屠了他會記恨這個人一輩子。他要是有能耐了，會對這個人做出怎樣的反擊是非常令人後怕的。

所以說千萬別開地圖炮，就算得罪人也別拿地域問題下手，中國全圖人傑地靈，你不知道會出現什麼大神將來把你吊打。

諸葛亮跟隨他的從父諸葛玄一路輾轉，投奔過袁術，諸葛玄做了豫章太守，後來諸葛玄又瞅準時機西奔老朋友劉表而去。諸葛玄不久過世，諸葛亮開始讀書耕田，不過不要以為諸葛亮從此就落魄了，人家耕田就是為了鍛煉身體。

諸葛亮的老丈人黃承彥是當地大族，是南郡大族蔡氏的姑爺，和劉表是一擔挑，是蔡瑁的姐夫。諸葛亮平時一塊兒開派對的人物是博陵崔州平（太尉崔烈之子）、穎川司馬徽（龐統走兩千里路去專程拜訪）這種頂級高門之人。

關於諸葛亮耕地的區域，有很多爭論。《漢晉春秋》裡面給了說明：「亮家於南陽之鄧縣，在襄陽城西二十里，號曰隆中。」

就算這書是假的，用常識來推斷，諸葛亮避難的地方可能在當時劉表的治所襄陽附近，他老丈人黃承彥是不會同意閨女跟著他去戰亂的大前方的。

諸葛亮成年後，身長八尺，每自比於管仲、樂毅。博陵崔州平、穎川徐元直、汝南孟公威和他一塊遊學，那三位全都走專、精路線，只有諸葛亮看書快，從來不摳字眼，觀其大略後就扔一邊了。

四個人聊天時，諸葛亮經常總結性發言：「哥仨全都可以幹到刺史郡守的級別。」

那哥仨問孔明：「你呢？」

諸葛亮笑而不言。

後來崔州平和孟公威去曹操那裡上班了，徐元直去了劉備那裡，對

劉備說：「諸葛孔明者，臥龍也，將軍豈願見之乎？」

這話不止徐庶說過，其實司馬徽也說過。劉備滿世界求賢的時候問司馬徽，得到的回答是：「此間自有伏龍、鳳雛，諸葛孔明、龐士元也。」

劉備對徐庶說：「你帶他來。」

徐庶說：「他不是我，你得自己去。」

凡三往，劉備才見到了「有逸群之才，英霸之器，身長八尺，容貌甚偉，時人異焉」的諸葛亮。

具體是去了三次才見到，還是三次都見到了，還是去了不止三次，這裡面爭議很大，就不去細究了，但有一點是肯定的，最少去了三次！

如果沒去過，諸葛亮後來也不會在《出師表》中說出「三顧臣於草廬之中」的話。

不過這「凡三往」沒白跑，小年輕諸葛亮讓黃土埋到腰的劉備人生中第一次體會到了什麼叫事業規劃。

今後怎麼走，有方針路線了！大名鼎鼎的《隆中對》發表了！《隆中對》講了這麼幾件事：

1. 人才很重要。曹操幹死袁紹，不僅是天時，也是人謀，曹操祖墳上冒火光，荀彧等也是非常重要的。

2. 現在曹操咱摸不動了，趁早死了這條心。

3. 老孫家也別惦記了，咱可以跟他做盟友。

4. 荊州、益州的主人都比較弱，這是要下手的對象，別再給人當保安了！

5. 天下無變就在這兩個地方待著，有變則兩路出擊，漢室就再次復興了！

一個二十六歲的小夥子，給已經四十六歲經歷了太多的老兵油子擺出了這幅宏偉藍圖，並一步步地幫這個打了一輩子游擊的縣長最終在

十二年後當上了省長並最終稱帝。

為什麼說《隆中對》重要呢？因為諸葛亮非常明確地對劉備規劃了未來方向：不要再給爬山虎代言了，挺直腰桿，自己長成大樹吧！

劉備由於起點低，到此時為止已經幹了二十年客將了，他有著老闆的夢想，卻沒有老闆的操作系統以及套路打法。

孫策雖然是殺人無數的小年輕、大混蛋，但他比劉備在覺悟和層次上高出了一個檔次，他就知道，甭管怎麼幹，必須得佔住一個根據地，然後長成參天大樹！

劉備這輩子東奔西跑，其實魅力無限，總不缺兵，關、張、趙也都是能獨當一面的世之虎將，但他卻總想著抱著人家的腿，從別人身上汲取養分。

曹操、袁紹、公孫瓚、陶謙、劉表這幫主公們，劉備全跟過，他也以驚人的天賦讓他們基本上都沒得了好。

要麼被劉備禍害過兵，像曹操、袁紹；要麼被劉備禍害過班子，比如陶謙、劉表。沒吃過虧的普遍是比他還流氓的人，比如遼北狼人公孫瓚和著名義子呂奉先。但是，這種思路是永遠當不了大哥的！而且隨著時間的推移，名聲會越來越臭！

是諸葛亮在《隆中對》中明明白白地告訴他：別老琢磨別人了！還有兩塊地方可以拿下來！你得自己當頂樑柱，去奮鬥！別再給別人當小弟了！

諸葛亮的《隆中對》不僅僅給了劉備方向，還挽救了孫吳政權，要是沒有諸葛亮，一年後劉備又該春風拂面地投奔孫權去了。

諸葛亮到劉備這裡上班，幾乎是踩著錄取時限進來的。因為過不了多久，隆中就要成敵佔區了，諸葛亮前腳報到，曹操就要南下了。

諸葛亮報到的這一年，曹操在207年冬天剛剛遠征遼西回來，終於統

一了中國北方。

208年正月，曹操返回大本營鄴城後，迅速地挖了個「玄武湖」訓練水軍，然後又緊鑼密鼓地完成內部權力的重組改革。

六月，曹操廢除了三公制度，恢復了西漢初年的丞相、御史大夫的制度，自任丞相，將大權合法化地獨攬了。

七月，曹操南下征荊州。

按說打了那麼多年了，你倒是歇會兒啊！領導也是人啊！就算領導不是人，底下當兵的也禁不起你這麼造啊！

但曹操如此匆忙地南下，是有著重大原因的：

1. 孫權殺了把守荊州東大門的黃祖。

2. 劉表快不行了。

這兩條連一塊看，就是孫權大有拿下荊州之勢！這也就意味著，如果曹操現在不迅速南下趕著收荊州的房本，等他歇夠了就要面對揚州、荊州合體的孫權了。

更可怕的是，他的那位英雄老朋友在劉表死後會搞出些什麼動作呢？萬一荊州又變成第二個徐州了呢？

越想越可怕，趕緊給我南下！

二、荊州第二任領導班子會於襄陽召開

曹操動身南下了，也該說一下中國南方的情況了。

自靈帝昏庸亂國、黃巾起義後，整個中國北方被揉搓得一地雞毛，傳統的士族社會結構被打破，有準備的士族轉型成豪族，沒準備的士族大量流離失所，各地軍閥也開始有機會集合鬆散力量，凝聚成自己的武裝打來打去，集大成者就是袁紹和曹操，最終曹操變成了北方最大的軍閥。

南方和北方完全不一樣。南方首先沒有黃巾起義，因為當時的經濟還是北方發達，人口還是北方佔大多數，所以南方並沒有被教士們重視。這也導致了南方並沒有像北方那樣一茬一茬地割韭菜，受到的戰亂影響很小，過去是什麼社會現在還是什麼社會，地方世家大族和豪族的話語權極重。

揚州、荊州、益州，都是如此。

這也決定了無論後來的吳還是蜀，北伐永遠都打不出去，當然也就更突顯出了諸葛亮在這個背景下的高超手腕。

這還不算完，由於北方的戰亂，大量的人口開始了南遷。比如關中

地區那些年是流氓聚集地，實在沒法待，客觀上這讓漢中和荊州獲益非常大；比如徐州被曹惡魔狂屠，呂布、袁術來回拉抽屜，徐州的大量百姓開始避亂揚州。

南方實力大增，開始有了和北方掰手腕的資格。但是，實力雖然不小，卻並不掌握在一個人手中。

無論是益州的劉焉、劉璋父子，還是荊州的劉表，包括孫權，實際上都需要仰仗當地的豪族勢力，他們說話都不是那麼硬氣的。

當然，不硬氣中也有區別，以話語權做比較，孫權＞劉璋＞劉表，其中孫權和劉璋還算是手中有自己核心力量的，最無力的是劉表老先生。

劉表其實並不是個胸無大志的草包，他倒是想有大志，但他這個大志卻不會有人給他買單。

這位漢室宗親的士族「八俊」，入宜城後與當地的豪族代表蒯良、蒯越及蔡瑁等打成一片，隨後動用豪族力量招降、剿滅了荊北的各種宗賊土匪，並最終使北邊南陽外的剩下荊州六郡安定下來。

怎麼安定的？跟人家豪族談條件。

劉表這些年的表現，在他的能動範圍內，已經做到最好了。

1. 他抵禦住了大炮轟一切的孫堅，雖說有運氣成分。

2. 他留住了本來要打他的張繡做外援。

3. 他平復了南荊州老大張羨的叛亂。

4. 他接納了大量的流亡士族，恢復辦學教育，諸葛亮可以在此平安地度過青春期，還學了一大堆改變歷史的安邦定國知識。

5. 他收留了大量的南下難民，將荊州治理成了富庶、安定的南方樂土。

中間他有好幾次改變歷史的機會，比如官渡時他沒打曹操，比如曹操後來的一次次北伐，他除了寫信給袁家哥倆勸架外什麼也沒表示，等

等。

當初曹操出征總顧慮他，但善斷的郭嘉就咬死了說：「打你的！他出不來！」真實原因就是，劉表的手下是不會同意的。

為什麼要北伐？名義上這叫造反，打下來的地方又不歸我，曹操不僅打仗厲害還好運相伴二十年，中原的地盤打下來我們也鞏固不住，我還得搭著人、搭著糧食、搭著錢，有病啊？

劉表對於這點也是比較明白的，所以他上任的那一天就明白了自己的天花板：頂天了也就是做個分蛋糕的州牧！荊州是他的主場，也是監牢，他出不去。

益州就比劉表這裡的情況要強一塊，因為劉焉父子手裡攥著一支東州兵。

單純就武裝力量而言，條件更好點的，是揚州，因為那裡有個小霸王。但很遺憾，老天並沒有給小霸王太長的時間。

孫策死前將基業託付給了自己的弟弟孫權，他的這次選接班人堪稱載入史冊的一次偉大托孤，和後面劉備的那次托孤堪稱「雙絕」。

1. 孫策準確地說出了未來的集團發展方針，憑吳越之眾、三江之險，以觀成敗，別瞎往北邊打。

2. 孫策準確地選擇了接班人，不是自己的兒子，不是像他一樣驍勇的三弟，而是穩當厚重的二弟孫權。

孫堅的這倆兒子，都是青春期頂樑柱的代表，孫策十八歲開始縱橫天下，接班時的孫權虛歲才十九。

之所以說揚州比荊州、益州要強一塊，大部分是因為孫策。因為孫策手中是有著自己能打的嫡系部隊的，他不像劉表，除了介紹信什麼都沒有。

不過很遺憾，他死之後，他弟弟孫權必須進行妥協。因為孫權初掌江東時，幾乎全境大崩盤：盧江太守李術反叛，不僅招降納叛，還公然埋汰孫權一家子缺大德；自家人盧陵太守孫輔覺得孫權撐不起那麼大的攤兒，於是通敵曹操；從兄孫暠企圖奪權攻打會稽。

當時東吳政權手裡僅僅有五個郡（會稽、吳郡、丹陽、豫章、盧陵），但公開脫離孫權領導的就已經有三個郡了。百分之六十鬧分裂，自家人起內訌，你瞅瞅這亂的！[1]

不過在孫權的本傳中，對於當時最迫在眉睫的威脅卻是這樣描述的：當時揚州的深險之地全都沒歸附，而從北方流亡揚州的天下英豪們全都在觀望，根本就不跟孫家定君臣之份！

孫權面臨的境況是，自家人首先心就不齊，江東本土的士族、豪族也明明白白地要來反撲幹你，而你除了自己的軍閥家底外，在江東沒有任何能憑藉的力量。

孫權此時面對的局面根本不是爭取江東本土，那太難了，他的首要問題是把流亡北士們都爭取過來，去擴充自己的行政力量，幫助他治理江東！然後再提與本土大族和解的事。也就是爭取那幫所謂的「賓旅寄寓之士」。

當時高層次的士人能跑的都跑了，比如王朗、華歆、陳矯，都去曹操那裡上班了。

但是，這些士人在江東的時候還收留了一大幫門客，比如劉繇做領導的時候有一大幫門客；華歆北歸的時候送他的賓客甚至達到了千餘人。

這幫頂級士人跑了以後，大量沒本事逃走的、不那麼高端的北士們開始散落江東進行觀望，孫權的首要目的是把他們爭取過來擴大自己的行政能力和士族口碑。

1　《三國志·程普傳》：策薨，與張昭等共輔孫權，遂周旋三郡，平討不服。

幫他這個忙的，是江東政權中兩個有士族背景的大佬：周瑜和張昭。張昭輔政後，著力安撫百姓，爭取北士之心。周瑜由於前面的黑歷史，導致了他並沒有招攬到多少人，但是卻如黑臉大漢一樣地起到了巨大震懾作用。

孫策死後，周瑜帶著兵前來奔喪，壓服各種潛在勢力，然後掌管禁衛和張昭共同掌事。[2]

當時新來的北士賓客們對年紀輕輕的孫權並不太當回事，是周瑜恭恭敬敬地向孫權行禮，給北士們打樣做示範的。[3]

孫權靠著孫策留下的以周瑜、張昭為首的士族菁英在繼任之初艱難地消滅了李術，鎮住了宗親，收攬了北士，平滅了山越。

穩定局勢後的孫權緊接著嘗試和江東世家大族的合作與溝通，當地大族的人才開始漸漸地進入了集團，吳郡的顧家、會稽的虞家、臨淮的步家等重量級家族漸漸地認可了這位年輕的新領導。

孫氏政權由即將墜機變成了艱難降落。達成妥協的同時，江東世家豪族干擾孫權決策的事情也困擾了老孫整整一輩子。

只有明白整個中國南方社會的士族豪族化的成分沒有變，才能方便理解後面發生的所有事情。

曹操之所以著急忙慌地南下荊州的最重要原因是，劉表病重了。劉表一旦走人，荊州將沒人能再攏得住，最終的演化方向，大概率是兩個可能：

1. 便宜了劉備。

劉備走到哪裡就自帶頂級公關團隊，地方豪族和民心從來就是加分

2　《三國志‧周瑜傳》：瑜將兵赴喪，遂留吳，以中護軍與長史張昭共掌眾事。

3　《建康實錄‧太祖上》：時權位在將軍，諸賓客為禮尚簡，惟瑜獨盡敬而執臣節。

項，劉表完蛋後，誰知道會不會像當年陶謙走人時那樣，一大餡餅又砸他臉上了。

2. 被江東的孫權集團突然拿下。

這第二個可能，是曹操最擔心的。因為孫權在這一年，也就是208年，剛剛在第五次與黃祖的大戰中成功地幹掉了殺父仇人，吞併了江夏大部，進入荊州的東大門已經被孫權打開了。孫權如果拿下了荊州，曹操再想伸手漢江以南就費勁了。

便宜了劉備倒還好說，因為劉備牛在陸戰，但只要是陸戰甭管他多厲害也不可能是曹操的對手；而孫權的優勢是水軍，這就是曹操完全不擅長的領域了。孫權要是釘死襄陽、封鎖漢江，曹操就真的伸不進手去了。

這一系列的突如其來，又再次變成了當年陶謙死時的徐州亂局。曹操玩了命地往南趕，還是類似於當年袁術、呂布全都奔的那個命題：去晚了就沒了！

這次，曹操沒再錯過，因為他七月南下，八月劉表就死了，他也快到地方了，時間剛剛好。

劉表死之前，蔡瑁、張允就把他的長子劉琦支江夏去了，連最後一面都不讓見，劉表剛死，他們就立了劉琮為繼承人。

此時的襄陽城中比較亂，劉表的小兒子劉琮繼位，小夥子一接班開的第一個會就沒什麼懸念了。

劉琮說：「曹操來了，咱該怎麼辦啊？」

群臣異口同聲：「投降啊！」

劉琮說：「難道我就不能跟諸位一同保衛老爺子留下來的基業嗎？」

傅巽說：「逆順有大體，強弱有定勢。曹操代表的是朝廷，是皇帝，我們是臣子，以人臣抗人君這叫作以逆抗順，以地方抗中央這叫作以弱

抗強，以劉備抗曹操這叫作以卵擊石，你對抗中央難道要找死嗎！」

接著傅巽舉了更殘酷的例子：「劉備比得上曹操嗎？」

劉琮說：「那肯定比不上。」

傅巽說：「劉備打不過曹操，荊州歸人家，劉備打得過曹操，荊州能歸您嗎？趕緊投降最合適！」

劉琮上任第一天開的第一個會，就是散夥會。沒辦法，劉琮一點兒機會都沒有，他這個董事長是掛名的，底下的大區經理們全不幹了，他有什麼辦法呢？

傅巽說出了荊襄世家大族的心聲：曹操再是漢賊，但人家名叫漢相，我們投降後只不過換個招牌接著過日子，該是好日子往後還是好日子，為什麼我們要跟你去賭這場幾乎看不到希望的賭局呢？

沒費多大勁兒，劉琮就決定投降了。

派人遞完降表之後，劉琮忽然想起來還有個叫劉備的北門保安隊長，於是派了個叫宋忠的人去通知他：「公司不幹了，你愛怎麼辦就怎麼辦吧。」

此時曹操已經到了新野，劉備在漢水北岸的樊城，劉琮在與樊城一水之隔的襄陽。

劉備突然由背靠荊襄依託變成了深陷匪區中央，連罵街都來不及了，全軍緊急收拾行李。跑！

游擊隊老隊長對這個畫面似曾相識：八年沒跑了，又讓人家撞上來了，我這命啊！

劉備剛剛踩上油門，發現這一次跟往年不太相同，這次居然有大量的百姓跟著他跑。

這主要得益於同行的襯托。這些年各地豪族對曹操有口皆碑，因為

他捨得分錢，捨得給空間。但各地老百姓一聽見曹操的名字就沒有不罵街的。

「得民心者得天下」在曹操看來算是個大大的偽命題了。

曹操要麼走到哪兒屠到哪兒（代表事例為徐州），要麼堅壁清野地各種移民到中央，不便宜對手，方便他屯田抽血。而且千萬不要被「移民」這倆字給蒙蔽了。那個年代讓你突然間移民到幾百里之外的地方，非常可怕，那就叫隨機槍斃！

無依無靠的老百姓一聽說曹操要來南方了，開始迅速地跟著劉備一塊跑。百姓十幾萬，輜重有數千輛，劉備看到這個壯觀景象，一改往日野兔子風采：慢下來！日行十幾里！掩護百姓一起走！

有句話不得不說，劉備這輩子打了上百戰，從來沒有屠過一次城。昭烈皇帝「仁」這個詞是名副其實的。

在襄陽時，諸葛亮勸劉備，趕緊打，劉琮都投降了，你還廢什麼話！

劉備說：「我覺得不合適，劉表臨死前把孩子託付給我，我背信棄義將來死後沒法見他爹。」

劉備到襄陽城下時喊劉琮出來說話，劉琮是不敢見他玄德叔的。身邊人對他說，劉備得抓緊跑了！得去江陵！只有江陵能夠一守，裡面有大量的軍需物資，你這一天十幾里，馬上就讓人家撞上了！

劉備命令關羽帶著自家精銳上船順漢水先去江陵，自己非堅持和這十幾萬人同進退，並說出了一句穿越時代的話：「夫濟大事，必以人為本！」

你以人為本，曹操卻以殺你為本。曹操因為江陵有軍隊輜重，恐怕劉備先拿下後成禍患，於是扔了輜重輕軍趕到襄陽！[4]

4　《三國志·先主傳》：曹公以江陵有軍實，恐先主據之，乃釋輜重，輕軍到襄陽。

到了襄陽聽說劉隊長跑了，曹操又立刻親自帶領五千虎豹騎嗜血追殺，狂奔一日一夜。[5]

你不能不佩服曹操，人家在抓關鍵機會時不管多大歲數永遠親自擼胳膊上！五十三歲的老頭了，用一天一夜的時間，騎馬狂奔三百里，這是種什麼樣的革命精神啊！就為了打死劉備，就為了搶兵家必爭之地，曹操往死了拚。

還是本書開篇的那句話，三國的歷史，是一大群天才進行的可歌可泣的奮鬥史詩。全都在努力，全都極度努力，全都努力到了生命的最後一刻！

在曹操的極端自虐下，當劉備的老婆孩子是一件很悲哀的事情，需要天生自帶殿後掩護屬性。

不過不要緊，你們上輩子也許豁出命去救過別人。萬馬叢中，有位長坂英雄救你們來了！

5　《三國志・先主傳》：聞先主已過，曹公將精騎五千急追之，一日一夜行三百餘里。

三、子龍益德勇載千古，魯肅反問定計孫權

曹操帶著五千虎豹騎追殺大隊一日一夜急行三百里在當陽長坂坡追上了劉備，劉備棄妻子輜重，與諸葛亮、張飛等數十位關鍵骨幹逃走。

這段在《三國演義》中的描寫，基本都是史實還原。

劉禪確實是他趙雲趙子龍叔叔在亂軍追殺下救下來的。劉備一聽說不對，第一時間扔了老婆孩子又跑了，是子龍懷抱阿斗領著嫂子又回到劉備懷抱的。

由於蜀漢最終沒統一天下，因此這段歷史的具體過程沒能留下來。

不過，忠貞、勇武、敢戰、能打的子龍最終也沒有吃虧，憑藉此戰的想像空間就此民間封神。

與此同時，劉備的灰頭土臉成為人生中最關鍵的一次品牌打造。

1. 劉備雖然說對待老婆孩子確實不怎麼樣，但是所有的隨行百姓自此徹底歸心劉備：人家左將軍（指劉備）老來得子都安排跟咱一塊走，真仗義！咱們和領導家屬是一個待遇的，劉哥的倆閨女都成曹操戰利品了！

2. 劉備最後剩下的一萬多兵從此願意死給他看！

此時劉備的大部分部曲都跟著關羽坐船先走了，什麼概念呢？在領導眼中，我們比他兒子還重要！領導親自給我們殿後！什麼也別說了，感動了，以後非死他手上了！

當時確實有人給已經雞飛狗跳的劉備打小報告說趙雲投降了，但已經輸急眼的劉備拿手戟飛擲那人，大怒道：「子龍必不棄我而去！」

沒多久，子龍領著劉備的老婆孩子回來了！

趙雲，字子龍，常山真定人（今河北正定）。在袁紹奪冀州後，趙雲去當時全世界都認為會贏的公孫瓚那裡投誠，卻沒有被重用，公孫瓚打發劉備跟著田楷搶青州的時候，安排了趙雲的部曲跟著一塊兒去，趙雲成了劉備手中的第一筆騎兵資本。

在雙方的交往過程中，兩個人有了真感情，後來子龍以哥哥死了的理由要回老家常山，臨走之前，劉備緊緊地抓住子龍的手，子龍深情地對劉哥說：「我生是你的人，死是你的鬼。」[1]

劉備在徐州慘案後狂奔袁紹，在鄴城，子龍找來了。劉備於是和子龍一塊兒睡，半夜還安排子龍偷偷地去召集部曲，咱爺們就要跑了！

為什麼我敢撒丫子跑？我就知道子龍一定能把他嫂子帶回來，別問我為什麼知道，我們是有真感情的！

子龍拎回阿斗後，劉備集團仍然面臨著極度危險！因為他已經被衝垮了，他也根本沒留多少人阻擊！

老劉也沒想到孟德哥哥會親自帶著最精銳的虎豹騎軍團來抓他準備再喝一次大酒！

劉備這個時候扔出了最後的底牌進行阻擊！人數高達二十一人。為首之將，張益德！

1 　《雲別傳》：時先主亦依託瓚，每接納雲，雲得深自結託。雲以兄喪，辭瓚暫歸，先主知其不反，捉手而別，雲辭曰：「終不背德也。」

三爺站在當陽橋頭，看見遠方的煙塵大起，知道是曹操帶兵殺過來了！三爺身邊只有二十騎，但是卻據水斷橋吼出了那句名震天下的：我乃燕人張益德也，誰敢過來決一死戰！[2]

曹操帶著整個北方百裡挑一的虎豹騎特種部隊，追到僅僅二十一人的三爺這裡後就打住了。三爺的猛男氣概徹底地鎮住了這支此時堪稱天下第一的特種兵部隊，從而放棄追殺。

就算此時虎豹騎已是強弩之末，但同樣是這支部隊，去年在強行軍五百里無人區後卻能在遼西一戰斬蹋頓！

三爺的這份投入產出比和千古留名的猛男氣概，足以跟他二哥白馬斬顏良媲美了！

郭嘉勸曹操在許昌弄死劉備時，程昱在判斷孫權對劉備的態度時，都說過一句評語：「關羽、張飛，皆萬人之敵也！」這是整部《三國志》中對武勇之人的最高評價。

關羽、張飛、趙雲這三員世之虎將由於蜀漢的最終失敗，太多的事蹟淹沒在歷史長河中了。但是，總會有那些不說就銜接不過去的關鍵環節，讓你不得不惜墨如金地寫上幾筆！但就那幾筆，就使他們的事蹟再也遮不住，藏不起來的了！

正在劉備前路一片黯淡之時，抬眼望見東方啟明星，救星來了。這個救星是魯肅。

魯肅來幹什麼了？奔喪慰問來了，結果喪沒奔著，奔著劉備了。

魯肅為何要來奔喪？因為劉表死了，孫權需要知道現在荊州的虛實，他對於這片土地也垂涎很久了，正巧黃祖被打掉，劉表又死了，這

2　《三國志·張飛傳》：先主聞曹公卒至，棄妻子走，使飛將二十騎拒後。飛據水斷橋，瞋目橫矛曰：「身是張益德也，可來共決死！」

可是個千載難逢的機會，不然兩家是世仇，是不會假惺惺地過來哀悼一番的。

魯肅對孫權說：「劉表死了，他那倆兒子從來就不合適，再加上個噁心人的劉備，荊州肯定會亂。但劉備是突破口，劉備要是跟荊州一條心，咱就跟他們結盟，如果他們內部有矛盾咱就趁機攪和他們。」

魯肅堪稱老天賜給東吳政權的唯一一個頂級戰略家。別覺得少，蜀漢那邊也就給了一個。

其實，提出天下三分的，不單單是諸葛亮。早在七年前，孫權剛剛接班的時候，魯肅就對孫權提出過江東版的《隆中對》了，魯肅厚道不假，但俠義、豪爽、有腦子。

魯肅早在201年就對孫權指出了以下兩點：

1. 漢室不可復興，曹操不可卒除。

2. 鼎足江東，以觀天下之釁。

魯肅在袁紹還沒死時就看明白了，漢室肯定是完蛋了，救不活了，曹操也不是一天兩天就能幹掉的，咱江東是那鼎的一條腿，等著天下大變吧。

那個時候，孫權還遠顧不上那麼多，剛接班，江東還一片大亂呢，所以很官方地跟魯肅客套了一番，說自己就想給朝廷當個好官，沒別的心思。

七年後，孫權顧得上了，孫權很早地就把大本營搬到柴桑（九江）了。擺明瞭要壯大他的一條腿。要跟荊州玩命了。

魯肅自柴桑沿江而來，這一路就在不斷地接消息，到了夏口，聽說劉表死了，曹操已經南下了。魯肅趕緊接著趕，入南郡境時，聽說劉琮投降了，劉備正在往南跑。魯肅一琢磨，也甭探聽了，明擺著了，荊州姓曹了，唯一的反對派就剩下個可憐的劉備了，迎上去吧。

在當陽，劉備被禿嚕之後，孫、劉間的第一次會面開始了。

魯肅問：「領導，你這是準備去哪兒呀？」

劉備說：「我準備投蒼梧太守吳巨，吳巨是我的老朋友。」

這地方在交州，是當時中國的最南邊，基本上是世界的盡頭了。劉備看見魯肅其實就跟看見救星是一樣的，說吳巨是為了給自己抬抬臉面，省得讓人家瞧不起。

魯肅說：「快算了吧，吳巨自己都保不住，您要不見見我們孫將軍吧。」

劉備和諸葛亮欣然同意，會合了最後的殘兵敗將東走漢津，與關羽的水軍相會，帶著最後的這點家當向東投奔最後的據點：劉琦的夏口。

江陵是去不了了，曹操早就馬不停蹄地奔這座荊州的大倉庫去了，並迅速接管了江陵。

江陵被拿下，預示著荊州基本上正式姓曹了，荊州七郡，以南陽、南郡、江夏北方三郡為重中之重，南邊四郡別看東漢這二百年發展得很快，但是論戰略重要性，荊州最重要的還是那北方三郡。

拿下江陵後，南方四郡傳檄而定，荊州的局勢瞬間就變成了曹操拿下了荊州六郡，孫權佔據江夏大部，劉備、劉琦佔著最後的夏口據點。

形勢已經極度危急，劉備眼瞅著就要完蛋了，諸葛亮站出來，說：「不能再等了！我去孫將軍那裡求救吧！」

要是沒有去年的《隆中對》讓劉備的思路大換血，此時此刻劉備也許已經到孫權那裡毛遂自薦了。

諸葛亮和魯肅來到了柴桑。

《三國演義》對隨後的故事開始了大量的加戲描寫：諸葛亮來了以後就把東吳群臣挨個埋汰一遍，把孫權激了一通，孫權表態拚了，又拿

小喬把周瑜激了一通，周瑜也表態拚了，孫、劉聯盟在諸葛亮的一手操辦、斡旋下，正式達成。

不是諸葛亮沒這本事，而是這段故事確實拔得有點兒高，眼下丞相背後的那個快破產的皮包公司實在是提不起來了，這也就意味著他根本沒有什麼發揮的空間。

外交永遠是看實力的。真正的歷史是，諸葛亮到柴桑來，代表著劉備方的真摯情誼，代表著劉備會鼎力相助，然後幫孫權算了算聯盟帳，我們還有家底，曹操沒那麼嚇人，這買賣你只賺不賠。

諸葛亮最大的功勞是把劉備這幫被曹操打殘的荊北游擊隊描述得像是孫權的一個盟友，劉豫州在荊州人緣特別好，雖然我們輸了，但還有兩萬人呢！曹操現在打他們已經累得拉胯了。北人不習水戰，用的都是荊州的投降兵，根本不可怕。[3]

分析得挺好，但其實諸葛亮說破大天也沒用，因為眼睜睜地看著曹操是衝著劉備來的。

曹操可沒有說要打孫權，孫權要不要被你拖下水，人家真得琢磨。

諸葛亮代表的集團目前就這麼點兒可博弈的空間，後面基本上就全是孫權方面的戲了。

孫權此時面臨的國際形勢是：曹操要沿江殺過來了，明面上是宰劉備，誰知道他有沒有後手呢？

江東得知曹操吞併荊州後，迅速地開了個高級官員會。恰巧這個時候，曹操送來了一封很有意思的信。

3　《三國志·諸葛亮傳》：將軍起兵據有江東，劉豫州亦收眾漢南，與曹操並爭天下……豫州軍雖敗於長坂，今戰士還者及關羽水軍精甲萬人，劉琦合江夏戰士亦不下萬人。曹操之眾，遠來疲弊，聞追豫州，輕騎一日一夜行三百餘里，此所謂「強弩之末，勢不能穿魯縞」者也。故兵法忌之，曰「必蹶上將軍」。且北方之人，不習水戰；又荊州之民附操者，逼兵勢耳，非心服也。

這封信是赤壁之戰的一大謎案，信很短，內容比較驚悚，大意是：「我一南下，劉琮就慫了，現在我有八十萬水軍，想跟你在你家後院打打獵、盤盤道。」

　　這封信，是赤壁之戰的一個關節點。尤其對於曹操方面。因為要是沒有這封信，曹操就是打劉備來的；有了這封信，目標就是連孫權也一起收拾了。

　　沒寫這封信，後來的赤壁之戰就是曹操要打劉備，劉備喊來了一隻東南虎助拳，曹操敗北。寫了這封信，就是曹操要一口氣鯨吞天下，被一隻老狼和東南虎給咬回去了。

　　這封信《三國志》中是沒有的，在《三國志》裴松之註引《江表傳》中出現了。真實性不好說。

　　三國這段故事，三個國家要是分別看，說法各異，尤其關鍵地方求同存異時，同不多，異不少。

　　你說他沒寫，大有可能，憑著曹操當年撤兵讓公孫度把二袁腦袋送來的高智商，他這回怎麼就不會讓孫權把劉備的腦袋送來呢？

　　你說他寫了，也大有可能，現在事業太成功了，領導也是人嘛！嘚瑟嘚瑟還不行嘛！真給你一勺燴了能怎麼著？

　　我們姑且只能判斷是曹操想不戰而屈人之兵地恐嚇孫權：你小子別多管閒事啊！急了連你一塊削！趕緊琢磨琢磨未來吧！該投降就投降吧！

　　這封信過後，會上迅速地分成了兩個派別：主戰派與投降派。

人數佔壓倒性的是投降派。[4] 原因和荊州其實一樣，換了主子人家日子照過不誤，抵抗起來希望就太渺茫了！眼睜睜看這些年的形勢變化就是曹操把一個個的軍閥打沉了，剛剛還玩了把暴打劉玄德。

　　主降的代表人物是當年他哥哥孫策托孤的大佬張昭。這位老爺子可不一般，當初扶著孫權繼位，在最早的江東文官系統中，他是一把手。

　　資歷如此深厚的這位爺也認為，得投降了。這位「東吳賈詡」這些年挺努力的，把江東搗鼓上市了，現在也終於迎來國際公司的收購了。投降過去，那就是江東總代表，前途遠大！

　　剩下的那些本土世家大族在這桿大旗下趕緊隨聲附和，這仗沒法打，人家是中央啊，趕緊降了吧。

　　眼看著孫權也面臨著劉琮的處境，但孫權比劉琮強的是，他現在的位置坐得相對來說還算穩固，而且，他是有堅決的實權抵抗派支持的，代表人物是周瑜。

　　袁紹死了以後，曹操比較牛，寫信給孫權，要求他送個兒子過來當人質！當年張昭這幫人就說送吧，跟人家搞好關係啊，多個領導多條路啊，但周瑜就強硬地說不行！咱們江東可是主權完整的割據勢力，不慣他這毛病。

　　吳國太說：「孫權聽你二哥的！公瑾就比你哥小一個月！我一直當兒子看的！趕緊喊哥！」

　　周瑜是孫策的把兄弟，是有大分量的，孫權知道，如果要打，他還是有依靠的。

　　但真正幫孫權下定決心的，是魯肅。

4　《江表傳》：權得書以示群臣，莫不向震失色。《三國志·吳主傳》：是時曹公新得表眾，形勢甚盛，諸議者皆望風畏懼，多勸權迎之。

在那個一片投降聲的會上，有一個人沒說話，後來會開不下去了，孫權藉口上廁所，魯肅就跟了過去，孫權多靈的人啊！趕緊拉住了魯肅的手：「你想說什麼？」

魯肅說：「這幫人都是要坑你呢！曹操那邊能不能投降，要看誰？比如我魯肅是可以投降的，我投降後，能從小官幹起，我這個水平的做個太守州牧的我覺得問題不大。但您呢？您認為您的結局會是什麼呢？你真的認為自己能善終嗎？」

魯肅的這句反問其實戳中了孫權的一個不能說的痛處：別看劉琮能投降，你孫權卻投不了降！

劉表在荊州積了二十年的德，百姓安居樂業，流亡北士各得其所，朝廷那裡也是士族自己人。

你孫家呢？你難道不知道你家這些年殺了多少人嗎？你難道不知道你家殺的那些人都是什麼成分嗎？你家的好多頂級仇人都在曹操那裡上班呢！能跑過去混出來的都是高門大族，你去了，那幫大佬們會不報仇嗎！

是魯肅，幫孫權算明白了真正屬於他孫權的這筆帳！

別聽他們的！全世界投降都沒問題！唯獨你孫家投降了會死無葬身之地！全世界可都想弄死你，你現在之所以活著就是因為你手裡有暴力機器嘛！

你其實根本沒有路可以選，你只有在這條路上永不停歇地跑下去！你爹和你哥哥早就把路給你走死了！你上了路，就再不能回頭！

為什麼劉備都成要飯的了，他還要一直死磕？因為他傷曹操傷得深嘛！他根本沒辦法投降！

你孫權同樣也沒有辦法！他劉備傷害曹操，你孫家傷害士族，你和劉備抱起來正好是個圓！我為什麼要把諸葛亮帶回來？因為你沒有別的

路，既然要死磕，多個幫手總是好的。

孫權歎息道：「這幫人太讓我失望了！就是你魯肅幫我算明白這帳！我早就那麼想的！老天爺把你賜給我救我們家的啊！」

既然徹底地決定打了，下一個關鍵人物該出現了：周瑜。

周瑜此時去鄱陽公幹，魯肅對孫權說：「趕緊喊你二哥回來！」

至此，魯肅完成了他的劇情。

該周郎了！

四、誰在用烈火彈奏一曲《東風破》？

周瑜被緊急召回後，孫權在這個鐵桿硬派的坐鎮下又開了一次會。

投降派再次說：「咱們之所以能抵抗曹操，是因為長江，現在曹操得了荊州，劉表又有水軍還是上千艘蒙衝鬥艦，曹操陸軍又天下無敵，人家水陸並下，咱們弄不過啊！快降了吧！」

會上周瑜盡顯中流砥柱風采，上來就佔領意識形態高地：「曹操託名漢相，其實漢賊，曹賊自己來送死，難道我們要投降嗎？」

緊接著，周瑜說了四大理論依據：

1. 曹操西北不穩，內部不安，貿然南下，等著出亂子吧！

2. 他哪裡會打水戰，等著淹死吧！

3. 什麼月份了？年底了！天寒地凍、給養不足，等著餓死吧！

4. 勞師遠征、水土不服，肯定得傳染病！等著都病死吧！

最後，高調請戰：「主公，活捉此賊就在今日！請給周瑜三萬精兵，看周瑜大破曹軍！」

孫權緊接著正式表態：「老賊打算廢漢自立很久了！害怕的不過袁紹、袁術、呂布、劉表還有我孫權！現在就剩下我了，我和這老賊勢不

兩立！」隨後孫權拔出刀來，砍斷案角怒吼：「誰再說降曹，我就拿他當這桌子砍！」

孫權和周瑜一通老賊地罵完，代表著孫家對曹操正式宣戰，孫劉聯盟正式成立（注意，是孫家，不是江東全體）。

大會開完，孫權再和周瑜碰了個小會，這次私房話透露出了孫權的家底兒。

周瑜說：「曹操從北邊帶來了大概十五萬人，劉表那裡有七八萬人，最多也就二十多萬人，要麼虛弱無比，要麼出工不出力。我剛才在會上喊得有點兒凶，咱最好還是有五萬人，那肯定就沒問題了。」

什麼意思呢？周瑜表示，領導你一共有五萬孫家的鐵桿部曲，都給我吧，對面確實不好打。

孫權怎麼回應的呢？孫權摟著他說：「哥哥，五萬精兵確實不好湊，我已經給你選好了三萬精兵，船、糧、戰具全都備好了，隨時能走，請二哥和程普、魯肅先走，咱先打著，後續援兵我再給你派，能打贏最好，打不過退回來，我親自跟那老賊決一死戰！」[1]

孫權什麼意思呢？我在你從鄱陽回來的路上就已經算過帳了，所有能拿出來的，我都準備好了，你隨時能走了！我得留兩萬人壓著周圍張昭這幫人，能給你的就這三萬人了！我要是都給你了，你那邊還沒打我腦袋已經送過去了。我要是跟你一塊帶著五萬人親征了，咱老家瞬間就該讓人家賣了！你前面打曹賊，我後面鎮叛徒，咱哥倆在看得見和看不見的戰線上任務都很重！

1　《三國志‧周瑜傳》：五萬兵難卒合，已選三萬人，船糧戰具俱辦，卿與子敬、程公便在前發，孤當續發人眾，多載資糧，為卿後援。卿能辦之者誠快，邂逅不如意，便還就孤，孤當與孟德決之。

說完這個再來看看孫權選的這三位名將：總司令周瑜，他義兄，孫策的把兄弟；副司令程普，他大爺，跟他爹、他哥混的；總參謀長魯肅，掏心窩子幫他算救命帳的。

看出來這個二十七歲的小夥子有多可怕了吧。曹操後來在跟孫權對罵時冒出來句「生子當如孫仲謀，劉景升兒子若豚犬耳」，都是年輕人，你看孫家這班接的！這麼多人都沒弄動他！已近暮年的曹操是真心希望自家的孩子能像對面這小夥子一樣啊！

208年十月，周瑜開始逆江而上，劉備終於看到了孫權的軍隊，非常激動。

因為劉備已經屯兵孫權的西大門樊口（今湖北省鄂州市）了，天天就在江邊往東瞅，救星們怎麼還沒到啊！諸葛亮一去不回到底是個什麼情況啊？別又跟劉琮那似的商量完都投降了我又最後一個知道。

劉備看周瑜來，馬上派人去勞軍，並讓使者代問周瑜，能不能上我這來坐坐，咱嘮嘮？

周瑜不給他面子，說軍務在身走不開，結果劉備也不管級別對等不對等了，帶著滿滿的誠意親自見周瑜去了。

劉備、周瑜見面後，進行了親切友好的寒暄，然後迅速進入正題。劉備問了個關鍵問題：「周大哥你帶了多少人來？」

周瑜說：「三萬。」

劉備覺得完了，這回瞎了，沒法打了，曹操那邊二十萬人，我有兩萬人，他才比我多一萬！以為傍上大款了，結果這回真成聯盟了。

周瑜說：「這還少？請劉豫州看周瑜如何破敵吧！」

十二月，曹操自江陵前來逮劉備。隨後和周瑜、劉備的部隊在赤壁相遇，一通江戰後，曹軍戰敗，退至長江北岸，周瑜、劉備紮營南岸，

兩軍隔江對峙。[2]

與此同時，周瑜收到了消息，曹操軍已經出現傳染病現象了。[3] 周瑜決定趁你病要你命，多次挑釁曹軍曹操則玩起了關門戰術，像官渡那樣，情況不好我就不跟你打，我跟你玩消耗。我抓緊時間全軍集體免疫。

在多次的挑釁中，周瑜發現，曹操已經用船鎖將船隻連環為營，軍士在船上行走如平地，暈船的問題大大好轉，曹軍已經不吐了。

這是曹操方面的創意思維。被先鋒都尉黃蓋看到後，獻計周瑜：「敵眾我寡，對面連成航母了，咱放火燒吧！」[4]

周瑜認為可行，於是派黃蓋詐降。

並沒有《三國演義》中寫得那麼曲折：還抽了黃蓋一頓。曹操接受投降已經變成習慣性的了，自打南下就一直受降，江東那邊的反戰情緒也一直濃烈，不過曹操仍然親自進行了嚴格的盤問。

黃蓋的使者素質比較過關，毫無破綻，受降獲得批准。

接下來，就是看老天了。

曹操當初之所以把船都連上，就是因為冬天刮不了東南風！但當地人還是有一定經驗的，在此地，這個季節是有一定概率出現黑天鵝事件的！

十二月中旬一日，突刮東南大風。黃蓋趕緊帶著十艘燃燒艇上路了，走到大江中間時黃蓋把帆都升起來了，令手下人喊：「別開槍，別開槍，我們來投降了！」

2　《三國志・周瑜傳》：初一交戰，公軍敗退，引次江北。

3　《三國志・周瑜傳》：時曹公軍眾已有疾病……

4　《三國志・周瑜傳》：今寇眾我寡，難與持久，然觀操軍船艦首尾相接，可燒而走也。

在距離曹軍大營還剩兩里時，黃蓋下令點火，十艘燃燒彈撲向曹軍水寨大營。火神開始肆虐，在大風呼嘯下，大火先是燒了水寨，緊接著又燒上了岸上的陸寨。曹軍本就被傳染病和連年征戰所累，再無鬥志，被燒死、溺死者不可勝數。

縱火犯周瑜隨後展開了總攻擊，率精銳在後面追擊曹軍，派一路從洪湖登岸截擊曹軍；老淚縱橫熱淚盈眶的劉備親率部隊登岸向烏林的曹軍進攻，體驗一把追老曹的強烈快感！

曹操一看這沒救了，下了道命令：「咱也放火吧，沒燒的都燒了吧，不能留給他們，燒完了趕緊撤！」第二縱火犯曹操隨後引領部隊從華容小路撤往江陵。

狂風肆虐，道路泥濘，部隊根本就過不去。曹操讓老弱兵負草填路，修路後帶著騎兵接著跑，大量的工兵、弱兵成為自己人的腳下亡魂了。[5]

隨後江陵方面的接應部隊趕到，曹操安全脫逃。

並沒有關二爺堵在華容道，但曹操確實哈哈大笑了，先是點評了下劉備這小子確實算是個對手，但就是腦子轉得慢，在這裡要是放把火，咱就完犢子了。

後來劉備也放了，但曹操已經跑了。[6]事實證明，這哥倆跑起來誰都不慢。

整個赤壁之戰，最終以曹操狼狽逃回江陵結束。

5　《山陽公載記》：公船艦為備所燒，引軍從華容道步歸，遇泥濘，道不通，天又大風，悉使羸兵負草填之，騎乃得過。羸兵為人馬所蹈藉，陷泥中，死者甚眾。
6　《山陽公載記》：軍既得出，公大喜，諸將問之，公曰：「劉備，吾儔也。但得計少晚；向使早放火，吾徒無類矣。」備尋亦放火而無所及。

戰後評價一下，孫、劉二人自不必說，一通操作都對了，但很難說曹操做錯了什麼。

賈詡曾在曹操拿下荊州後說：「別再順江而下了，抓緊消化荊州吧，畢竟咱這次來，就是抄劉表的底來的，底也抄了，該打住了。」

曹操也確實打住了，九月份就拿下了江陵，然後歇了快三個月，安排自家主力駐防襄陽、江陵，後面曹仁可是在江陵扛了孫劉一年。

這兩個多月中，益州的劉璋也慫了，表示臣服了，連幫著打仗的雇傭兵都派過來了，形勢簡直太好了！

曹操還涮了一把當地豪族，都以為中央來了就能繼續過好日子了，但曹操一邊一口氣封侯十五人，一邊逼著這幫投降派跟著他出兵。他是基本夯實、消化完荊州還佔了大便宜後才東進的。

你說他為何要東進？是為了徹底搞死劉備？還是要畢其功於一役徹底逼降孫權？

這都不重要了，因為他有優勢大兵力，劉備被打得重症監護，孫權那邊人心惶惶。你怎麼知道，這大兵開過去，孫權就不會投降呢？鐵桿鷹派就一個周瑜，萬一孫權看你山雨欲來後慫了呢？

就算一切都朝著最不好的方向演化，孫劉抱團了，到了戰場上，你怎麼就知道打不贏呢？這個時候，很多東西都是天數了。

史書中提到的最大的戰損原因是什麼呢？

《三國志·武帝紀》：「至赤壁，與備戰，不利。於是大疫，吏士多死者，乃引軍還。」

《三國志·吳主傳》：「公燒其餘船引退，士卒饑疫，死者大半。」

《三國志·先主傳》：「時又疾疫，北軍多死，曹公引歸。」

最終輸的原因是：軍中大疫。

曹操是帶著傳染病大軍來征劉備嗎？這就開玩笑了！打了二十多年

仗的老司令，要是江陵暴發瘟疫了可能帶兵出來打仗嗎？後面曹仁在江陵可是帶著好幾萬人健康戰鬥一年多！江陵根本就不是疫情暴發地！

唯一可能的解釋，是曹操把大軍從江陵帶出來準備打劉備的路途中，軍中開始莫名其妙地出現了大規模的傳染病。

曹操帶二十年兵了，第一次出現大規模傳染病，隊伍中有大量的荊州水軍，都是當地人，都是一樣的水土氣候，怎麼孫劉的隊伍就沒鬧病呢？

這就是天時已去了。這和曹操去年征烏桓一樣。去年是傍海道被大雨澆垮，今年是軍中暴發傳染病。只不過這次老天爺在這個特殊的時間點站在了孫劉那邊，刮起了一場中國歷史上知名度最高的東南大風！

航母打遊艇，這是發揮自家優勢啊，而且冬天向來刮北風，誰知道突然來了場東南風，還是這麼猛烈的大風。

這就好比當年袁紹輸了，兩千年的屎盆子就扣腦袋上來了，曹操輸了就都歸因他驕傲自滿了，但其實往深裡說，就是孫劉二人仍有自己的歷史任務。

上天註定要讓這漢末的轟轟烈烈綿延到三國爭霸的戰場！

此戰過後，孫劉聯軍打破了曹軍十多年來不可戰勝的神話。江東的孫權徹底奠定了自己南方一哥的地位，自此江東歸心，當地大族們對於孫家不再猶豫，孫權借此戰終於徹底地夯實自己坐了八年但總坐不踏實的吳侯大位。

赤壁之戰於二十七歲的孫權，是穩定之戰，是一紙身份的金牌證明，自此終曹魏一朝，北面再無機會能夠打過長江。

赤壁之戰於四十七歲的劉備，則是轉運之戰，是命運對這個中年男人堅持了一生的饋贈，屬於他的劇本，就要來了。

赤壁一把大火之後，劉備在荊州待的這八年聽新聞、看報紙的無用日子開始顯出威力了，實力開始迅速膨脹。

1. 軍力開始壯大。

赤壁大戰後，曹操損失慘重，帶出來的部隊基本都被打光了，但這些人並非都死了。

中國打仗的損失人數可得仔細辨別，這人也許確實打沒了，但那只是不往你那報到了，這人很有可能回老家了，也有可能逃別處了。

功勞都是領導的，這也就導致了中國古代軍隊的逃跑文化盛行，通常很少會有殲滅戰，碰見白起那樣怎麼跑都跑不了的，畢竟幾千年出那麼幾個，很多時候兩軍對壘都是後面一看前面不對就跑了。

史書看多了你會注意，打敗仗後總會有一個相對安全的地方去收斂敗兵，最後大部分還是能跑回來的。

赤壁這一仗，死的人肯定不少，因為水火無情，因為傳染病無眼，但沒死的這幫人，最終大部分都去劉備那裡報到了。[7]

2. 荊州的豪族開始再次審視自己的投票權。

曹操這次很雞賊，把自家主力精銳駐防在江陵和襄陽，逼著當地領導出兵出血讓荊州豪族們很不爽，然後扭頭看到那個笑嘻嘻的劉大哥，再加上劉琦還在，曹操輸得這麼慘，大量的荊州投票就投過來了。

這從劉備後面南征四郡時就能看到了，還沒怎麼著就全投降了。[8]

曹操逃回江陵後迅速就回北方了。

7　《江表傳》：劉表吏士見從北軍，多叛來投備。

8　《三國志·先主傳》：先主表琦為荊州刺史，又南征四郡。武陵太守金旋、長沙太守韓玄、桂陽太守趙範、零陵太守劉度皆降。

他是有政治敏銳性的，他知道，只要大敗，一定要回到權力中央去，否則會有很多牛鬼蛇神冒出來噁心人，這個時候，內部的威脅只會比外部的大！當年袁紹在官渡大敗後，冀州各地迅速就叛變了。

不過走之前，前面三個月的夯實基礎使得他留下了一條非常過硬的荊襄防線。

這條防線，最終讓一個天縱奇才的山西猛男漸漸無師自通地摸索出了自成一檔的水軍陸戰隊作戰模式，還讓江東最後一位進攻型帥才就此油盡燈枯。

五、周瑜拚江陵，關羽絕北道，劉備借荊州

荊州有七郡，比較值錢的是北兩郡：南郡和南陽。

南陽自不必說，光武龍興之地，位置關鍵且有錢，如果你入主中原，這塊地方是整個華夏大地最關鍵的幾個郡之一。有了南陽，北上就是洛陽，西進就是武關，東去可逐鹿中原，南下則進入荊楚，位置實在是太黃金，房價比較高，向來是荊州在歷史事務中參與度比較高的一塊地皮。

不過自三國開始，荊州的頭把交椅要輪到南郡這裡了。因為南陽被袁術、張繡幾個流氓團夥糟蹋過，而且劉表也從來沒有經營的打算，身為士族八俊的他知道，南陽的水太深，弄不好就是一身騷。中心變成了南郡，因為這裡有兩座天下名城：襄陽和江陵（今荊州市）。

這兩個城各有特點。

襄陽，扼住了漢水咽喉，自北往南或是自南往北，只要走中國的中路，就要經過襄陽，再無第二條路可以捅下來。襄陽的位置就是這麼關鍵，後來曹操單獨地把襄陽分成了一個郡，原因也在於此。這個城池，後面將數次和天下興亡相關，最著名的那次，是全世界聚焦的南宋襄陽

保衛戰，無堅不摧的蒙古人在這座城下見識了全世界最韌性的堅持。

江陵則是中國整個南方的交通大樞紐，往西入蜀，要從江陵走，東下江東，要從江陵走，南下交州，還是要從江陵走。（見圖5-1）

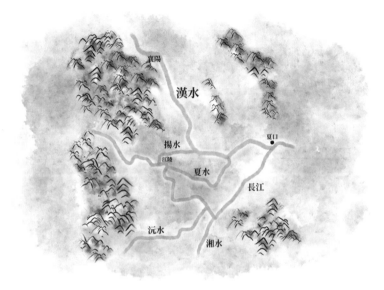

圖 5-1　荊州諸水系圖

不僅如此，荊州上游的峽江航道由於江窄水急且多有險灘，為了便於安全行駛，船體普遍比較小，出了夷陵之後，長江開始豁然開朗，大船隨便開，再用小船就不合適了。

自東往西航行，必須在最後一個大城市江陵換小船。自西往東航行，必須在江陵換上大船。從江陵東南渡過長江後可以進入資、湘等諸水流域，進入荊南諸郡。

在地理位置上，江陵不僅是「內陸新加坡」，它的腹地周圍全是大平原，自江陵到襄陽五百里高速公路極其好走，不久前曹操一日一夜狂奔三百里就是走的這條線，也稱荊襄北道。（見圖5-2）

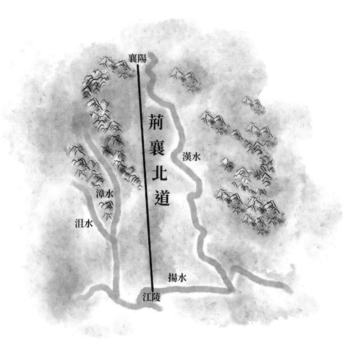

圖 5-2　荊襄北道示意圖

總體來講，江陵是樞紐。

曹操自赤壁敗後，他非常懂行地佈下了一條防線：曹仁、徐晃守江陵，滿寵守當陽（今荊門南），樂進守襄陽。

這是一條層層鞏固的荊襄防線，曹操其實有一個明確的戰略規劃：南邊四郡和南郡的南部不要了，因為有長江隔著，我水軍不成，赤壁一戰，船基本都燒沒了。但是，最值錢的南郡中部、北部被我攥住了，為今後反攻江東、西下巴蜀保留最重要據點。（見圖 5-3）

曹仁的江陵城中人數眾多，而周瑜打赤壁之戰攏共才三萬人，所以別看戰敗了，你不一定弄得動我。

曹操給出的這個佈置，劉備是非常明白的，而且他簡直是大明白！

圖 5-3　曹操戰略收縮圖

他在赤壁大勝後，馬不停蹄地就帶著人馬去收荊州南四郡去了，因為那都是曹操早就放棄的點。

他把南郡十分「不爭功」地留給了周瑜。不是他不喜歡，是他根本打不動。江陵城中的曹仁留守精兵眾多，還有劉表這些年留下來的大量家底做支撐，他根本就打不動，所以他的目標比較明確，南下搞招降去也。

不過老油子劉備想出了一個折中的辦法，他把關羽留給了周瑜當幫手，希望將來能夠在分南郡的時候佔點兒股份。這是個比較雞賊兼搞笑的安排，因為他眼下根本沒什麼實力，還要去分兵參股，著實可笑。碗裡的吃著都費勁兒，還惦著鍋裡的！

不過他的這個可笑安排，卻最終幫他拿下了南郡的部分股份。因為

二爺打出了有漢水特色的水陸兩棲游擊隊戰法。

南郡之戰本應是周瑜、曹仁對手戲的劇本，結果被硬生生地加入了一條重要支線：關羽絕北道。

曹操安排守江陵的徐晃本來是屯兵樊城的，是被曹操特派南下的。曹操保住江陵的思路非常明確，徐晃一路南下後接連掃平沿路的各路賊寇，還和當陽駐軍滿寵在漢津討伐關羽，隨後才進入了江陵城。[1]主要目的就是掃清荊襄之間的糧道隱患。

關二爺早早地就投入到漢水一線的游擊隊任務中了。

周瑜對於南郡尤其是對於江陵，內心深處是當仁不讓的，因為在周瑜的戰略深處，他是想和曹操劃江而治的，他也早就將目標瞄準了西川，而入西川的必經之路，就是江陵一線。

周瑜這麼想，那劉備呢？劉備不知道江陵的重要性嗎？劉備當然知道，因為當初諸葛亮給他做規劃的時候，就明確地指出了，荊州和益州，這兩塊是他的未來。他能眼瞅著周瑜一步步地拿下江陵後進逼西川嗎？他不能，但又沒辦法，誰讓他打不動呢。

十二月，周瑜趁曹操大敗，馬上推進到了江陵城下，先是打了一通江陵，結果打不動，發現江陵城中曹軍兇猛，於是趕快撤到江南。

隨後周瑜派甘寧打了夷陵。為什麼要這麼幹呢？因為益州劉璋在赤壁大戰時就已經出兵幫曹操了，人家是親曹的。不論他現在是否回心轉意，都要堵死他出兵的可能。

夷陵這個位置是入川和出川的關鍵點。甘寧帶著本部千人突襲夷陵，然後順利拿下。結果曹仁不幹了，堅決要保持長江口通暢，在周瑜

1　《三國志·徐晃傳》：從征荊州，別屯樊，討中廬、臨沮、宜城賊。又與滿寵討關羽於漢津，與曹仁擊周瑜於江陵。

已經隔江對峙之際居然派五千兵去打夷陵的甘寧。而且曹仁根本就不是牽制周瑜去的，他是奔著把夷陵拿回來的目標出發的。他甚至帶了攻城器械，在攻打夷陵城防的時候安裝了從袁紹那裡取經的射箭高樓。

五千曹軍帶著高科技去打只有一千兵的甘寧，甘寧眼瞅著就要殉國了，立刻向周瑜求救。甘寧求救的消息傳來後，大家都認為還是讓甘寧自生自滅吧，咱們人少不能分兵啊！

這個時候，呂蒙對周瑜、程普說：「兩位老大，咱們留凌統在這裡阻擊，現在分兵趕緊去救甘寧，用不了多長時間就能回來，我做擔保！凌統絕對能守十天！」

呂蒙的這段話印證了兩件事：

1. 曹仁軍多，至少跟你是一個數量級的。

不救甘寧的重要原因就是別看曹仁派了五千人去抽甘寧，但是曹軍是百戰陸軍，救援的兵太少了，打不過曹軍，必須得大批人馬上！但是，就這麼點兒人，要是帶著大隊伍去夷陵了，曹仁留守江陵城的人就該打你了！

2. 東吳將士對陸戰很心虛。

此時和曹軍還隔著長江對陣呢，呂蒙居然把凌統頂住十天作為需要擔保的項目！這有多心虛吧！

最後，周瑜帶著一半的兵力親自帶隊殺過去救甘寧，突擊幹掉了三千曹軍，順利解圍。也是在這一戰之後，東吳將士們的士氣才算起來了，才敢渡過長江圍城江陵。

隨後，江陵大戰正式開打。

首戰，周瑜前鋒數千人先到，曹仁登城遠望，招募三百人敢死隊，派遣部曲牛金迎軍接戰。牛金敢死隊由於人少很快被圍死了，城上的同

志們已經默哀了。

曹仁在城上意氣風發，呼左右：「取馬來！」

陳矯等將知道曹仁要下城去救牛金，於是拉住他說：「不能打啊！領導不能打啊！賊眾強盛，勢不可當！您要為了革命大局保重千金之軀啊！」

曹仁不搭理。

曹仁披甲上馬，帶領麾下頂級特種兵數十騎出城，與吳軍距百餘步之遙，迫近護城河，城上諸將以為曹仁到那裡罵罵街就回來了，結果曹仁竟渡過護城河衝入敵陣，將牛金等人救了出來。

這還不算完，曹仁看到還有小股兄弟沒出來，大呼：「咱獨立團，不，咱曹仁特種隊就沒有把人扔下的規矩！」曹仁再次突入，再救一支小分隊出來，然後將這夥幾千人的先鋒部隊打散了。

曹仁入城後，陳矯等人歎道：「將軍真天人！」

曹仁通過這場拉風之戰，成功地驅除了赤壁大敗後曹軍的心理陰影，再次喚起了曹軍上下「我們是天下第一陸軍」的往昔豪邁，我們曹將軍帶著三百來人就推平了你們數千先頭部隊。

只要不提水戰，你們來了也白給！

曹仁的這種特種部隊暴打東吳先鋒部隊的狂拿士氣戰法後來幾乎成了曹魏南方守將的通用模式，代表人物張遼後來在逍遙津八百突十萬，把孫權打得小心臟怦怦亂跳。

江陵開始陷入了持久戰，整個209年打了快一年，周瑜始終沒有拿下江陵城，人家劉備都招降四郡回來了。

劉備本來就沒多少人，剛剛拿下四郡還要消化駐防，此時此刻手裡的牌更是不剩什麼了，但劉備從來就是個借雞下蛋的高手，這回他是怎麼摻和的呢？

他拿三爺去做動產抵押了。

劉備對周瑜說：「曹仁城裡的糧食吃大半年了也不見下，咱得嚇唬他！我派我們三爺帶一千人跟你陸戰圍毆，你派兩千水軍跟我入夏水截他後路，非嚇跑他不可！」[2]

周瑜說：「不許反悔！趕緊換！」

咱三爺坐地就值一千個人！

劉備隨後帶著別人家兩千人加入關羽的漢水游擊隊去了。

後來又拖了幾個月，江陵戰打了一年多，曹仁也算是完成任務了。雖然沒有把江陵徹底守住，但好歹拖延了孫劉聯軍一年多的時間。

北方此時早已穩定，尤其東線，雖然赤壁大敗後，江東是全面北上的節奏，但合肥一線成了孫權政權永遠邁不過去的坎兒，曹操也在這一年多的時間裡穩固住了北方局勢，大目標達成了。

最後一場大戰中，發生了一個插曲，周瑜親自督戰叫陣，被流矢所傷，傷勢非常嚴重。似乎曹仁的堅守要看到曙光了，也許不用走了，也許能吃東吳的糧食了。曹仁得知周瑜傷得不能起來，於是督軍出陣來噁心周瑜。周瑜也拚了，強行起身充當光芒符號，曹仁一看你也玩這個，於是按預定計劃撤退了。

江陵打了一年多的攻堅戰，關羽在北道也打了一年的游擊，在史書中不太顯眼，比如被遠在襄陽駐防的樂進打跑。

在這一年多的聯合作戰中，二爺、三爺的表現一定是極其亮眼。因為周瑜給關、張的評價是「熊虎之將」。「萬人之敵」的另一種說法。

從史料上看，周瑜打江陵這一年中，除了徐晃一路自北向南插下來被曹操安排駐防江陵，北面始終沒有能夠把援軍和給養給曹仁派下來。

2　《三國志·周瑜傳》：仁守江陵城，城中糧多，足為疾害。使張益德將千人隨卿，卿分二千人追我，相為從夏水入截仁後，仁聞吾入必走。

其實曹仁守江陵要是泡麵管夠，他也許能守到周瑜退休。最終守了一年多決定撤退，為什麼呢？因為好幾萬的江陵守軍把存糧吃沒了。而北面又沒有辦法把糧食給送進來。

當時的糧道通往江陵有五百里北道和漢水揚水道。這兩條道，在關羽漢水游擊隊的阻擊下，根本送不進糧食來。（見圖5-4）

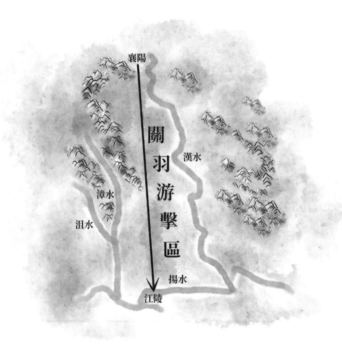

圖 5-4　關羽絕北道活動範圍圖

當時二爺手上有多少兵力史書無載，但是以劉哥當時的水平肯定是分不出太多兵的，也許就幾千人。

但是二爺隔三岔五地打一仗，人多就跑，人少就吃了你，你南下援軍就跟膏藥似的貼死你，你疏通糧道為曹仁送吃的，他就扒鐵軌、撬電桿。二爺打造出了水路兩棲的專業游擊隊。

二爺的最大威力在曹仁撤退時顯示出來了。此時劉備已經回江陵跟周瑜全力圍曹仁了，二爺一個人絕北道。

前有二爺，後有追兵，曹仁貌似出不來了。此時曹操派出了汝南太守李通前來接應！

不知為何，當陽的滿寵、襄陽的樂進全都沒動靜。有兩個可能：

1. 領導們全都出動了，但都被二爺給慇了，所以選擇性地忽略不表。

2. 樂進在這一年多的游擊戰中傷亡很大，已經無法出擊接應曹仁了，能把自己轄區的北道守好就不錯了！

最終汝南太守李通來了，然而接應過程更加神奇：李通突擊關羽的游擊隊，親自下馬去拔鹿角衝圍，一邊走一邊開拓陣地，最終把曹仁迎出來了！

在這次的迎接曹仁、打通北道撤退線的戰役中，李通得到了「勇冠諸將」的評價。這個諸將，是樂進、滿寵這幫大領導，還是他手下的部曲並不好下結論，但我更傾向於前者。

不知是跟二爺打得過於勞累還是什麼情況，四十二歲壯年的李通在此次回程路上病逝！

由很多一鱗半爪的史料，也可以管中窺豹地判斷二爺的一些阻擊特點，比如二爺這一年多打游擊的過程中很有可能兼職了工程隊，有機會就打一傢伙，沒機會就做鹿角、路障等工程品佈置在北道上，反正就是噁心你！在極小的消耗下達成巨大的戰略果實！

窮人家的孩子早當家，劉備集團在三國時代完成了很多這種低成本的奇跡。

209年年底，江陵大戰就此結束。

戰後的勢力分佈是這樣的：荊州七郡的南陽和南郡、江夏北部在曹

操手中，南郡大部和江夏南部歸了孫權，南邊的長沙、桂陽、零陵、武陵四郡歸了劉備。（見圖5-5）

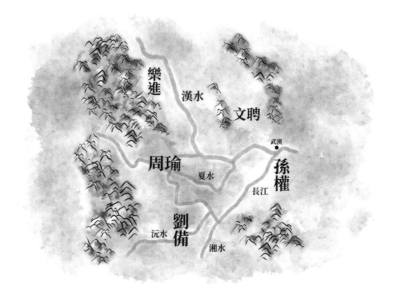

圖5-5　江陵大戰後諸方勢力圖

　　戰後，劉備找周瑜要分紅。劉備說：「我沒有立足之地啊，南郡得撥片地方給我。」周瑜於是將南郡的長江南岸撥給了劉備，劉備在油江口建立公安，屯兵於此。劉備靠著聯合作戰的理由，獲得了南郡的南部。

　　沒過多久劉琦病逝，劉備領荊州牧，屯公安，劉備全權成了劉家在荊州的名義法人；劉備表孫權行車騎將軍，領徐州牧，孫權後來還將妹妹嫁給了劉備。

　　210年，劉備再次單騎闖關，去孫權那裡提出了一個議案：能不能把荊州借給我？這就是劉備借荊州的出處，也是所謂「單刀赴會」的原型。所謂的借荊州，其實是借南郡北部，或者說，其實就是借江陵。

　　孫權、劉備都是明白人，江陵才是整個荊州的中心，控制了江陵，

才算控制了荊州。

劉備的這次想法是很冒險的，因為周瑜是肯定不會同意的。此時周瑜已經被孫權封為了南郡太守，而且一直想著打益州。

這次劉備來借地，差點兒就回不去了，因為周瑜交上了這一年多聯合作戰的分析報告：劉備是梟雄，關羽、張飛是熊虎之將，將來是禍害，現在不能讓他再走了！

最終孫權因為害怕劉備集團不好控制，魯肅又給他算了筆博弈論的賬，最終沒有同意這個呈報件。

但是，劉備也並沒有達成自己借江陵的預期目標，從孫權那裡出來後，孫權乘飛雲大船與張昭、魯肅等和平大使追送劉備，雙方又喝了頓大酒。張昭、魯肅這幫人提前離席，劉備看人走沒了，跟孫權說：「這個周瑜啊！實在是萬人之英，胸懷器量廣大，估計你要懸啊！」[3]

劉備在禍害別人班子上永遠是天賦加成的，等孫權走後，劉備跟自己的船長說：「孫權大長身子、小短腿，是帝王相，我不能再見他了！趕緊跑！」[4]

沒多久，周瑜提出征伐益州的方案，孫權蓋章同意。不過就在周瑜趕回江陵準備出征時，在路上得了重病，最終這位江東大才死在了巴丘，時年三十六歲。這成了整個三國進程中的又一次轉折性的人物死亡。

周瑜的年少殞命，基本標誌著江東一派的進取風格就此打住，孫權的開拓進取性將領斷代乏人，也標誌著劉備的春天正式開啟。

周瑜在時，是隨時準備著和劉備撕破臉開打的，因為他攥著劉備想要的江陵而且還想軟禁劉備。

3　《江表傳》：歎瑜曰：「公瑾文武籌略，萬人之英，顧其器量廣大，恐不久為人臣耳。」
4　《山陽公載記》：「孫車騎長上短下，其難為下，吾不可以再見之。」乃晝夜兼行。

周大都督在，劉備想打下江陵是不太靠譜的，他只會被鎖在江南，這條長江他並不好過，而過不去這條大江，那《隆中對》中的重頭戲益州就根本沒戲。

你也可以說，繞道走！確實有人這麼幹過，當年司馬錯倒是從巴郡繞道打了黔中，但途經了地無三里平的雲貴高原，隨後就在史書上消失了。很有可能就是過難的道路把司馬錯老爺子累死了。

就算劉備體格好、擅長奔跑，但更重要的是，他貌似沒有秦國的那種國力，根本走不起這條燒錢之路。

周瑜死後，在繼任者魯肅的方針下，孫劉集團緊密地聯合在了一起，江陵的孫權駐軍撤了回來，江陵被借給了劉備。

周瑜是個高明的軍事家，但卻並非頂級的戰略家。他在赤壁大戰後攻到江陵發現打不動，就應該迅速掉轉槍口去搶合肥。因為劉備已經去搶南邊四郡了，周瑜即便打下了江陵也會兩邊不是人：既替劉備擋著北面曹操的火力，南邊的劉備還會隨時準備捅他的後腰。

而佔領長江全線對於孫權來講也並非高明之策，孫權是不會放心安排任何一個下屬去千里之外適合割據的益州做刺史的。孫家沒有能信得過的人，他自己也才二十多歲，並沒有培養出那種可以去益州這個註定割據的地方當領導的心腹人才。

魯肅上臺後，開始著力將江陵讓給劉備，讓劉備自己花錢面對荊北的曹軍，自己則收縮力量全力瞄準合肥。

曹操當時正在寫字，聽說孫權將江陵還給劉備時腦子一驚，落筆於地。

他不再全線面對孫權了。之前那個背後鉤心鬥角的劉備突然走到了他的對面。（見圖5-6）

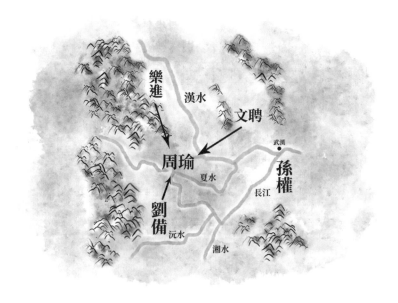

圖 5-6　周瑜潛在危機圖

　　至此，整個荊州轄區也被一分為三，劉備佔大頭，領五郡；曹操次之，領南陽和後來自己又單劈出去的襄陽兩郡，最後是孫權，領江夏郡。

　　整個赤壁之戰的最大贏家，是一輩子被追得雞飛狗跳的劉備。

　　不能說孫權就吃了大虧，因為赤壁之戰，他並非是為了劉備打的。有沒有劉備，他都得打，打了這一仗，他才立得住國。

　　荊州出了變數，原因是周瑜在關鍵的歷史節點無可奈何地英年早逝，但說句實在話，江陵拿下後，周瑜的存在，最大的獲益者是曹操。因為以周瑜的分量和能力，劉備很難進入荊州的核心區域，孫劉聯盟的沙盤會演化為極度的內耗，最終漁翁得利的是曹操。

　　八百多年後，頂級大文豪蘇東坡為赤壁做了一首千古之詞：

大江東去，浪淘盡，千古風流人物。

故壘西邊，人道是，三國周郎赤壁。

亂石穿空，驚濤拍岸，卷起千堆雪。

江山如畫，一時多少豪傑！

遙想公瑾當年，小喬初嫁了，

雄姿英發，羽扇綸巾，談笑間，檣櫓灰飛煙滅。

故國神游，多情應笑我，早生華髮。

人生如夢，一樽還酹江月。

這首詞因為傳神的文筆和作者的咖位，在數不勝數的赤壁憑弔中脫穎而出，為赤壁的歷史關鍵性做了文學背書。

在他筆下，這位江東奇才的風流瀟灑、智謀大器體現得淋漓盡致。很可惜，後人多半忘卻了「三國周郎赤壁」和「遙想公瑾當年」，而是記住了「羽扇綸巾，談笑間，檣櫓灰飛煙滅」。

這份神仙造型，並非孔明，實乃公瑾。周瑜的作用還體現在江東的一系列外戰上，赤壁後收割地盤，並非僅僅西線荊州在擴張，江東實際上是在全方位地往前拱，但比較尷尬的是，只有西線最終取得了突破，孫權在東線的一個關鍵地方很是灰頭土臉。合肥，成為曹魏橫在江東的一口關鍵閘門。終吳國整個國祚，都沒能叩開。

不僅是前面我們所說的江東士族豪族成分問題導致的吳國「進攻腦癱弱智，防守天下第一」，將領的素質同樣很說明問題。孫堅、孫策、周瑜，這爺仨帶隊是能啃大骨頭棒子的，攻擊型神將往往是能將局勢強行帶走的。

孫策、周瑜這對「江東雙璧」的相繼離去，基本上標誌著江東的版圖也就這意思了。周郎死後，整個東吳政權再也沒在正式的攻堅戰上打下過哪怕一座像樣的城池！

　　歷史，是有邏輯的！歷史，是逐漸演化的！歷史，是在一件件事的疊加下影響人的判斷的！

　　這一年多的江陵攻堅戰中，江陵城的千年巨防屬性對在場的所有人起到蝴蝶效應般的最終演化影響！

　　後來，有一位神將在這座抗擊打能力極強的城防基礎上又將江陵城擴建成了威力加強版！

　　三國的歷史之所以好看，在於有太多努力到極致後的悲劇。明明已算無遺策，拚盡全力，但怎奈終究無力回天！

　　歷史記住的，是208年赤壁的一場大火。但是，赤壁之戰後的這一年多時間，才是真正奠定三國局勢走向的關鍵時期。

　　赤壁之戰後，三國鼎立的趨勢出現了，整個中國的東部和中部全部塵埃落定，中、東格局穩態全部奠定。

　　曹操再難南下，孫、劉北上同樣千難萬難，僵持點立在了襄陽與合肥兩個南北關隘上，上手優勢在曹操，但那條大江所形成的天然屏障也使得三方的戰略預期達到了平衡。

　　接下來的歷史演化，同樣是神劇情頻出。一次次莫名其妙的小事件，最終成為描繪出三國鼎立圖案的關鍵顏料！

　　曹、劉兩個集團同時在西線發力，曹操再次佔了先手，但是最終，曹操卻再次得二吐一，徹底地失去了統一中國的機會。

　　天府成都，劉璋收到了這樣一份招標分析書：北面曹賊兇猛，老哥專業看門二十年，將軍豈有意乎？……

第 **6** 戰

劉備入川：曹操「換房本」之路上的「點炮」盛宴

一、「求賢令」的本質，「涼州亂」的根源

　　曹操南下打赤壁之戰這年，是五十三歲。在這一年，他這輩子百分之九十的功業都已經完成了。

　　擺在他面前的最大問題是，他這個歲數，有些時不我待了。你可能會認為，開玩笑嘛！五十三歲還時不我待？這不正當年嘛！五十三歲正屬於事業的超級黃金時段啊！

　　擱現在確實沒問題，若是在一千八百年前，就遠不是那麼回事了。

　　曹操此時的頭銜是丞相，卻無意間，幹下了開國之君的功業。這出乎曹操的意料，也出乎整個時代的預料。

　　二十年前，當董卓腆著大臉吆五喝六時，整個時代都很難相信，最終重新縫合天下的，是這個太監後人的曹操。他看上去既沒王者之相，更無帝業之資，家裡名聲還添累贅，一支二流武裝部隊，怎麼就二十年間將所有軍閥都打平了呢？

　　曹操也由二十年前衝動出戰董卓的憤青、袁紹大哥的頭馬，變成了一個權傾天下、地轄九州的政治家、軍事家、文學家。

　　二十年前，如果你對他說：你這輩子會當上漢相這個傳說中已經被

砍掉的職位。曹操會把鼻涕泡都樂出來。

二十年後，卻不見得了。因為欲望是無止境的，是會隨著身價發生改變的。

赤壁的一場大火，基本上把曹操燒明白了，南方是不那麼容易拿下來的。不過這次南下也沒白去，最起碼控制住了南陽和襄陽，繼合肥後兩座南北大閘全部拿下。從此戰略主動權，在北不在南！

既然防盜門都安好了，生命無常，該停下腳步鞏固一下自己的奮鬥成果了。明白了此時曹操的心情，我們才能搞明白曹操後面一系列的決策動機。

曹操將大漢這座房子又打回來了，雖然他現在具有使用權，但曹操已經不再滿意這個現狀了，他要把這棟房子的所有人過戶成他曹家的人。

不過他的想法卻並不容易落地，因為擺在他面前的，是一個難以名狀的內外環境與巨大的潛在抵抗團體。

這個難以名狀的內外環境，是四百年了人們都在跪姓劉的皇帝。那個潛在的抵抗團體，是大漢的忠臣遺老以及同樣想過戶房本的野心家們。

更撓頭的是，曹操回顧了一下歷史，他要幹的這事兒，古往今來只有王莽一個人成功了。但是，道德模範的結局不太好。

雖說王莽有因為浪而丟天下的成分，但曹操自己一陣陣的浪勁兒比王莽還大，所以前路著實迷茫令人撓頭。

曹操自己也明白，事業的真正騰飛是在公元196年。這一年，他迎回了獻帝。

隨後，人才、實力開始雙爆發。

因為獻帝這塊招牌，他由軍閥變成了中央，每征伐一塊地方，樹立的招牌有著巨大的聲勢紅利：王師所到，望風披靡。

沒有老劉家這塊招牌擱背後杵著，他跟袁紹根本都沒有打擂臺的機

會，泰山臧霸不一定接受他的招安，荊南四郡肯定不會反劉表，劇情編輯賈詡會重新掂量，袁紹四世三公的大旗直接就把他按泥裡去了。

他獨掌乾綱，他風頭無兩，固然有他自己奮鬥的大部分因素，但更重要的，因為他是漢相。這塊四百年的老區並非錦上添花，實乃雪中送炭。

當初霍光也大權獨攬，即便他廢了帝，這誰也說不出什麼，畢竟皇帝還姓劉。但如果曹操要是當王莽，那可絕對沒有王莽那全體階層鮮花掌聲的民意加成。

他這輩子敲寡婦門、刨死鬼墳，屠城數十、徙民數十萬，基本上沒有什麼缺德事是不幹的。不要說跟王莽比了，他跟黨錮失敗者竇武這種當年鼓動士族集團改天換地的頂級士族比起來，民望其實都是連邊都貼不上的。

當然，他會說亂世就這德行，為了達成目標會有很多無可奈何的不得已。但是，萬法皆空，因果不空，他的種種不得已，最終都會跟他打包清算的。

曹操利用了漢家的四百年老區，在大局已定後，決定忘恩負義了。曹操的最大敵人，不是什麼孫權、劉備，從來就不是！那哥倆在曹操看來，頂多是地方競爭小品牌。作為全國總代理，他的最大敵人，是大漢遺老和那塊四百年的沉甸甸老區！

210年春，曹操頒佈了中國歷史上幾乎是最著名的「求賢令」。之所以要加個「最」，是因為「求賢令」常有，但像曹操這麼有性格的，幾千年就這一份！

曹操在「求賢令」中幾乎是偏激地提出了一個概念：唯才是舉。

裡面倖存者偏見最猛的三句話我把原文摘出來了：

若必廉士而後可用，則齊桓其何以霸世！（管仲）

今天下得無有被褐懷玉而釣於渭濱者乎？（姜子牙）

又得無盜嫂受金而未遇無知者乎？（陳平）

曹操居然把「盜嫂受金」都寫在國家級文件上了！連貪官污吏、私通嫂子的人，只要有才，我曹操都能用！

實在是前無古人，後無來者。

聽著挺求賢若渴，但大家可千萬不要以為這是什麼好政策。

唯才是舉如果真的實行起來，在絕大多數的歷史時間段和全世界的所有國家中，都將是災難性的。世界上絕大多數的人禍，極大比例都是一種人造成的：有才無德之人。

永遠不要相信一個大才的混蛋會給你帶來什麼好處，也永遠不要把重要崗位給這種人。

不要相信偶然，要相信概率。千分之一的幸運與例外對咱們的人生沒有一丁點兒指導意義。

整個中國歷史的超大篇幅，就是一卷有才的混蛋書寫的血淚史。做事情、交朋友、處關係，德行與品格挺在最前面。

這篇「求賢令」是曹操真的覺得為了事業可以什麼人都用了嗎？並不是，曹操那可是大人精！

在曹操終其一生的官僚組織中，大多數中層及以上領導仍然是世家大族的子弟。

曹操的這篇「求賢令」，其實並不是要幹事業，要團結所有使得上的能量，而是表明了一種態度！

一個新山頭的態度！我要立山頭了，新山頭上站的都是「我的才」，而不是「大漢的門第」！

這篇「求賢令」，並非是卡死那些有德無才的人，只是把人才的話語權搶回來了！你家四世三公，那是漢朝的四世三公，我沒有話語權，但

唯才是舉就不同了。

什麼是「才」呢？是我曹操說的算！

曹操的「求賢令」，其實僅僅是一個政治表態。貌似是團結中下層人民的，但其實是曹操借此要敲打一下世家大族，要站隊了！我要立新山頭了！都機靈點啊！別抱著過去的思想瞎嘀嘀啊！

除此之外，還有一個重要性：招降南方集團的那幫才子們。

北面貌似不是頂級高門的天下了，曹操志在營造出「鄉愁是一道淺淺的漢水淮河，我在這頭，曹操在那頭」的輿論氛圍。

「求賢令」是一個強烈的政治表態，頒佈後曹操開始著手進行下一步的動作。他有著一個完整的模板在前面，兩百年前，王莽為後世所有過戶產權的新業主徹底地做好了模板。

進行下一個動作前，曹操需要拿出鎮住所有人的東西。

比較幸運，曹操一直有一塊未收割的自留地：關中。

211年正月，太原的商曜等人據守大陵縣反叛，曹操派夏侯淵、徐晃帶兵去平叛。

三月，頒佈「求賢令」不久，曹操下了個命令：攻打漢中張魯。

下文件通知關中總督鍾繇即刻開始準備，剛剛在太原平完叛亂的夏侯淵、徐晃就地西進入關，跟鍾繇會合。

當時就有人跟曹操說，關中是軍閥割據，鍾繇就是個名義上的光桿司令，咱現在根本打不了張魯，一入關整個關中就都得反了。

曹操的意圖則非常明確：我知道他們要反，我就是逼反他們！他們當了這麼多年順民了，我沒有理由去打他們，所以我只能說去打張魯！

曹操之所以把這關中當作了自留地，原因比較多，但最重要的原因還是在於關中的軍閥們的特殊性質。

關中目前有十幾股勢力，最大的還是之前的兩位：韓遂和馬超。注意，此時，不是馬騰了。老馬騰目前在曹操身邊當著官呢。

並非像《三國演義》中說馬騰參與了「衣帶詔」被曹操弄死了，馬超要報什麼仇。馬騰之所以在《三國演義》中死在衣帶詔裡，是因為不這麼寫根本沒法解釋他怎麼跑曹操這兒當人質來了。

現實中馬騰全家都在曹操那裡過得好好的，馬超卻叛亂了。這段坑爹的故事，需要回顧一下其三十年的過往，才能理解馬超的坑爹動機和他終其一生的能力問題。

時間撥回到二十七年前，公元184年。

隨著張角張教主二月的一聲炮響，天下徹底大亂，被涼北著名狠人段熲剿滅了的十五年的羌亂也再一次轟轟烈烈地鬧起來了。

這名氣最大的一次「羌亂」和前面很多次的羌亂本質上不一樣，類似於明朝後期的倭寇之亂，聽著以為是日本人在我們的土地上燒殺淫掠，實質上則是我國東南沿海走私武裝集團外加零星日本打工仔對於大明海禁國策的武裝對抗。

此次的涼州之亂，本質上是涼州豪族組織起了本地漢人，大量雇用羌、胡人、組成反政府武裝來割據國家西北邊陲。

當時諫議大夫劉陶在給靈帝上書時，對隴西亂象分析得非常明白：「竊見天下前遇張角之亂，後遭邊章之寇⋯⋯今西羌逆類，私署將帥，皆多段熲時吏，曉習戰陳，識知山川，變詐萬端。」

西羌叛亂的這幫人都是當年段熲屠羌時的軍官們，都是跟著他從血海裡殺出來的頂級軍官，這幫軍官在二十年的作戰與生活中和「義從羌」「義從胡」的羌胡兄弟們積累了深厚的感情。

最開始「羌亂」鬧起來後，造反派們攻打金城郡，脅迫了兩個非常

有名的金城大戶豪族邊允和韓約做他們的老大。[1]

「涼州義從」雇傭兵軍團的軍頭宋建和王國說：「韓老大、邊老大，我們要造反搶劫去了，你們得當我們的老大，做我們的名片，領著我們去搶！要不我們這號召力不夠，蛇無頭不行啊！」

在所謂的被「群盜誘而劫之」後，邊允和韓約這兩人非常「委屈」地被羌人叛軍「脅迫」成了領袖，韓約改名，變為韓遂。然後，金城太守陳懿就被殺了。「羌亂勢大，攻燒州郡」，轟轟烈烈地的又鬧起來了。

184年的這次羌叛，本質是涼州漢人軍官領著少數民族兄弟們去搏富貴，選出了涼州大豪族做代言人的一次以漢人為核心的反政府行動。

在長達一百年冰與火的淬煉以及漢羌的雜居融合後，西涼的大戶豪族漸漸地摸索到了和羌人們同呼吸共命運的辦法了。

咱們才是一家人，咱們得一塊發家致富！

馬騰就是這個特殊時代契機下的翻身鹹魚。

馬騰據說是馬援的後人，原來是扶風人，因為老爹去天水當官，在任上丟了官，結果就流落在了當地，他老爹因為失了功名落魄了，窮得只能娶羌女為妻，生下了馬騰。

馬騰成年後「長八尺餘，身體洪大，面鼻雄異，而性賢厚，人多敬之」，天賜了一副上沙場搏功名的體格。184年涼州大亂時入伍，漸漸地混到了涼州刺史耿鄙的司馬。

187年，耿鄙想要自己解決西涼叛亂問題，結果在討伐已經成為匪首的韓遂時被殺，馬騰順應了隴西自治的號召，擁兵反叛，後又與韓遂合流。

這個時候問題來了，馬騰僅僅入伍三年，真的到了能代表耿鄙這夥武裝的地步了嗎？其實他和韓遂的性質比較像，都是被推舉出來的，

1　《漢帝春秋》：涼州義從宋建、王國等反，詐金城郡降，求見涼州大人故新安令邊允、從事韓約。

但遠不如韓遂的地位來得穩。韓遂是金城大族，馬騰僅僅是個厲害的軍吏，韓遂是盧俊義，是金城玉麒麟，馬騰也就是個二龍山的魯智深。

當時的西涼叛亂已經近似於當地的西涼豪族、武人自治了，但是這個西涼自治體系很特殊。

1. 此次西北並沒有什麼一家獨大的超級大佬，更類似於一大幫各佔小股份的股東推舉出了挑頭的造反總經理。

馬騰作為魯智深，拉上楊志、武松僅僅在梁山泊中佔個小股份，整個羌亂的名義大哥隨後換了好幾個，最終韓遂和馬騰成了名片。

總體來講，股份極其分散，有投票權的小股勢力極多。這又有點兒類似於後來的藩鎮割據。就是底下的人，有很大的權力。

2. 因為羌族人民參與的比重很大，所以此次的地方自治體系又有了別的能力要求。

羌人的習性在《後漢書·西羌傳》中有過很形象的描述：「強則分種為酋豪，弱則為人附落，更相抄暴，以力為雄。殺人償死，無它禁令。其兵長在山谷，短於平地，不能持久，而果於觸突，以戰死為吉利，病終為不祥。」像宋江那種傳統意義上的老大在羌人那裡往往吃不開，光會分錢玩手段是不夠的，你還得武勇、能打、符合少數民族套馬漢子威武雄壯的美好印象。

公元184年馬騰鬧革命時，馬超已經八歲了。

馬騰年輕時非常窮，砍柴為生，所以他很有可能繼他爹之後也給羌人當了上門女婿。也就是說，二分之一羌人血統的馬騰大概率又娶了個羌女，生下了有四分之三羌人血統的馬超。

千萬注意馬家爺倆的羌族血統以及此次西涼軍閥的特色性質！這樣才能真正理解後面馬家爺倆的一系列莫名其妙舉措以及曹操為什麼對面來一波人就樂一通的根本原因。

二、馬騰入朝之謎

以韓遂和馬騰為首的涼州羌亂鬧起來後，漢廷派皇甫嵩、張溫、董卓等分批來剿滅，也都互相幹過架，董卓還從涼州調遣了不少雇傭兵下山，但雙方誰也奈何不了誰。時不時地西涼內部還自己對打一下，主旋律是梁山性質合作，偶爾山寨之間摩擦。

189年，董卓入京，對韓遂、馬騰做了妥協，西涼自治的日子過得很開心。

192年，董卓死了一段時間後，韓遂、馬騰東進來看看關中的新形勢，李傕以漢廷名義封韓遂為鎮西將軍，回軍金城；馬騰為征西將軍，屯兵郿縣。

此時漢廷裡面還是有能人的，手腕還是很高的，表面上是封賞，實際上玩起了離間，韓遂的鎮西將軍比馬騰的征西將軍級別低一檔，馬騰屯兵的地方也被安排下了隴山，進入關中平原的腹地了。

後來沒多久，馬騰的內部發生了一次軍變。原因在於馬騰糧食少，向李傕打申請，問能不能讓他帶隊伍上池陽吃段時間，隨後西進到長平觀。這個時候，他的部將王承等認為自己會被馬騰賣了，於是內部叛亂

了，馬騰被打跑，回到了隴西。[1]

看到了馬騰的股份嗎？也就這點意思，內部叛亂後直接跑回隴西了，連打回來拿回公司的打算都沒有。

194年，馬騰從涼州又攏了一堆小公司來朝廷這邊打秋風，但是李催已經窮得自己都快過不下去了，於是馬騰和劉焉勾結了起來，準備兵變，自己也當回中央。

韓遂聽說關中打起來了，也興奮了，帶隊伍來準備做和事佬。但是，下了隴山後發現馬騰這裡的機會更好，也許咱也有機會當中央了，於是和馬騰一塊兒打李催。

結果真打起來後，韓遂、馬騰的隊伍被砍了一萬多個腦袋，只好退回涼州。西北頭馬，還得是董太師的李催。

後來李催等董系軍閥內戰，馬騰、韓遂覺得他們的春天到了，繼上一次的聯合作戰後決定達成更深的聯盟，哥倆結拜了。

但是，這哥倆明顯地控制不了手下的兄弟們。你們總公司結拜了不好使，底下的分公司總搶地盤，雙方的聯盟很快破滅了。[2]

直到有一次，兩個董事長也打起來了，馬騰動手打了韓遂，韓遂回來又召集所有小弟打跑了馬騰，還殺了馬騰的妻子和兒子，這下仇大了，雙方全面開戰了。[3]

再後來，董系自相殘殺走向毀滅，曹操控制了獻帝，關中總督鍾繇和曹操派去的涼州牧韋端開始給兩家調解：「哥倆別打了，你們哪還有工夫打仗！沒覺得關中空下來了嗎？」鍾繇還超標完成任務，成功地說服

1　《典略》：而將王承等恐騰為己害，乃攻騰營。時騰近出無備，遂破走，西上。

2　《典略》：始甚相親，後轉以部曲相侵入，更為讎敵。

3　《典略》：騰攻遂，遂走，合眾還攻騰，殺騰妻子，連兵不解。

了兩家往中央送人質過來。

在這裡，要按一下暫停鍵：韓遂殺的馬騰的妻與子中，沒有馬超。馬騰的遣子入侍中，沒有馬超。

馬超極大概率是馬騰落魄砍柴時娶的羌女生的，此時馬騰已經混成漢廷將軍了，那個被稱為「妻」的，應該是後來娶的涼州漢人豪族之女。派往朝廷的人質，應該也是漢妻生的有「繼承權」的嫡子。

之所以「繼承人」加上了引號，是因為馬騰的這份所謂的「家產」有些特殊，實際上並不看什麼繼承順位。

韓遂殺的不是馬超的親媽，甚至還幫他減輕了將來分家產的負擔；在羌人的民族習性中，「父沒則妻後母，兄亡則納釐（嫂子）」，並沒有漢人圈裡以父為天的概念，所以馬超後來輕鬆地坑爹並且認韓遂當爹也並沒什麼心理負擔。

與此同時，曹操的大政委荀彧在推薦鍾繇做關中總督的時候對曹操說的一段話非常有意思：「關中將帥以十數，莫能相一，唯韓遂、馬超最強，彼見山東方爭，必各擁眾自保。」這段話有三個關鍵點：

1. 關中自董系軍閥潰敗後，西涼特色的豪族自治已經蔓延到了關中，此時關中已經有十多股軍閥勢力。

2. 最強的有兩股。

3. 韓遂還是那個名片，但馬騰這邊的名片已經換成了馬超！

為什麼馬超變成了那夥軍閥的名片了呢？因為這夥軍閥中，羌胡兵的參與比例非常高，馬家爺倆的羌人血統對於這部分力量的招募與團結助力極大。在這種以少數民族為主體的軍隊中，宋江式大哥是不好使的。

從後來楊阜對曹操說的話中就能明白：馬超有韓信、英布的能耐，

特別得羌人、胡人的擁戴。史書中從此開始的記載，都是馬超帶著部曲上陣拚殺，而且馬超的作戰風格是那種親自上陣、受傷不下戰場的勇猛驍將。[4]

馬超的羌人血統以及勇猛善戰的風格使其很大概率在馬騰的部曲中已經成了威望極高的二把手，甚至是真正的戰力核心。所以荀彧才會點名馬超，而不是馬騰。也許馬騰親自上戰場都比不上兒子說的話好使了。

鍾繇入關後沒多久，爆發了舉世矚目的官渡大戰，因為人質等種種因素，關中的各路軍閥都表現得極其穩重。鍾繇還在大戰的僵持時刻給曹操送了兩千匹戰馬，這很有可能是關中各軍閥給曹操隨的份子。

袁紹病逝後不久，匈奴單于平陽作亂，鍾繇率領關中諸軍前來攻打，打不動，與此同時袁尚派郭援帶數萬人，與匈奴單于一起入侵河東郡，並遣使與馬騰、韓遂等連和。馬騰一開始私下答應了。[5]從這裡也能看出來，馬騰集團的初衷並非是將來要從曹操這裡上市，而是保住自己的關中既得利益，中原大亂的時間越長越好。

鍾繇入關時送過人質，官渡之戰時隨過份子，關中這幫軍閥的本心是什麼意思呢？和臧霸一樣，圖的是大漢朝廷的官方冊封，方便自己名正言順地在關中涼州當土皇帝，而且當時曹操比袁紹弱，袁紹要是收拾完曹操就該搶他們的地盤了。

這個時候「陰許」給袁尚的動機是什麼呢？

鍾繇後來派傅幹去勸他時，有一句說得很直白了：「你現在跟著我們混，卻不出力，打算兩頭下注，坐觀成敗，我就怕等成敗真的定下來後，第一個挨刀的就是將軍你啊！」

4　《典略》：超後為司隸校尉督軍從事，討郭援，為飛矢所中，乃以囊囊其足而戰，破斬援首。

5　《戰略》：騰等陰許之。

鍾繇又是一頓政治工作：哥幾個思想不能滑坡啊，咱兒子們可都在鄴城那裡當著富二代了，挺好的日子咱可不能過丟了。

後來又在傅幹和張既的勸說下，馬騰琢磨清了現實，袁家那哥倆不可能弄得過曹操，自己的上限就是個等待收購，於是又隨了份子。結果袁尚不僅沒勾引來關中匪幫，還被馬騰派馬超率精兵萬餘人，與韓遂等部一起，在鍾繇的督率下狂屠了一頓。

205年，高幹在投降後再次反叛，又是馬騰等出兵出力協助曹操打敗高幹。

時間來到了208年，曹操統一北方，在南征劉表前夕，曹操著手佈置了兩件事：

1.這一年的六月，曹操成為漢相，然後以丞相的超高級別待遇徵辟馬超，馬超不去。

曹操以非常高的誠意，希望馬騰部曲的實際統領者馬超來他這裡上班。

2.馬超不來後，曹操準備去收割快不行的劉表，去之前派張既遊說馬騰，說你把部曲解散了，去朝廷上班吧。[6]

正常的角度來講，所有的投誠軍閥，都是要把自己的部曲帶過來的！張繡、張遼、張郃、徐晃，這都得帶著隊伍過來，還指著他們打仗呢！

為什麼曹操不讓馬騰帶來這支戰鬥力非常強的隊伍呢？因為他知道，馬騰根本帶不來這支隊伍。

其實曹操很早就開始安排這支隊伍的實際統治者馬超了，曾經委任

6　《三國志・張既傳》：太祖將征荊州，而騰等分據關中。太祖復遣既喻騰等，令釋部曲求還。

馬超為徐州刺史，但馬超根本就不去上班。

為什麼呢？因為馬超知道自己這個出身卑賤的少數民族之子之所以牛，是手中的這支部曲。但這支部曲他根本帶不進關去跟他混仕途！

此次西北三十年大亂的底色，是股權分散，手下人的權力很大，類似於晚唐的藩鎮割據。你得讓底下的弟兄們混得好，吃得香，你得能打、有面兒、搶得來地盤。馬超作風優良能打勝仗，所以兄弟們會跟著你。但你要是想入關東謀富貴，沒問題，你走你的，我們不去。我們這幫造反派扎根關中十多年了，你進中央能當大官，我們可什麼都摸不上。

我們在關中是地頭蛇，有地位、有家庭、有吃喝，急了還能搶一把，背後是源源不斷地輸送兵源的涼州老家，關中我們說什麼可都不能離開。

曹操最終退而求其次，希望馬騰能作為一個拆遷戶的榜樣，養著他，讓他享受榮華富貴，然後漸漸地將西北大佬們都弄到中央來，再進入並控制群龍無首的關中。

馬騰思前想後決定去曹操那裡上班，史書上寫了兩個原因：

1. 跟韓遂實在是不對付，不願意在關中待了。[7]

2. 張既把馬騰給陰了。

「專業還遷政策引導員」張既得令去說服馬騰：哪裡都是家，捨小家才有大家，響應國家號召，高官、美女、大宅子咱都準備好了！把武裝都解散了吧！馬騰答應了，但總在猶豫。

隨後張既趕緊讓沿途郡縣做好接待馬騰全家的準備，二千石以上的官員在馬騰經過的時候，都要到郊外迎接。

張既把馬騰要去中央享榮華富貴的事做成「新聞聯播」了，手下的部曲們看明白馬騰是個什麼人了，原來他不想跟兄弟們混了，於是馬騰

---

7 《三國志‧馬超傳》：後騰與韓遂不和，求還京畿。

不得不去了中央。[8]

馬騰走得很乾脆，他把家屬都遷到鄴城了，只有馬超一個人留下了。[9]

軍閥的志向有大有小，刀口舔血了一輩子想進中央享享福可以理解。馬騰其實無所謂，關鍵是馬騰手下的那支隊伍。這支隊伍，馬騰既沒有遣散，也沒有交給關中的老大鍾繇，而是給了自己的兒子馬超。

傳統觀念中，是馬騰要用這支力量為自己在曹操那裡爭取權利。實際上，根本就不是！他根本控制不了這支力量！

馬騰知道，自己在關中混不下去了，所以把所有的家屬帶到鄴城來了。留下了馬超，實際上是馬超野心比較大，不想跟他來。

他之前猶豫什麼呢？馬超不跟他走，他又遣散不了這支隊伍，將來自己早晚會被這幫人坑，所以他猶豫。

所謂把部曲給了馬超統領，實際上也就是過了一下戶而已。公元198年時，荀彧就不拿他當這夥武裝的代號了。

後來曹操一宣佈要帶隊伍入關中打張魯，馬超帶頭就反了，馬騰要是能遙控馬超的話，馬超應該是帶著隊伍做曹軍的關中先鋒軍。

而且不僅僅是馬超反了，曹操一說要打張魯，關中十幾夥勢力不約而同地都反了。根本原因，就是他們有強烈的軍閥主人翁意識：曹操來搶我們關中的既得利益了，所以堅決不能答應！休想進關中！

其實馬超真的就想跟曹操對著幹嗎？不一定，他也許同樣夢想當張遼。

8　《三國志‧張既傳》：騰已許之而更猶豫，既恐為變，乃移諸縣促儲偫，二千石郊迎。騰不得已，發東。

9　《典略》：又拜超弟休奉車都尉，休弟鐵騎都尉，徙其家屬皆詣鄴，惟超獨留。

但是，這些年西北的潛規則一直走的是西涼軍閥自治的可持續發展道路，就是軍閥大哥要把兄弟們哄好了，要傾聽弟兄們的呼聲，現在曹操來了，兄弟們很憤怒，你跟著不反也得反！違背廣大將士的根本利益了，你要是不反，你就懸了。

曹操一說要入關，馬超、韓遂、侯選、程銀、楊秋、李堪、張橫、梁興、成宜、馬玩等十部皆反，其眾十萬，屯據潼關。

這在三國的各種遊戲中，全都隸屬於馬騰，作為一支關中勢力出現的。實際上，這十路兵馬並不挨著。談不上誰領導誰，而是十夥土匪對抗中央。

三、荀彧殉漢，令君千古

西北跳反後，曹操先派曹仁去了前線總督戰事，結果馬超、韓遂等堵了潼關。曹操隨後派去了最高指示：「關西兵精悍，別跟他們打，先耗他們的銳氣！」

諸將說：「關西兵強，都是玩長矛的出身，咱要是不精選前鋒，很難打得過他們啊！」

曹操對諸將說：「戰在我，不在賊，他們長矛玩得好，但我有辦法讓他們刺不出來！你們就看吧！」

為什麼這個時候大家要專門說一下關西兵強，必須得精選前鋒才能去打呢？為什麼曹操也默認了，隨後說了些故作玄虛的玩笑話呢？因為此時曹軍已經到了一個青黃不接的時代。

曹操、袁紹這幫主公們最開始的戰鬥主力，都是在189年左右招募的。

漢代士兵的起征點是二十三歲，但亂世肯定不會按規章制度辦事，扛得起槍的小夥子估計就都拉走了，當時招募的兵源平均年齡應該是二十多歲。

中原自184年黃巾起義大亂，大量的豪族、部曲也大概是在這個時間段開始招募士兵，主力也應該在二十多歲。

曹操集團的主力青州兵收編於193年，當時的青州精銳應該都是打過幾年仗的老兵，就按二十五歲算，十八年過去了，此時也已經四十三歲了。當然這些年士兵的更新換代也在進行當中，但是新兵的戰鬥力和老兵是沒法比的。

官渡之戰時，曹操和袁紹的部曲戰鬥力都在巔峰，其中的精銳應該是三十五左右的老兵。曹操勝利後一口氣弄死了袁紹的八萬老兵，在袁紹死後，曹操在和袁紹的兒子打仗時兵源上仍佔據著巨大優勢。白狼山斬蹋頓，應該是曹操老兵軍團的強弩之末、落日餘暉。赤壁之戰，曹軍因大疫死傷慘重，曹仁後來在江陵的一年多鏖兵中也損失不小。

無論是按年齡推算，還是按老兵死亡率來看，曹軍此時都是青黃不接了。

曹操終其一生，基本都在親臨一線作戰，從出道開始一直無休，打了三十多年，還因此被唐太宗調侃為「一將之智有餘，萬乘之才不足」，就是玩打仗還行，當皇帝差點兒意思。

其實曹操也有很多無奈。他出道的頭十多年，基本上每天都在生死邊緣，根本就沒有分兵團作戰的機會，官渡之戰是最後豁出命才贏下的；袁紹死後收河北的幾年，是收冀州奠基業的關鍵上升期，自然也得親自上陣剿滅諸袁，越快搞定越好。自赤壁戰後，他當年叱吒風雲南征北戰的那波百戰老兵衰老凋零，但天下仍然沒有一統。

這是之前兩次「分久必合」中所沒有遇到的。高祖和光武都是一代兵源就定鼎天下的。

曹操只能靠著自己在這個時代的第一檔作戰指揮能力去彌補兵源戰力斷檔的不足。

其實曹操在創業大成後已經在放權了，夏侯淵和曹仁都在後來獨當一面的戰役中展現了非常高的戰術水準，但三國能人太多，不像光武中興時僅一個岑彭就能把整個南方都淌一遍，老劉和二爺上陣後曹家的司令就不好使了，只能指望老曹再上陣。

公元211年七月，面對精銳的關西精兵，曹操再次親征。一邊走，一邊誇鍾繇。

鍾繇這位關中總督在主政的十多年間一個勁兒地發簽證，把本來就沒什麼人的關中人往洛陽移民，不僅移民百姓，投誠的軍閥也被安排到了洛陽。

這次曹操西征，豫西通道承擔起了大軍的沿途給養。

曹操到了潼關後，關中的各路軍閥開始增援而來，每來一部，曹操就樂。

曹操說：「關中很大，這幫亂賊都有自己的地盤，要是他們割據險阻，我挨個兒剿平沒有一兩年弄不完他們，現在都跑過來了，我一口氣弄死他們多省心，所以我高興呀。」

雖然被馬超、韓遂堵在了潼關，從豫西通道確實是入不了關了，但還有豫北通道。曹操先是帶兵到潼關門口，假裝要打，把關中軍都引到了潼關，然後派徐晃、朱靈北渡黃河，走蒲阪津再西渡黃河進入河西，開闢了前線陣地，隨後曹操掩護部隊北渡黃河入河東，結果掩護時差點兒玩砸了。（見圖6-1）

奔六十的曹老爺子又浪上了，帶著一百多位親兵親自殿後。結果馬超帶隊從潼關衝出來了。人家衝得比較猛，在曹操還坐在搖搖椅上玩造型的時候，張郃等人看出來不對了，於是率領保鏢隊架著領導就往船上跑，上船後發現河水很急，船隻難以操縱，沒劃多遠，馬超帶軍開始

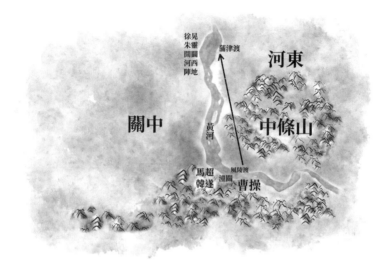

圖 6-1　徐晃、朱靈登陸圖

放箭。划船的保鏢們一個個都被射死了，結果侍衛隊長許褚開始展現神力，一手划船，一手舉盾牌，與此同時曹操手下的丁斐放出了牛馬吸引馬超方的注意力，曹操這才順利地到達黃河北岸。[1]（見圖6-2）

　　曹操的這份造型，帶壞了自家的一個兄弟。

　　八年後，曹操的關西總司令夏侯淵帶著幾百人去補鹿角，氣概與造型和今天有些類似。對面也確實躥出人來撐他了。但是，夏侯淵並沒有他老闆的體質，被一個老大爺帶隊砍死了。他的死，也使得219年的風起雲湧朝著世紀大片的劇本波瀾壯闊走去！

　　為什麼古往今來能作詩的軍事型領導很罕見呢？因為，作詩這事，需要些突破天際的靈性和肆意妄為的浪漫。這種人在戰場上普遍是活不

1　《資治通鑒·漢紀五十八》：許褚扶操上船，船工中流矢死，褚左手舉馬鞍以蔽操，右手刺船。校尉丁斐，放牛馬以餌賊，賊亂，取牛馬，操乃得渡……

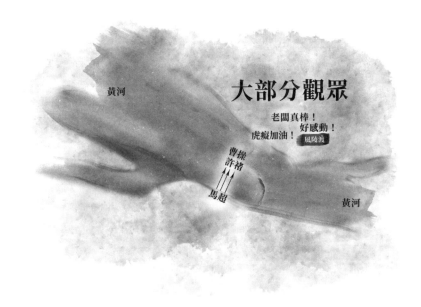

黃河

大部分觀眾

老闆真棒！
好感動！
虎癡加油！ 風陵渡

曹操
許褚
↑↑↑
馬超

黃河

圖 6-2　曹操殿後示意圖

過三個鐘頭的。

　　曹操北渡黃河後，大軍西渡蒲阪入關中，關中各路軍閥又開始在渭水口阻擋，但是渭水是談不上什麼天險的。曹操設各路疑兵，半夜用小船做了浮橋過了渭水，在渭南開闢了灘頭陣地。

　　馬超等夜襲，被曹操伏兵擊破，隨後馬超等表示割地求和，曹操不許。

　　九月，曹操大軍渡渭水至南岸。馬超叫陣數次，曹操不理，馬超又說我們割地求和送人質，咱別打了。這時候賈詡說話了：「偽許之。」

　　曹操隨後使出了離間計。韓遂和馬超的關係本來就像是互相出過軌的夫妻，根本談不上信任。曹操使出了水平比較一般的離間計，在對陣時喊出了韓遂，和他嘮家常。

　　曹操和韓遂他爹是同年的孝廉，曹操說了一堆京都舊故，兩人還哈

哈地虛偽笑了一陣，回去後還給韓遂寄了一封塗塗抹抹的信。

不久，馬超和韓遂掐上了。

曹操開始收尾，展開大會戰：先派輕兵對陣，大戰良久後再派出了特種兵虎豹騎，大破關中軍，斬十匪幫中的成宜、李堪等，一戰打崩了關中群匪。韓遂、馬超跑回了大本營涼州，楊秋跑回了安定，關中解放。

十月，北上安定，楊秋投降，隴東全部回歸。

十二月，曹操沒有將窮寇追到底，回軍鄴城，留夏侯淵收尾。他此時有比追土匪更重要的事。

212年正月，曹操回到鄴城，獻帝特批曹操「參拜不名、劍履上殿」，如蕭何故事。

隨後，曹操想要晉爵國公，加「九錫」。

曹操要為自己收回關中的功勞要待遇，但這個待遇要得有些高，大家都知道什麼意思。因為上一個加「九錫」的那位最後幹了什麼事大家都知道。

曹操知道，這件事必須得讓二哥同意，也就是自己的文官系統中，分量最重的荀彧。

八年前，204年曹操拿下鄴城領冀州牧的時候，曹操就想打著「復古置九州」的名號擴大冀州地盤了，但是這事兒被荀彧摁下了。

荀彧的理由是革命尚未成功，同志仍需努力，宜將剩勇追窮寇，不可沽名學霸王，希望領導趕緊引兵先定河北，然後修復洛陽，拿下荊州，等天下大定後再討論古制這事兒。[2]

2　《三國志・荀彧傳》：願公急引兵先定河北，然後修復舊京，南臨荊州，責貢之不入，則天下咸知公意，人人自安。天下大定，乃議古制，此社稷長久之利也。

曹操不僅二話沒說取消了九州的討論，還給荀彧寫信道謝。

曹操對荀彧一直是多方位地討好，204年第一波封侯時，荀彧得封萬歲亭侯，封邑千戶，為所有封侯諸將之首，曹操還將閨女嫁給了荀彧的長子荀惲。207年在論功大行賞時，荀彧這幾年已經沒什麼軍功了，但曹操依然增封其千戶，位列文官之首。曹操隨後又連續十多次地要讓荀彧進位「三公」，荀彧就是不同意。

曹操幾乎使出了所有討好荀彧的辦法，但荀彧卻在漸漸地和曹操劃清界限，並用尚書令這個關鍵崗位和曹操的個人進步做周旋。

這一次，曹操提出要稱公、加「九錫」後，第一時間諮詢了荀彧，荀彧再次表示不同意！而且荀彧回絕得很露骨：「你興的是義兵！雖成大功，但要忠貞愛國，不能太過分！」

這位合夥人，當初是帶著理想抱負而來的，他的夢想是匡扶漢室，是再造大漢。你曹操可以當霍光，可以做皇帝的爺爺。但你死後，皇帝還要是皇帝。如今當爺爺都不行了，你要把這孫子踢一邊去，這就觸碰了我的底線了。

荀彧表態不贊成。這成了一個政治大事件。因為荀彧作為創業元老、集團合夥人、大量關鍵人才的提拔者，自身的分量非常重。他的表態，使得很多人在觀望。

曹操心裡堵了塊大石頭，內心深處極度憤怒！他的這位「子房」，很顯然並不是為了他什麼都肯幹的。

這回打馬超差點兒死黃河裡都白折騰了！那麼大的關中拿下來沒加成「九錫」！八年前你說讓我掃平天下後再提這事兒，鬧半天是在拖著我！根本不是為我著想，原來是心心念念你的漢！

稱公、加「九錫」這事兒被暫時擱下了，到了十月，曹操再動干戈，大軍南下打孫權。這一次，荀彧沒有再坐鎮後方，而是被調入了南

下的大軍。

沒多久，這位王佐之才神秘死亡。死亡方式有兩種說法：一種是憂憤而死；[3] 一種是曹操送了個有寓意的空飯盒，荀彧喝藥自殺。[4]

看似神秘兮兮，其實史書的記載表達了一個非常明確的意思：隱誅。

空的食盒是什麼意思呢？天子死曰「崩」，諸侯死曰「薨」，大夫死曰「卒」，士死曰「不祿」，庶人曰「死」。空食盒就是沒有俸祿了，就是「不祿」。

不過荀彧並非是「士」，人家是萬歲亭侯，曹操是不是並不想搞死荀彧，就是嚇唬嚇唬他呢？並不是，史書記載的「憂薨」其實就是明確了曹操隱誅荀彧。

兒子無奈造反的衛子夫、武帝死前帶走的鉤弋夫人、何進外戚爭權滅門的董太后，這在史書上都是以「憂死」記載的。

曹操以勞軍的名義將荀彧調出許昌是為了打他一個出其不意，荀彧不會料到曹操居然會對他動手。

曹操在壽春以霹靂手段給荀彧發送了死亡信號，是因為荀彧的分量真鬧起來會給自己造成太多難辦的麻煩。

荀彧為什麼沒有反抗呢？首先，他沒想到曹操會這麼絕，本以為就是政治談話，誰知道不講一絲情分，突然就要弄死他；其次，保後代安全並給自己留下最後的體面。

來看一個三百多年前的故事吧。

刻薄寡恩的漢景帝在打掉最後一個軍功集團丞相周亞夫之前，曾經喊周亞夫來吃飯，周亞夫到了之後光看到了一大塊整肉，不僅沒有切，連筷子都沒有。

3　《三國志・荀彧傳》：彧疾，留壽春，以憂薨……

4　《魏氏春秋》：太祖饋彧食，發之乃空器也，於是飲藥而卒。

周亞夫很不痛快，對周圍人說：「給我拿筷子去！」

景帝笑呵呵地說：「呦！這還不夠您吃的嗎？」

周亞夫這個時候才免冠謝罪，景帝說起來吧。然後周亞夫飯都不吃直接走了！

景帝目送周亞夫，隨後冷冷地說道：「這樣的人不會為太子盡忠的。」

景帝給了周亞夫飯，卻沒給他筷子，意思是：你的封邑還會有，但你吃不了這碗飯了，你自盡吧，我會讓你兒子繼承的。周亞夫不接荏，結果就是屈辱而死，封國除。

荀彧明白，人家已經拉下臉突然襲擊了，自己肯定是活不了了，抵抗還會禍及子孫！既然已經如此，那就以死明志吧！

荀彧在死前將自己所有跟曹操有關的信箋文字全部焚毀，並不想給世人留下自己為曹操出謀劃策的那些材料。[5]他希望自己最後的歷史面貌，是以漢臣的形象出現在世人眼中的，而並非是曹操的二當家、潁川第一合夥人的身份。

但即便荀彧死前燒毀一切，由於他太重要了，留下的那些隻言片語的線索都為後世拼湊出來了這位潁川大才對於曹魏政權的基石作用。

當初在鄄城幫曹操挽救革命的一州之鎮。

當初把曹操從眼饞徐州拽回來的總參謀長。

當初力主曹操迎回漢家四百年老區的尚書令。

當初給曹操帶來一整套行政班子的文官集團老大。

當初寫信勸曹操在官渡頂住的集團二當家。

當初擊垮袁紹後勸曹操繼續做河北卷的班主任。

當初曹操走到哪裡都一切放心，糧草輜重一切都會搞定的帝國總理。

5　《彧別傳》：彧自為尚書令，常以書陳事，臨薨，皆焚毀之，故奇策密謀不得盡聞也。

他是曹操每有大事無不書信諮詢的最大恩人，卻成了曹操鯉魚化龍後達成欲望的最大阻礙！

權力為何物？無恩無情哉！

曹操確確實實是個亂世英雄，他曹家的最終結局也真的報應不爽。刨墳掘墓、屠城徙民、謀朝篡漢、逼死對他有大恩的唯一合夥人。他這輩子虧心的事，幹太多了。

荀彧用他的死，殉葬了大漢最後的倔強與榮光。荀彧死後，曹操給出了自己這位二當家的諡號：敬侯。諡法中，「夙夜警戒」曰敬；「合善典法」曰敬。

曹操還算磊落，將荀彧的一生貢獻歸於了大漢，將他的最終身份定格為了漢臣。

三國時代只有一個讓我們潸然淚下的漢庭柱石嗎？應該是兩個！蜀漢臥龍，後漢王佐！

荀彧由於一生都在做隱藏於曹操背後的擎天之柱，其後世之名遠遜於諸葛亮。實際上，兩個大神真的是等量齊觀。

曹操後來在懷念荀彧時慨歎：「荀彧給我推薦了這麼多的人才啊！荀令君之論人，我沒世不忘！」

後來司馬懿回顧一生想到這位前輩時，說出了這麼一句話：「算上史書中的人物，我眼親見、書中所聞，近一百幾十年來，沒見過有賢才能如荀令君之人。」

後來跟司馬家共天下的「江左擎天柱」王導說：「昔魏武，達政之主也；荀文若，功臣之最也！」

直到一百多年後的東晉中期，王羲之仍然評論：「荀、葛各一國佐命宗臣，觀其轍跡，實奇士也。」

一個是「奉主上以從民望」的扶大廈之將傾，一個是「鞠躬盡瘁死

而後已」的挽狂瀾於既倒。

三國時代，將星如雲，謀臣如雨，孔明、文若躋身於其中，實為璀璨第一檔。

《三國志》在荀彧死後畫龍點睛地寫了這句話：「明年，太祖遂為魏公矣。」

從此，曹操的換房本之路上，再無攔路人了。基本上也可以這麼說：荀彧死，東漢亡。

四、張松賣川

荀彧死後不久，曹操進軍濡須口，攻破孫權的長江西寨，抓了寨主公孫陽，此後僵持了一段時間，沒打動，班師。

不久，獻帝下詔合併十四州，恢復九州的建制，最大的改變是把并州、幽州以及河內等關鍵郡縣全部劃給了冀州。

213年五月丙申，獻帝派御史大夫郗慮持節策命曹操為魏公，加「九錫」、建魏國，定國都於鄴城。魏國擁有冀州十郡之地，置丞相、太尉、大將軍等百官。

荀彧作為最大的反動派被打倒後，曹操如願以償。曹操稱公，完成了質的變化。這意味著，冀州成了他的獨立王國。

七月，曹操開始修建魏國的宗廟和社稷。十一月，魏國開始設置尚書、侍中、六卿等官職。

荀攸作為荀家新的掌門人，成了魏國的第一任尚書令，涼茂為僕射，毛玠、崔琰、常林、徐奕、何夔為尚書，王粲、杜襲、衛覬、和洽為侍中，這些過去的世家大族是曹操山頭上舉出來的才。

曹操變成了超級諸侯國的國主，大漢的房本，至此他已經完成了一

半的過戶。

就在他五月晉爵封公的時候，西南傳來了一個信息：劉備對劉璋開戰了。劉備從川北開始進攻劉璋。

劉備怎麼跑到川北了？

這兩年曹操在鼓搗房本過戶的時候，劉備幹了很多活兒，他也盯上了別人家的房子。這要從曹操兩年前打關中說起了。

曹操自從開始為自己謀利益，劉備就成了間接的最大受益人，曹操每進一步，不光肥了自己，還在給劉備點炮兒。

211年，他打馬超時起頭的是嚷嚷要打張魯，讓蜀中緊張了半天。在討論大半年後，十二月，劉璋聽從張松的建議，派法正邀請劉備入川當保鏢。

三國系列近半，終於有四川的事了。

拜《三國演義》所賜，劉璋也成了歷史上知名的窩囊蛋。對於他的描述，丞相用了個詞，叫作「暗弱」。弱就弱，還暗弱，知識分子的鋼槍桼起人來向是殺人不見血。

該介紹一下東漢末年大亂後，四川這二十多年的發展狀況了。

188年，靈帝死前的關鍵一年，他簽署了著名的使割據合法的文件：州牧制度。倡導人是劉焉，劉璋他爹。

劉焉，江夏竟陵皇族，漢魯恭王之後，年少就開始在地方州郡出仕，後來歷任洛陽令、冀州刺史、南陽太守，隨後晉升為九卿中的宗正、太常。

劉焉的目的，就是看到天下快亂了，他要去當土皇帝，他本人自我推薦，要去海南當交州牧。

後來劉焉聽侍中董扶說，益州有天子之氣，就改主意了，說：「不去

了！我要去益州為朝廷分憂。」

當時的益州刺史郤儉在益州的統治已經貪腐得不像話了，臭名都傳到中央了。他並沒有把益州的發展紅利分享到洛陽，於是靈帝命劉焉為監軍使者、益州牧，前往益州逮捕郤儉，整飭吏治。

每個時代都有能最早發現政策紅利的人，說益州有天子氣的侍中董扶和太倉令趙韙都是益州豪族，他們非常明白州牧的編制對於地方是個什麼概念，中央的官沒什麼意思了！豪族起飛、地頭蛇割據的時代風口來了，這哥倆跟劉焉一塊兒上任去了。

劉焉沒走越野景點秦嶺蜀道，而是走長江線逆流入蜀，因為他是江夏人，得回老家帶著股本去四川，這回是呼吸天子氣去的，就沒打算再回來！

結果剛到達荊州，益州鬧起了黃巾起義，益州逆賊馬相、趙祗等在綿竹起義自號黃巾，聚了幾千人先殺了綿竹令李升，隨後攏了萬餘人攻破雒縣，一個月時間又流竄到蜀郡、犍為郡。馬相自稱天子，流寇已經達到了數萬規模。

劉焉沒費事就把郤儉給殺了，但他也進不去了。後來益州從事賈龍（蜀軍豪族）組織當地軍隊千把來人成功地剿匪，才將劉焉迎了進去。

人家為什麼迎他呢？有兩方面原因：

1. 劉焉是朝廷命官，能給賈龍更官方的背書。

2. 跟劉焉一塊兒來的董扶、趙韙這幫人都是蜀中豪族，能跟賈龍說上話。

劉焉就這麼到了四川，隨後在蜀中據說施行了仁政，漸漸地立住了腳。

五斗米教的教主張魯的母親跟劉焉家有來往，劉焉後來封張教主為督義司馬，與別部司馬張修一起進攻不服他統領的漢中郡，收復了益州

全境。

張魯、張修成功地偷襲攻佔漢中，還殺了漢中太守蘇固，不久張魯偷襲張修，並其部眾，開始著手建設新漢中。

劉焉上書朝廷：「米賊攔著漢中，以後有什麼事別喊我了，讓我自生自滅吧。」從此劉焉中斷與中央的聯絡。

佈局張魯入漢中，是劉焉利用張家的宗教屬性為自己獨霸益州找理由和做北面掩護的，此時張教主的家眷都在劉焉手中，所以仍然多少受劉焉的暗中控制。

劉焉在斷絕和中央的聯繫後，開始利用益州親近的力量逐漸地打擊其他蜀中豪強鞏固自身勢力，殺州中豪強王咸、李權等十餘人，樹立起四川黑老大的地位。這惹怒了蜀中的豪族，蜀軍豪族犍為郡太守任岐和迎他入蜀的賈龍先後反叛。

賈龍很厲害，當初千餘人就能剿匪數萬，劉焉一度很狼狽，最終喊來了羌族雇傭兵幫他打仗，艱難地擊殺賈龍，平叛成功。

後來董卓亂政、李傕禍關中，大亂之下，南陽、三輔一帶有數萬戶流民進入益州，劉焉將他們全部收編，稱為東州兵。這和曹操的青州兵一樣，成了整個三國時代，唯二直接攥在諸侯手中的無主流民軍力量。

綜上所述，劉焉這個人很不簡單：他能看出來天下要大亂。他能給自己找個好出路。他能在毫無根基的地方站住腳。他能指使豪族鬥豪族，內耗蜀中本土力量。他能利用外族雇傭兵去幫他打內部矛盾之戰。他還能瞅準時機，一舉收編自己的私人武裝力量。他是個非常厲害的投機主義者。

這個人能力雖然很強，眼界卻實在一般，三國中第一個想稱帝的其實是他。早在191年，劉焉就想稱帝了，畢竟當年他來益州的目的就是想過皇帝癮，結果還沒怎麼著就被東邊的劉表舉報了，劉焉一看反對聲高

漲，隨後稱病裝慫。

朝廷派其幼子劉璋從京城到益州傳達「你不要再胡搞」的精神，結果被劉焉留下。

劉焉越來越心癢難耐，後來陰謀部署在長安的長子、次子搞政變，攛掇馬騰去偷襲長安，結果政變失敗，兩個兒子全部被殺。

與此同時，劉焉所在的治所綿竹被雷劈了，大火把他的那堆天子配套全給燒了，劉焉老來喪子，自己稱帝的打算又被老天打臉，一賭氣死了。

當年劉歆看到了赤伏符後把名字改成了劉秀，結果讓王莽給祭天了，劉焉也這意思。益州有天子氣，那氣是你的嗎？你給人家當過保安嗎？

劉焉不僅給自己造輿論，還在下一代上用心很深，和劉焉一起入蜀的部曲吳家有一個閨女被相士看出來日後大貴，於是劉焉把這個大貴的吳家閨女給自己的兒子劉瑁娶來了。他兒子娶了吳家丫頭後不僅沒有大貴，反而被各方力量最終擠出了本該他繼承的接班人之位，並在作為益州大使見了一回曹操後，回到益州就「狂疾」過世了（這種記載，大概率也是隱誅）。

人家看相的水平還是在線的，這個大貴的姑娘並非因你江夏劉家而貴，而是因涿郡劉家而貴。吳家姑娘喪夫幾年後被另一個老劉敲開了寡婦家的大門。

長子、次子都走人了，劉焉還剩下三子劉瑁和幼子劉璋。理論上，接班人非劉瑁莫屬。因為這些年在劉焉身邊的一直是劉瑁，劉焉也是一直把劉瑁當接班人培養的，沒看把吳家丫頭都給娶過來了嘛！

但是，手下的人不認同！剩下的大佬們在這哥倆中進行了選擇，當

年跟劉焉一塊入蜀的大佬趙韙等認為幼子劉璋「溫仁」，於是公推他繼任為益州牧。

這是劉璋的第一個性格用詞，但很快地就演變成「暗弱」了。

不過仔細琢磨，這哥們兒其實可能有點兒「弱」，但絕對談不上「溫」。

劉璋即位後，作為第一波不服的甘寧、沈彌、婁發等人開始公然反對，結果沒有得逞，他們一看不對就逃亡荊州了。甘寧後來又從荊州跑到了揚州，這輩子算是看盡了長江的風光啊。劉璋借這個荐派擁立他的趙韙去進攻荊州屯兵東線，成功地支走了這個分量大的老部下。

劉焉在位時，張魯還是挺給這位老前輩面子的，結果到了劉璋這裡，聽說這小子沒本事，就徹底不理他了。劉璋也不廢話，直接就把張魯在蜀中的母親和弟弟殺了。因此雙方開始了多年的小規模對打。

由於張魯部曲中有大量的巴郡人，劉璋隨後派龐羲為巴西太守堵住張魯的兵工廠，讓他和張魯互相消耗，又把一個分量大的老部下給安排走了。

劉璋上任後的三件事，支走了兩個大爺，殺了張教主全家，雖然手段上談不上有多高端，但是和「溫」與「弱」貌似也沾不上邊。

換新領導了，過去劉焉的親兵東州兵開始自發地變成掛牌土匪各種擾民，劉璋並沒有約束他爹留下來的這幫土匪。這成了說他「弱」的重要開會材料。

親兵隊其實都是這樣，老一輩領導走了後，這支隊伍都會面臨控制不住的風險。曹操死後青州兵馬上就撂挑子回老家去了。走之前還在洛陽敲了一通鼓。[1]這通鼓基本上可以等同於反叛信號！洛陽的鼓那是隨便敲的嗎！

1　《魏略》：會太祖崩，霸所部及青州兵，以為天下將亂，皆鳴鼓擅去。

四百年前周亞夫平七國之亂的時候，操作是什麼呢？先去洛陽佔武庫，然後擊鳴鼓，目的是在全世界範圍內引起強烈反響！[2]

青州兵撂挑子造成了什麼政治表態呢：曹操沒了，天要塌了，要再度完蛋了，全國各地你們看著辦吧！我們已經不跟他兒子混了！

雖然曹丕還沒接班就被弄得極度沒面子，但照樣得安撫，一律不追究，按退伍軍人待遇返鄉。

青州兵和東州兵都屬於老領導的私人武裝，曹丕尚且無奈如此，你說讓來益州沒兩年的劉璋怎麼整？

劉璋不約束還有一個關鍵原因，人家是自己人，關鍵時刻只能指望人家。

200年，被劉璋支走的趙韙積聚了多年民望，私底下結交了州中豪族，在東州兵的土匪擾民加成下開始發動叛亂，蜀郡、廣漢、犍為三郡全都響應。

劉璋接到叛亂通知後飛奔回成都軍營，喊著自家的流氓衛隊去平叛趙韙革命軍。結果別看東州匪幫擾民有數，人家平亂也是有方的。血戰下，東州兵在江州擊潰了趙韙的團隊，趙韙部將龐樂、李異一看不對就跳反了，殺了趙韙投降了。劉璋從此基本上算是控制住了益州。

208年，曹操下荊州那年，劉璋派使者表達尊敬之情，結果這個使者他並沒有派對。這位使者在曹丞相那裡並沒有得到禮節性的對待，於是這位外交官成了中國歷史中的一個很具代表性的轉折型小人物。這位使者叫張松，史評價：「為人短小，放蕩不治節操，有才幹。」翻譯一下就是無節操、無下限的放蕩小能人。

2　《漢書・周亞夫傳》：抵雒陽，間不過差一二日，直入武庫，擊鳴鼓。諸侯聞之，以為將軍從天而下也。

張松到了荊州後，曹操已經定荊州，劉備已被打跑，一統天下趨勢很明顯了，張松沒得到什麼優待。倒是赤壁戰後，劉備一邊收荊南一邊勾搭張松。老劉這輩子在拿下老爺們兒方面那叫一個輕車熟路，張松很快地就被老劉征服了。

　　隨後張松不僅把益州的政治、軍事機密全賣了，還直接給老劉畫了一張地圖，回去後又玩命勸劉璋：「曹操不是什麼好東西，您得跟劉備交流。」[3]

　　舉止異常的人，你一定要非常小心地對待這個人。

　　其貌不揚、舉止不堪卻能擠進上層圈子的人，必有過人大才，比如短小、放蕩、無節操的張松。

　　要小心和他們溝通，尊敬地對待他們，不要和他們亂開玩笑，因為你不知哪句話就得罪他們了。

　　如果他們想搞你，你會死得很慘。

　　史上功到極致平穩降落之最的郭子儀，有一次家裡在開派對，御史中丞盧杞來探望，嚇得郭子儀摒退了所有女眷和佣人，隨後熱情洋溢地親自接待。

　　事後郭子儀說，來的這位爺長得特別醜，心眼特別小，你們今天誰要是樂了一下讓他看見了，將來他得志後咱家就得被滅門了。

　　為啥古往今來立不世之功，卻能功成身退不禍及子孫的只有再造大唐的郭子儀那麼少數幾個呢？因為這份做人的謹慎，實在是太罕見了。

　　高層惕猥瑣，行伍拔偉岸，這是個看人的參考。

3　《三國志·先主傳》：因問蜀中闊狹，兵器府庫人馬眾寡，及諸要害道里遠近，松等具言之，又畫地圖山川處所，由是盡知益州虛實也。《三國志·劉璋傳》：疵毀曹公，勸璋自絕；劉豫州，使君之肺腑，可與交通。

總體來見，做人還是要大氣，不要看人下菜碟，善良地對待每一個人，因為哪片雲彩落雨將來你不知道，但對有些人，你要加倍地尊重。

　　張松回蜀中後沒完沒了地說劉備如何如何好，劉璋覺得也對，於是派法正前去與劉備結好聯盟，後來又支援了劉備幾千志願軍去抵抗曹軍。雙方就此正式建交。

　　劉璋不知道他這回的交友故事將成為後世警惕餓狼的著名案例教材。他以為多個朋友多條路，實際上他這個朋友交的那真叫是多個冤家多堵牆。

　　由於他「弱」得遠近馳名，早就被隆中小青年諸葛亮寫進了入職報告中，整個劉備集團的重頭戲，就是他的益州。

　　你不建交，我還不知道怎麼張這嘴呢，老劉在專業陪跑二十年後，終於要等來自己的時代了。

　　就算高門的袁紹、曹操是開放在水中嬌豔的水仙，也別忘了，漢末寂寞山谷的角落裡，野百合也有春天。

五、西川易主

就在劉備借來江陵沒多久，曹操入關中，劉璋被張松忽悠了，決定請個能打的保鏢來，劉備因此正式入蜀。

張松是這麼說的：「現在州中將領龐羲、李異等人居功自傲，心懷異志，如不能得到劉豫州的幫助，益州將外有曹操攻擊，內遭亂民騷擾，必定走向敗亡。」[1]

劉璋派法正請劉備入川。當時有太多人反對了。劉璋的主簿黃權說：「劉備是梟雄，是大流氓，你沒法把他當部下，而且一國不容二主，這真不是什麼好主意！」王累則更堅決，直接將自己倒吊在成都城門上開勸。

劉璋不搭理。劉璋是個什麼目的呢？從後來他安排劉備屯兵葭萌關就能明白。

葭萌關是入蜀的第二道門戶，第一道為白水關。（見圖6-3）

1　《三國志‧劉璋傳》：今州中諸將龐羲、李異等皆恃功驕豪，欲有外意，不得豫州，則敵攻其外，民攻其內，必敗之道也。

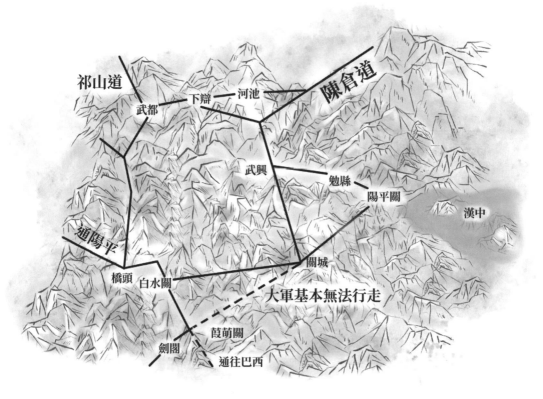

圖 6-3　蜀道交通圖

無論自關中、漢中、武都南下，還是陰平西進，最終都要經過白水關。

　　上圖虛線處，漢中方向到葭萌關其實也有一段路可以走，但是山谷險峻、水流湍急，三國時並不將其作為交通的正規選擇。

　　白水關也稱「關頭」，收攏了所有常規的入蜀線路，和白帝城共稱「益州禍福之門」。劉璋沒把白水關給劉備確確實實是正解，這個位置太關鍵了。

　　讓劉備屯兵葭萌關是什麼佈置呢？一方面，北面來敵人了可以隨時支援白水關，並且可以從小路方向堵死北面偷渡白水關的可能。另一方面，葭萌關南邊有水路可以進入巴西郡，能夠震懾駐防此地的大佬龐羲。

　　總之，劉璋名義上讓劉備北討張魯，實際上就是使喚便宜人，拿老劉又當保安了。

　　但是，劉備駐防葭萌關，從另一個最壞的角度來講，復刻了當年的秦下巴蜀。劉璋在防止劉備南下上，幾乎沒有任何主動權。劉備只要跟劉璋鬧翻了，他能南下迅速地通過劍閣的天險進入蜀中腹地，在葭萌關還能卡死白水關的駐防軍，讓他們成為孤軍。

　　過了劍閣，蜀地天險的百分之九十五就被破了。（見圖6-4）

　　想法挺好，但是以劉璋的能力是操不了這種盤的。

　　他請的那位，是二十多年屍山血海滾過來的不死老兵，是這輩子只在呂布身上吃過虧的頂級爬山虎，劉璋怎麼還敢佔劉備的便宜！

　　劉備隨後在劉璋的官方邀請下，率兵兩萬從江陵走長江，由江州轉站，由墊江來到涪城，一路入境如歸。劉璋也率領步、騎兵三萬多人前往與劉備相會。

　　張松和龐統都說，喝酒時就把劉璋「做」了吧！

　　老劉說：「那哪行！我還沒傳播品牌呢！不能倉促！」

　　隨後雙方就是百餘日的無限暢飲，喝差不多後，劉璋以大批物資米

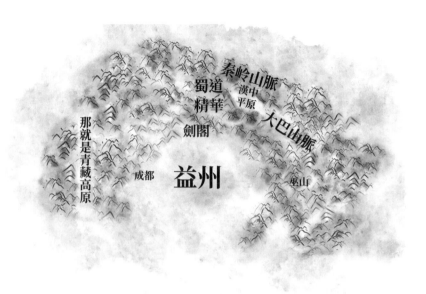

圖 6-4　劍閣位置圖

二十萬斛、騎千匹、車千乘,繒絮錦帛資助劉備,讓他去討伐張魯,雙方就此分手。

除了軍費之外,劉璋還給劉備增兵,並且令他督白水關之兵,劉備一共帶了三萬多人去了葭萌關。

211年冬,劉備進駐葭萌關,隨後就是一年的川北療養。這一年,劉備什麼都沒幹,張魯也明白劉備不是奔他來的,也避免摩擦。

當然,老劉也不是光療養了,而是再次使出了他一輩子走到哪兒播種到哪兒的形象工程,將劉皇叔的光輝愛民形象在川北肆意地播撒。

劉備剛到葭萌關,曹操就回去換房本了,留下夏侯淵和馬超在隴右鬥,北邊的壓力瞬間沒了。劉璋吃了啞巴虧。

老劉一邊養精蓄銳,一邊傳播品牌,享受著他孟德兄為他帶來的點炮紅利。

212年年底，荀彧被曹操逼死，曹操為了換房本南下打孫權，再次間接地幫了劉備。

1. 整個西方的壓力全沒了，曹操和孫權都陳兵東線，關中也風景迷人，夏侯淵忙著繼續在涼州剿匪。

2. 盟友孫權向他求救了。

這成了他的一個藉口，他向劉璋再次借兵，要東去救孫權，說：「那是我小舅子，我兄弟關羽正和樂進在青泥相拒，我要是不回去我們家二爺就完了，這個張魯是自守賊，一年多沒敢來打我，兄弟你再給我增兵一萬，軍費也不能少，我回家去了。」

劉璋此時比較痛苦，也不敢得罪劉備，因為劉備待的那地方是嗓子眼，他無險可守了。

劉璋說：「劉哥，我這裡就還能擠出四千兵，您要的那些軍糧我能給您一半，您快走吧，我認賠了！」

然後，老劉開始煽動、激怒官兵了，說：「我幫益州打強敵，咱們受這麼大累對面卻連軍費都不出！ 還想讓咱幫他死戰！ 這可能嗎！」[2]

老劉在川北大肆宣揚自己吃大虧的同時，張松的哥哥廣漢太守張肅看出形勢不對大義滅弟趕緊站隊，張松等人的所有陰謀被端到了劉璋那裡。[3]

劉璋大怒殺了張松，下令所有關隘的守衛部隊封鎖道路，不讓劉備通過！

張松被檢舉讓劉備變為被動了，本來能包裝成保安公司鬧維權的，以對方雞賊的旗號打人家，結果自己搶人家房子的陰謀被揭穿了，人證、物證俱在，自己一輩子的溫暖笑容在蜀中被換成笑裡藏刀了！

2　《魏書》：備因激怒其眾，曰：「吾為益州征強敵，師徒勤瘁，不遑寧居；今積帑藏之財而吝於賞功，望士大夫為出死力戰，其可得乎！

3　《三國志‧先主傳》：松兄廣漢太守肅，懼禍逮己，白璋發其謀。

雙方開始正式撕破臉，動手開幹！

老劉開幹前，龐統給出了上、中、下三個主意：

上計：陰選精兵，晝夜兼道，徑襲成都，劉璋一定沒有防備，進行閃電戰斬首行動。

中計：白水關的楊懷、高沛都是蜀中名將，各仗強兵據守白水關，現在趁著劉璋的文件還沒到，趕緊讓他們前來，您名義還是督白水軍的，來了就給他們扣下，並讓白水軍跟咱一塊南下打成都。

下計：退還白帝城，站住長江東關，喊著荊州軍合併伐蜀。

劉備隨後挑了中計，召還沒收到劉璋開戰電報的白水軍楊懷等將到來，進門就翻臉了，說人家無禮，找碴給砍了，隨後自己迅速北上白水關，吞併白水兵並扣下了士兵們的家屬做人質，軟禁了所有軍官，逼著這夥白水兵一塊跟他南下打劉璋。

由於四川的天險都在劉備的手上攥著，因此劉璋此時已經極其被動，這和當年秦併巴蜀時的局勢一樣，都是白水葭萌天險一旦被突破，四川盆地就基本上再也難以進行像樣的阻擊。

唯一的區別，是劉備此時沒有後援，只能以戰養戰，所以劉璋還有一線生機。

鄭度對劉璋說：「劉備現在是孤軍，趕緊將閬中、梓潼的百姓移民到涪水以西，將倉廩野穀全部燒掉，高壘深溝不跟他打！用不了百日，他自己就該崩潰了！」[4]（見圖6-5）

4　《三國志‧法正傳》：左將軍縣軍襲我，兵不滿萬，士眾未附，野穀是資，軍無輜重。其計莫若盡驅巴西、梓潼民內涪水以西，其倉廩野穀，一皆燒除，高壘深溝，靜以待之。彼至，請戰，勿許，久無所資，不過百日，必將自走。

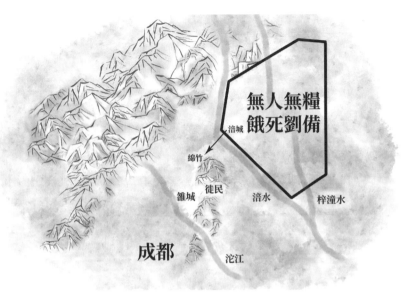

圖 6-5　鄭度建議圖

劉備聽說了鄭度的建議，不禁慌了，問法正：「孝直啊！咱該怎麼辦啊？還有什麼弄糧食的地兒嗎？」

法正說：「劉璋不是曹操！不用擔心！」

劉璋最終對文武表態：「我受到的教育，拒敵是為了安民，沒聽過禍害百姓就能避敵的。」

劉璋可能在四川這些年都待木了，什麼新聞都聽不見，他不知道曹操這些年獲得的巨大成功中就包含了無所不用其極地拿老百姓不當人，你怎麼還沒聽說呢！

在這裡有一個問題，劉備此次南下有多少人？

劉備在最開始入川的時候，史書中給的人數是「數萬」。和劉璋見面後，劉璋又給劉備增了一些兵，最後達到了三萬多人。由開始的「數萬」增成「三萬餘」，基本能推斷劉備入川時的荊州兵是兩萬多人。後來劉備

又裹挾了白水軍，據說白水軍是「強兵」，白水關又是川北第一關，駐防人數應該也不少。所以此時劉備的總兵力應該在四萬左右，兩萬多荊州軍，一萬多益州軍。

但是鄭度說劉備「兵不滿萬，士眾未附」，由此判斷，老劉將一萬多的荊州兵放在了白水關防止北面張魯乘虛而入並看住被裹挾的軍官和人質，自己帶著「兵不滿萬」的荊州兵和「士眾未附」的益州軍南下了。

劉備內心深處是非常擔心劉璋改變主意執行鄭度方案的，於是自南下就猛趕著去佔涪城，控制住涪水以西，讓劉璋沒法移民，以致於路過梓潼的時候根本沒顧得上打。

鄭度報告中堅壁清野的有用內容，劉璋沒聽，報告中「兵不滿萬」這情況聽得真真的，派了吳懿、劉璝、冷苞、張任、鄧賢等好幾路大軍去涪城阻擊劉備，估計還下達了迅速欺負劉備小部隊的指示。

劉璋就是在蜀中待的時間太長了，國際上的新聞時訊都不知道，他根本不知道，「兵不滿萬」的劉備怎麼能去惹呢？劉備在那個狀態下幾乎是嗜血的存在啊！

劉備通常在手握好幾萬大軍的情況下才會燒腦當機，水平感人，現在益州兵難堪重任，能打硬仗不滿萬的規模正好是漢末第一風騷走位神將的舒適區！

諸將大概率聽了「兵不滿萬」的情報後搶著收劉備人頭來了，後來在法正勸劉璋放棄幻想的信中也提到並印證了劉璋的思路。[5]

然後，這幫蜀中多年沒更新戰術思想、沒打過大仗的將士們見識到了漢末輕量級野戰街上最靚的仔。老劉給他們一個個全收拾了！[6]

5　《三國志‧法正傳》：事變既成，又不量強弱之勢，以為左將軍縣遠之眾，糧穀無儲，欲得以多擊少……

6　《三國志‧先主傳》：璋遣劉璝、冷苞、張任、鄧賢等拒先主於涪，皆破敗。

這次涪城阻擊戰，成為劉璋土崩瓦解的開始，吳懿戰敗後就投降了，那幫「士眾未附」的益州兵估計也開始被老兵突擊的劉備拿下了。剩下這幫敗將退保綿竹後被劉備一路追著撞。劉備推進到綿竹後，綿竹令費詩率先搶著投降了。此時劉璋又派來了護軍李嚴來督綿竹諸軍對抗劉備，結果荊州南陽人的李嚴一看這陣勢也投降了。

劉備開始基本把握住了戰事的走向，命蜀中投降的諸將們去分別平定周邊郡縣。

劉備繼續南推，在雒城遭到了重大考驗，劉璋看到所有外人都不能信任了，派兒子劉循帶領萬餘人去駐防。張任在雁橋阻擊劉備，大敗戰死，劉循在雒城中說什麼也不出去了。

圍城大半年，時間來到了214年，劉備看到無法取得突破，開始調荊州主力入川，諸葛亮、張飛、趙雲等率軍入蜀，留關羽守荊州。

三爺就此與二爺分別，從此再未相見。

丞相等一路順利突破白帝城，拿下重鎮江州，自江州開始，三人分為三路入川。（見圖6-6）

戰事綿延日久，始終打不下來，期間「鳳雛」龐統還在此地被流矢所殺（葬在了落鳳坡，並非死在落鳳坡）。

法正隨後給前老闆劉璋寫了一封殺人誅心的信：

1. 當初你最好的機會是欺負我們糧寡兵少，但現在已經失去良機了。

2. 雒城雖然還有萬餘兵，但都是一路打剩下的，挺不住了。

3. 張飛已經帶著好幾萬人拿下了巴東，入犍為界，分平資中、德陽，三道並進，你要完蛋了。

4. 孫權還派來了甘寧這幫當年被你趕出去的人，他們找你報仇來了。

5. 現在益州的三分之二都被我們拿下了，老百姓看到我們來了就都成順民了。

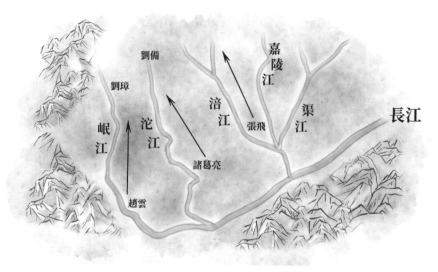

圖 6-6　荊州軍入川圖

6. 魚復（白帝城）與關頭（白水關）實為益州福禍之門，現在堅城皆下，諸軍並破，兵將俱盡，數道並進，已入你心腹，你還坐守成都、雒城有什麼意義呢！

劉璋神經還是很大的，要是別人看了早嚇死了，確確實實，仗打到這個份上已經回天乏術了。

一年多的鏖戰後，214年夏，劉備終於打下了雒城，六月，兵臨成都。劉備進兵包圍成都，劉璋仍在堅持，堅守了數十日。

但是，劉備等來了一個人，劉璋看見這個人兵臨城下後心理防線就徹底崩塌了。馬超來了。

話說回馬超，馬超被曹操打跑後，第一時間就去收斂自己的少數民族武裝去了（超走保諸戎），在西涼又鬧騰了一陣，並在此期間，徹底地把爹坑死了。

本來他在關中最開始鬧時，曹操是沒動馬騰的，因為老馬確確實實還是好官員，甭管心裡有啥彎彎繞，人家這些年一直是向曹操表忠心的。

結果沒想到馬超鐵了心地要跟曹操開幹，各種打還不投降，在涼州又反起來了，曹操只能殺掉他爹馬騰和全家兩百多口以平眾怒。

渭水大戰後，曹操追到安定就打住要回去換房本了，這個時候當地豪族出身的官員楊阜對曹操說：「馬超是整個西北公認的戰鬥英雄，全都買他的賬，你只要走了，隴西肯定就不再是國家所有！」[7]

曹操表示，你說得特別好，但我得換房本去了，隴西當年劉秀打了四年多，現在也夠馬超打一陣子的。

結果馬超帶著他的少數民族兄弟們來打隴西郡縣了，沒懸念地全部響應，只有涼州刺史的治所冀城仍在堅守。

冀城隨後展現了自己的超級頑強，馬超圍城八個月打不動，也充分地說明了馬超集團的軍力短板。

困守八個月後，涼州刺史韋康請和，隨後開門投降，但馬超不知是因為八個月的困守太來氣還是腦子進水了，他殺降了！

你要麼就不允許人家投降，你接著打下去；你要麼在人家規規矩矩投降後，給人家留條生路！

馬超坑爹、殺降，至此徹徹底底地失去了涼州漢人的支持！

涼州的各地漢人豪族私下組成了反馬超聯盟，楊阜的投名狀代表性極強：「馬超背父叛君，虐殺州將，豈獨阜之憂責，一州士大夫皆蒙其恥。超強而無義，多釁易圖耳。」

---

7 《三國志·楊阜傳》：超有信、布之勇，甚得羌、胡心，西州畏之。若大軍還，不嚴為之備，隴上諸郡非國家之有也。

被馬超虐殺的涼州刺史韋康的故吏楊阜、姜敍、梁寬、趙衢等，打算合謀殺掉馬超，為老領導報仇。楊阜、姜敍先是在鹵城起事，馬超帶兵討伐，一如既往地攻堅拿不下，等他回軍的時候，梁寬、趙衢已經關了冀城的城門，尹奉、趙昂又佔住了祁山堡，涼州的幾個關鍵據點都叛變了。馬超的妻子兒女隨後也讓人家全部滅門了，馬超進退不得，失去了給養，又擔心夏侯淵上隴山夾攻他，於是去了漢中投奔張魯。

他來到了張魯處，向張魯借兵反攻涼州，張魯打算把閨女嫁給他以籠絡這位戰鬥英雄，被手下給勸住了：「他連他爹都不愛，你這閨女能收得了他的心？」

馬超從漢中做了部曲抵押（龐德等從此留在了漢中），換了糧草和張魯的部分支援去打祁山堡，三國時代第一個北出祁山的其實是馬超。

隴右求救，事出突然，夏侯淵決定派張郃督步騎五千在前，從陳倉狹道入，夏侯淵督糧在後，前往涼州救急。（見圖 6-7）

這條道實在是太險，基本上沒走過軍隊，等走出去，軍隊基本也都累死了，夏侯淵的作戰風格比他老闆還奔放。

他這次征馬超，本來極有可能是把前鋒張郃給坑死送人頭了，但是趕上馬超同樣是強弩之末了。

馬超帶領的「諸戎」軍，這兩年基本上就沒打什麼勝仗，要麼被曹操在渭水狂屠，要麼攻城八個月拿不下來，要麼被整個漢人圈唾棄，等到這回張郃搭半條命從陳倉狹道艱難地上隴後，馬超帶著數千羌氐雇傭兵來逆戰張郃，羌氐雇傭兵一看見魏軍正規軍來了就都跑了，[8] 跟著你撈不到油水，你又打不贏仗，為什麼要為你死戰呢？馬超至此軍心已散。

8　《三國志‧夏侯淵傳》：郃至渭水上，超將氐、羌數千逆郃。未戰，超走……

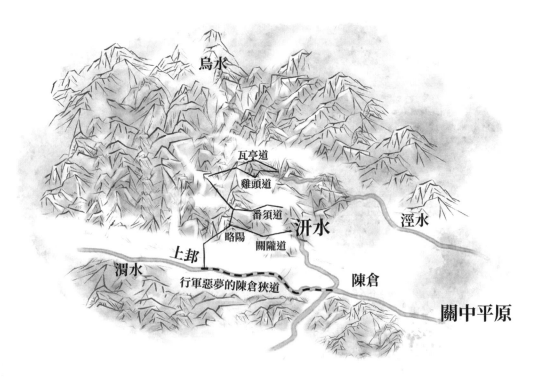

圖 6-7　陳倉狹道位置圖

馬超混到這份上已經眾叛親離，張魯的部下楊昂等又在漢中詆毀他，馬超聽說劉備此時圍劉璋於成都，在走投無路下向劉備請降。

馬超的一部分部曲在漢中，少數民族雇傭兵也基本都不跟他了，此時他已經是光桿司令了。

馬超為何在投降劉備後就再沒軍功了呢？因為他是野戰厲害，他帶頭衝鋒後鼓舞起來跟他一塊兒衝的羌氐部曲，老部曲都不跟他了，漢人兵和他的作戰風格又不搭，他自然也就談不上什麼戰鬥力了。

但是，對劉備來說，馬超還是有大用的。馬超快到的時候，劉備專門派人讓他先等等，給馬超配好了隊伍，才讓他到了成都城下。馬超引軍屯於城北，不到十天，成都崩潰。

川北已經被劉備封鎖一年多了，劉璋此時所有的信息來源都是馬超在渭水據曹操、隴右望風歸降的新聞，後面現眼的劇情都不知道，看到這麼牛的人都被劉備拿下了，沒希望了。

其實當時劉璋還是有很強的抵抗能力的，因為當時城中有三萬部隊，糧食還夠支持一年，官吏百姓們也都同仇敵愾。

並沒有《三國演義》中為劉備畫像打掩護的那堆事兒，劉備得蜀是普遍被當地人看不起的。因為他來路實在是不正！從理上講，是被我們友好地請來當外援的，結果他這個保鏢掉頭把雇主打死了，而且早有預謀！跟秘書合謀虛假投標進來的！

劉備在派簡雍勸降劉璋時，劉璋最終留下感人臺詞：「我父子在益州二十多年，沒有給百姓施加恩德，仗打了三年，許多人死在草莽野外，都是因為我的緣故，我怎麼能夠安心。」說罷，開城投降，成都哭成一片。

劉璋最後的這一念，不論對錯，是大善，包括他之前不忍遷巴西、

梓潼百姓，也是大善。他雖然是失敗者，他雖然「暗弱」，但他頂多是能力不配位。他比兩百年前綁架所有四川人民陪自己一塊殉葬的公孫述強太多了。

劉備得國不正，他最終會得到他的劇本。

五十年後，他奔波一生的那個家業，會被一個神奇的小分隊莫名其妙地一路拿下。他這份家業丟的時候，卻遠沒有此時成都城中那奮起抵抗的洶湧民意。主體態度是，沒就沒了，可算沒了。

他的得國不正，隨後也伴隨著巨大的權力架構隱患。他的益州成分構成中，有本土派，有東州派，有荊州派。家產不大，成分不少。這成為劉備蜀漢政權的最終死穴，也留給了後面那位千古大丞相一個終其一生都極度頭疼的難題。

劉備剛剛喘口氣，突然發現他的那位一生之敵再次走到了他的前面。

歷史的編劇，要對轟轟烈烈的東漢末年推出最後一波高潮了！

曹家將星外姓諸將，全體起立候場！

百戰老兵草根天團，賭命孤注而來！

建安二十四年，公元219年，就要來了！

第 **7** 戰

漢中會戰：漢末諸神黃昏的上半場

一、為什麼曹操會得隴「忘」蜀呢？

214年秋，劉備終於實現了對西川的佔有。

曹操那邊也沒閒著。214年三月，天子使魏公曹操位在諸侯王上，改授金璽，赤紱、遠遊冠。

七月，曹操再打孫權。

十一月，獻帝皇后伏氏因寫了一封咒罵曹操的信而被殺。

十二月，天子命魏公置旄頭，宮殿設鐘虡。

215年正月，曹操的二閨女成為皇后。

進入215年，在劉備拿下四川半年多後，曹操決定不能再跟孫權逗了，得去搶漢中了，再等等讓劉備緩過來，漢中也沒了。

為什麼此時能打漢中了呢？因為214年十月夏侯淵殺了割據枹罕、自號河首平漢王的宋建，涼州主體基本平定，此時進兵漢中，沒有後顧之憂了。

自184年涼州大亂，到214年涼州三巨頭韓遂、馬超、宋建全部被剿滅，割據三十年的涼州終於消停了。

韓遂和馬超基本是同時間被夏侯淵剿滅的，馬超是被全體階層拋棄

了，韓遂和夏侯淵還過了幾招。

夏侯淵在和韓遂對戰的過程中，算是抓準了韓遂的命門。韓遂和馬超的軍隊成分很像，是大量的羌氐雇傭兵，夏侯淵不和韓遂的軍隊打，而是直接去打韓遂軍主力長離諸羌的老家，玩兒了把圍魏救趙。[1]

夏侯淵留下督將守輜重，輕兵到長離，攻燒羌屯，實行大屠殺，結果把韓遂那裡的羌族士兵全勾過來了。韓遂一看沒辦法，只能跟著手下官兵被夏侯淵調動到了長離。

等碰面後，韓遂的兵多。魏軍打算先安營紮寨瞅準戰機再打。

夏侯淵說：「我已經拉著大夥折騰上千里了，現在咱們是強弩之末了，歇下來必敗，沒有別的路了，拚吧！」[2]

大夥被夏侯淵逼到絕境，無可奈何地進行了野戰衝鋒。比較幸運，在渭水和關中被魏軍野戰打虛的諸羌在這個時候崩潰了，韓遂此戰後也一蹶不振，隨後出現內亂，一年後以七十五歲的高齡病死，結束了三十年帶頭大哥的一生。

夏侯淵在隴西的「背水一戰」打了不是兩三場，都贏了。但他也在這幾年的戰無不克中積攢了太多的「倖存者偏差」，與此同時動不動地就奔襲千里，也透支了太多將士們的耐性與信任。

一個人不會總一直幸運的。

此時的漢中，是一塊超級大肥肉，而且風傳，張魯早就想歸順中央了。張魯一直對曹操那上貢，後來漢中老百姓發現了一塊玉印，大家打算以此為契機勸張魯當漢寧王。

1　《三國志‧夏侯淵傳》：不如擊長離諸羌。長離諸羌多在遂軍，必歸救其家。若（舍）羌獨守則孤，救長離則官兵得與野戰，可必虜也。

2　《三國志‧夏侯淵傳》：諸將見遂眾，惡之，欲結營作塹乃與戰。淵曰：「我轉鬥千里，今復作營塹，則士眾罷弊，不可久。賊雖眾，易與耳。」

這個時候，張魯的功曹閻圃勸他說：「漢中這地方，戶出十萬，財富土沃，四面險固，上選，是匡扶天子稱個霸；次選，就是像竇融那樣把漢中打包中央那裡上市，你現在要是自己當了這漢寧王，就把後路斷了，建議領導還是再等等看，別自取其禍啊！」[3]

說漢中是大肥肉的原因，並不僅僅是它能入關、能入蜀的地理位置，更重要的是目前在編的漢中人口已經突破了十萬戶，在三國年間，算得上標準的人口大省了。別看漢中小，但此時的漢中比關中加涼州的人口都要多太多了，是一股很大的力量。

張魯在漢中的二十多年，進行了中國歷史上非常罕見的「政教合一」的嘗試。他的統治手段，是自己做教主，下級是治頭大祭酒，再下級是祭酒，初級教徒是鬼卒（名字比較駭人），不設官吏，以祭酒管理地方政務。整個漢中的法律，是道教教規。試舉例一二。

教民誠信不可欺詐，病人得病了要反思，看看是自己哪裡做錯了，先從自身改正；對犯法者寬容三次，第四次再收拾，如果罪不大，修上一百步的路就當贖罪了；春夏兩季萬物生長之時禁止屠殺；全體漢中人民禁止酗酒。

張魯還創立義舍，放米、放肉，免費供行路人自行取食，並貼上大標語：「別玩命吃，浪費可恥，倒買倒賣者鬼神會降罪，使你患病。」

宗教通常是一柄雙刃劍，有的宗教救人命勸善，有的宗教無成本殺人。

行善的回報往往是緩釋的，是春種秋收的，是需要長時間堅持的，是自己慢慢品出人生的不同的。

3　《三國志・張魯傳》：上匡天子，則為桓、文，次及竇融，不失富貴。今承制署置，勢足斬斷，不煩於王。願且不稱，勿為禍先。

不要因為自己的行為，讓別人對善良美好的事物失去信心！人在做，身邊人在品，老天爺在看。

張魯這個教主在那個年代就做得非常好，當時的漢中成了全中國罕見的桃花源，張教主治下的漢中出現了整個三國時代中國全境範圍內罕見的人口正增長。最近的一次，韓遂、馬超和曹操對打的時候，為了躲避曹操，又從關中奔過來幾萬家。

張教主在漢中二十多年，百姓安居樂業，擁護信徒眾多，成為漢末成功挺到最後的幾股割據勢力之一。

215年三月，曹操抵達陳倉，隨後會合了夏侯淵的涼州方面軍，走陳倉道，入武都，南下漢中。

這其中出現了一個小插曲，要過氐族人的地盤。這個民族開始露小頭了。

四月，到達河池，氐王竇茂帶著一萬多族人佔道不讓過。

五月，曹操派張郃與朱靈屠滅了這支氐族力量，解決了氐族武裝佔道的問題。

現在的氐族還處於被曹操隨便安排的階段，但在不遠的未來，這個民族沖出來了一個小夥子，雄才大略，一統中國北方。這個民族，也將在中國的歷史中留下濃墨重彩的一筆。

215年七月，曹操抵達陽平關。

張教主的意思是，甭打了，直接投降吧，我規規矩矩地合法辦教去吧。結果他弟弟張衛不認，不行，咱得打！

曹操打漢中之前，聽涼州從事和武都降人的說法，說張魯特別好打，陽平關根本就沒法守。

曹操信了。等來了之後歎了口氣，說這幫沒打過仗的人啊！既然都

來了，曹操於是下令攻陽平山上諸屯，打了三天，不僅打不動，還死傷不少，曹操歎道：「此妖妄之國耳，何能為有無？」

曹操以多年的經驗判斷，該從這種妖氣縱橫的地形撤軍了，張衛的守軍實在不能叫守軍，但是這山勢實在太險了，雖有精兵虎將也施展不開啊！

曹操派夏侯惇、許褚去召還攻山的軍隊，開始部署撤軍。曹操率後軍已經撤了，命劉曄督後諸軍，按批次撤離。（見圖7-1）

圖 7-1　曹操撤退路線圖

曹操此時已經極其困難了，因為糧道不通、行路艱難，督後軍的劉曄飛奔回曹操那裡說：「張魯是能打贏的，現在糧道不濟，大軍就算撤退了估計也得餓死好多！拚了吧！」

曹操一琢磨也對，反正這兵都得死，與其餓死鬧暴動，還不如讓他

們死山上了！全軍晚上去偷襲張衛！死到糧食夠回去的人吃為止！

結果神奇的一夜來了，大半夜有數千野生麋鹿向張衛軍營衝來，張衛軍大驚。[4]

夜襲的曹軍看到山神派麋鹿大軍幫忙來了，於是開始上各種打擊樂，敲鑼打鼓一邊給麋鹿軍助威，一邊嚇唬張衛軍說我們大軍就要來了。

張衛本來因為曹操都撤走了開始鬆懈，結果突然間又是麋鹿衝鋒又是敲鑼打鼓，於是懵圈投降了。[5]

陽平關天險就這麼被拿下了。

神奇程度堪比修仙小說，曹操這輩子似乎很不遭水神待見，赤壁遇周郎，渡河遇馬超，長江、黃河都不太給他面子，但人家頗得山神青睞，無論是東北的山還是西北的山，每當山窮水盡之時總會有如神助。

張魯的意思是，得了，這回踏實投降吧，結果當初勸他不能稱漢寧王的閻圃獻計說：「您現在被迫投降，肯定價格賣不高，不如先創建流亡政府，等等咱再降。」

張魯一琢磨也對，於是率軍南逃，前往巴中，臨行前，手下人想把倉庫裡的寶物、輜重全部焚毀。張魯說：「我早就想歸順朝廷，今天我們離開不過是避其鋒芒，寶貨倉庫本就是國家所有，我看誰敢燒一個！」

張教主的覺悟在曹操到達南鄭後得到了高度讚許，派出了慰問團去找張魯：「教主您也別跑了，回來吧，國家不會虧待您的。」曹操隨後封張魯為鎮南將軍，閬中侯，食邑萬戶，其五子皆為列侯。

這也是曹操一生開出的最大支票。

4　《世語》：夜有野麋數千突壞衛營，軍大驚。
5　《世語》：高祚等誤與衛眾遇，祚等多鳴鼓角會眾。

歸順後的張魯可以專心辦教了，他離開漢中後，大量信徒在杜襲的開導下也跟著他北遷，[6]斗米教開始走進關東，走向中原，並最終開枝散葉，傳承至今。

除此之外，張既在張魯降後還勸曹操往漢中移民數萬戶。[7]這數萬戶其實就是韓遂、馬超跟曹操對打的時候從關中逃過來的那數萬家。

總體來講，曹操此次拿回漢中後，挪回了之前逃跑的最後那點關中戶口，並將張教主的鐵桿教徒八萬多人（**不到兩萬戶**）遷到了洛陽和鄴城。

這產生了很不好的影響。

1. 在古代只要是大規模徙民，大量的人口就會死在路上，遷回去的關中人肯定會不滿，漢中這地方氣候與土地都不錯，關中那地方總鬧運動，一鬧就死一批，好不容易在漢中落住腳，當初就是為了躲你這拆遷狂魔跑過來的，結果還是沒地方躲了！

2. 強制移民會帶來遷入地原住民的怨恨，不僅漢中當地一片罵街，洛陽、鄴城也怨聲載道。

大量的農民湧入，方言、習慣、約定俗成的規矩等都需要磨合，多了幾萬張怨聲載道的嘴，不是吃就是抱怨，遷入地的原住民也受不了。

最終，裡裡外外所有的街，都會罵到曹操身上。曹操移民、拆遷了一輩子，這個愛好最終也會產生讓他始料未及的後果。

與此同時，他的移民做法透露出了一個他內心深處的想法：他對巴蜀並沒有放到規劃中，否則根本不會移民，而是會組織漢中全員大生產為滅蜀輸出人力、物力。

6　《三國志・杜襲傳》：綏懷開導，百姓自樂出徙洛、鄴者，八萬餘口。

7　《三國志・張既傳》：魯降，既說太祖拔漢中民數萬戶以實長安及三輔。

在拿下漢中後，司馬懿和劉曄都建言了：「漢中是益州咽喉，咱得趁熱拿下西蜀！」

曹操歎了一句：「人苦無足，既得隴右，復欲得蜀！」

他搬了兩百年前劉秀的名言擺造型，不過劉秀的原話是：「人苦不知足，既平隴，復望蜀。」意思是：我怎麼這麼沒出息啊！得了隴還想要蜀，你們努力吧！

他這變成了：你們怎麼就沒出息呢！都得了隴右了，怎麼還想著蜀呢！

他對於拿下整個益州的態度是：緩緩吧！拿下漢中已經達成既定目標了。他的目的是回來再削劉備，能隨時打他就行了，先緩緩，歲數大了，先緩緩。

曹操的這次「得隴忘蜀」，成為他被後世無數次詬病的重要材料，說他沒腦子，怎麼就不趁熱禿嚕了劉備呢！結果你看，後來現眼了吧，一輩子打劉備都跟打兔子似的，結果終場前讓劉備反咬了一大口。

但是，話又說回來，誰都知道趁熱入蜀是上等策略，但為什麼曹操沒南下呢！因為他有比入蜀更重要的事。

十二月，曹操自南鄭返回，留夏侯淵守漢中。

216年二月，曹操回到鄴城。

五月，獻帝封曹公為魏王，邑三萬戶，以天子旒冕、車服、旌旗、禮樂郊祀天地，宗廟、祖、臘皆如漢制，國都鄴城，王子皆為列侯。

十月，曹操再征孫權。

十一月到了譙縣。

217年正月，曹操駐軍居巢。

二月，曹操於濡須口猛攻孫權。

三月，曹操率軍撤回，留下伏波將軍夏侯惇統領曹仁、張遼等

二十六支部隊駐守居巢，孫權讓都尉徐詳到曹操那裡請求投降；曹操派使者回覆，願意建立友好關係，與孫權重結姻親。

四月，天子命曹操設天子旌旗，出入稱警蹕。

十月，天子命曹操冕十有二旒，乘金根車，駕六馬，設五時副車，以五官中郎將曹丕為魏太子。

至此，曹操完成了全部進化，他和漢獻帝的配置，全都一樣了。對他而言，這是比入蜀更重要的事！

奮鬥了一輩子，他得把這份家業合法化，鞏固住，再傳給兒孫。

入蜀這種高難度的事，以曹操此時可以查到的經驗，除了秦當年趁著土著內亂打劫和劉秀的長江、隴右的雙路突擊以及最近劉璋引狼入室外，還沒有人辦到過。

劉備沒打白水、葭萌、劍閣三天險，仍然被劉璋拖了兩年。

蜀道雖然難，但曹操應該不會懷疑自己的能力。曹老爺子主要擔心自己死在四川。他要是在四川被老劉拖住，不僅房本的最後幾道手續沒辦完，還極有可能一著急生氣奔波勞累，死在蜀道上。最後甚至會功虧一簣，被老劉趁勢打出漢中。

有人曾經說過：「人生一世，最關鍵要能平穩著落。」曹操在生命的最後幾年，選擇了穩妥，選擇了內部建設。站在曹操的角度上看，你還覺得老傢伙的決策有問題嗎？

哪有傻子，只有設身處地後的不得已。

二、建安二十二年，大疫，魯肅卒

曹操的得隴「忘」蜀做得不得已，同理，我們再看看也快六十歲的劉備為什麼會做出截然不同的反應就不難理解了。無漢中，則無蜀。關中、涼州的資源從此可以踏踏實實地運到漢中，然後砸向蜀地而來，兩個老頭兒都不在了以後，大概率還是曹操的子孫暴打劉備的子孫。這是已經挨一輩子打的老劉所不能忍受的！越想越來氣！

曹操完成進化的這年，劉備也初步地完成了對蜀中的基本整合。這個整合，他用了三年。不要覺得這個時間很長，劉備幹的是很困難的整合。

1. 集團成分複雜。

荊州、東州、本土，三派勢力黨爭明顯。

2. 民心未附。

按說劉備走哪兒都是有民心加成的，但這次和前面的程序都不同，劉備僅僅在川北待了一年，大量的蜀中人民還沒有品味到劉皇叔的熠熠光輝，打起來後的蜀中更是把劉備當人民公敵宣傳的。

3. 孫權不幹了。

當初孫權也是對益州有想法的，結果劉備對孫權總嚷嚷著劉璋是他的同宗兄弟，看我面子咱得過得去啊！舅爺咱不打行不行？結果倒好，劉備把門堵住了，自己把劉璋吃了！孫權大罵劉備不是東西！要找劉備要荊州！

這裡面有一個關鍵點，孫權並沒有要整個荊州，也沒有要劉備的命根子江陵，而是南方三郡：長沙、桂陽、零陵。

為什麼孫權要分紅這南三郡呢？因為南三郡的湘江水路連接著交州。

當初借江陵後，劉備作為妥協，讓出了南方四郡的道路，孫權在那一年拿下了最南邊的交州。此時此刻，孫權想要名正言順地將疆土連成一片。

沿長江水系南下想翻越十萬大山時，有大庾嶺、騎田嶺、越城嶺三道分水嶺阻擋。這三道分水嶺中，只有始皇帝開鑿的靈渠大力出奇跡地解決了入兩廣的水運問題。（見圖7-2）

孫權從自己地盤走贛江翻不過去，所以只能寄希望於自湘江走靈渠，入灕江、西江，隨後孫權就能沿江順水南下了。

劉備堅決不同意，說我剛在事業的上升期，我打下涼州馬上把荊州全都給你！

孫權說我才不信你，於是自己派了南三郡的長吏去接手，被關二爺全給轟回來了。

被二爺粗暴打臉後孫權怒了，派呂蒙率兩萬人襲奪長沙、零陵、桂陽三郡，派魯肅率萬人屯巴丘擋住關羽，自己到了陸口給自家的小弟撐腰。[1]

1　《三國志·吳主傳》：權大怒，乃遣呂蒙督鮮于丹、徐忠、孫規等兵二萬取長沙、零陵、桂陽三郡，使魯肅以萬人屯巴丘以禦關羽。權住陸口，為諸軍節度。

圖 7-2　靈渠位置示意圖

　　在這次武力奪三郡戰役中，呂蒙開始展現出自己在「看不見戰線」上的高端能力。呂蒙打仗之前先是給長沙、桂陽、零陵三郡寫了勸降信，結果還沒打，除了零陵，長沙、桂陽就投降了。

　　呂蒙這個人，戰略眼光上雖然比魯肅差了一個檔次，但在未雨綢繆的國防方面卻是個奇才。

　　魯肅剛代替周瑜的時候，路過呂蒙的駐地，本來魯肅是很輕視呂蒙的，但他身邊的人對魯肅說：「這是個上升的將星，您得結交一下。」

　　魯肅隨後去見了呂蒙，兩人喝得差不多時，呂蒙問：「君受重任，與關羽為鄰，您有應對關羽的軍事預案嗎？」

　　魯肅說：「我見招拆招。」

呂蒙說：「現在東西雖為一家，但關羽實在是太牛了，千萬得有預案啊！」隨後，呂蒙給魯肅搞了整整五個預案！估計有大兵壓境對策、小股偷襲對策、暗中策反對策、偷襲對方對策、正面攻打對策……

具體是什麼對策史書無載，但水平是相當高的，因為魯肅站起來坐到了呂蒙旁邊，摟著呂蒙說：「我真沒想到兄弟的才略高到了這個地步！咱媽呢？趕緊帶我去！我得拜見老人家！」[2]

曹操第一次南下來打孫權之前，呂蒙勸孫權在濡須口立塢堡。吳國的將軍們都在笑：「上岸擊賊，洗足入船，要什麼塢堡？」呂蒙說：「自古沒有百戰百勝的時候，如果有一天人家偷襲搶灘登陸成功，人家的步騎咱是打不過的，斷了咱下水的路，咱連船都上不去，怎麼辦呢？」

很多遠慮，總會有用到的這一天的！這是個很厲害的未雨綢繆者！同樣也是個策反大神！

呂蒙在招降、搞間諜這方面是天才，早期攻打蘄春時，就是招降開路。而且手段高端，謝奇不降之後呂蒙仍然拿下了謝奇的許多手下。[3]呂蒙的敵後工作，並不局限於敵方首腦，做得很全面。

這次也一樣，他對魯肅的五策之中，至少有一策是比較明確的，就是長時間地招降與勾引。

孫權大概率也知道呂蒙的手腕和這些年的間諜進展，所以劉備和孫權鬧掰了以後，孫權直接就命令呂蒙他搶那三郡。呂蒙僅僅寫了兩封信，長沙和桂陽就輕鬆地投降了。[4]

2　《三國志·呂蒙傳》：肅於是越席就之，拊其背曰：「呂子明，吾不知卿才略所及乃至於此也。」遂拜蒙母，結友而別。

3　《三國志·呂蒙傳》：蒙使人誘之，不從，則伺隙襲擊，奇遂縮退，其部伍孫子才、宋豪等，皆攜負老弱，詣蒙降。

4　《三國志·呂蒙傳》：權命蒙西取長沙、零、桂三郡。蒙移書二郡，望風歸服……

荊州方面此時並沒有顯出衰敗之相，如此輕鬆的「望風歸服」基本只有一種可能，就是早就策反了。

當時只有零陵太守郝普守城不降。但是呂蒙展示了他的忽悠手腕。

1. 他早就埋好了線人，關鍵時刻拿出來了，這個做零陵工作的人，是郝普的老朋友南陽人鄧玄之，去零陵之前，呂蒙專門去酃縣（今炎陵縣）接了他。[5]

2. 他擺足了攻城的架勢。

3. 他派鄧玄之去勸降，突出三個方面：劉備在漢中被夏侯淵給圍了，關羽救援被阻擊了，都來不了了；你要是確定城能守住也行，你看看我這陣勢，你守不住；你那家中的老媽媽，已是滿頭白髮，老太太因為你而死，你虧孝啊。

郝普就這樣被呂蒙拿下了！呂蒙是個相當厲害的角色，他策反招降的手腕還遠遠沒用完。

劉備一聽說孫權動手了，長沙、桂陽已經不戰而降，於是火急火燎地帶了五萬人前來跟孫權開戰！信息傳到江陵，老二你趕緊給我爭三郡去！哥哥我馬上就到！

二爺率荊州主力和魯肅對峙益陽，隨後兩位古風大俠各自單刀赴會，討論此次衝突如何收場。

見面後，魯肅埋怨關羽：「我們那麼薄的家業，卻能借這麼重要的土地給你家，現在你們已經得了益州，既然你們沒有奉還荊州的意思，我們退而求其次要你們的三郡怎麼還不給呢！」

這時候關羽身邊一個人說道：「天下土地唯德者居之！」

魯肅聽後大怒，給說話那小子罵了一頓。二爺對那個插話的人說：

5　《三國志·呂蒙傳》：初，蒙既定長沙，當之零陵，過酃，載南陽鄧玄之，玄之者，郝普之舊也，欲令誘普。

「國家大事！有你說話的份嗎！」然後客客氣氣地對魯肅說：「老魯，當年烏林之戰，我家大哥覺都不睡地追曹操，咱是一塊兒出資的啊！怎麼成我們欠你們的了呢？」[6]

魯肅說：「你還真就別跟我掰扯這個，當初你們在長坂坡時是什麼樣的，我是親眼見的，都打算去海南島了，是我拉你們跟曹操拚的！也是我力主借荊州給你們的，現在你們把我都扔進去了，也忒不夠意思了！我魯肅聽說貪而棄義，必為禍階，你別怪我跟你撕破臉！」二爺被魯肅問得沒了脾氣。劉備收到電報，說曹操已經開始打張魯了。劉備哆嗦了，馬上服軟，開始談判四郡分割問題。最終雙方劃湘水為界，劉備讓出了長沙和桂陽，以土地換和平，哥倆之間的鬥爭算是暫時消停了。[7]

湘水盟約後，最大的失敗者，是劉備。誰也別賴，賴他自己。

捋一下這個時間點。

建安十九年（214），是歲劉備定蜀，孫權以為劉備已得益州，命令諸葛瑾從求荊州諸郡。

這個時間點，曹操在幹什麼呢：「秋七月，公征孫權；冬十月，公自合肥還；十二月，公至孟津。」

曹操匆匆地回到了北方。隨後劉備就帶著五萬核心長江自駕遊來了。

然後，曹操幹什麼了？三月，曹操已經趕到陳倉迅速地決定打張魯了。

此次有多倉促呢？糧草準備得極其不足，糧道也根本沒進行修整，最後決定搏一把是因為回軍的糧草不夠養活這幫士兵了！

6　《三國志・魯肅傳》：烏林之役，左將軍身在行間，寢不脫介，戮力破魏，豈得徒勞，無一塊壤，而足下來欲收地邪？

7　《資治通鑑・漢紀五十九》：劉備懼失益州，使使求和於權。權令諸葛瑾報命，更尋盟好。遂分荊州，以湘水為界：長沙、江夏、桂陽以東屬權，南郡、零陵、武陵以西屬備。

曹操這麼著急地來搶漢中，很關鍵的一個原因就是劉備帶隊離開益州了，南面不會有風險。等到劉備聽說曹操已經開打漢中後才匆忙地和孫權達成湘水和議，著急忙慌地往回趕！趕到江州（重慶）的時候聽說了噩耗，老曹已經突破了陽平天險，漢中沒了！

老劉窮了一輩子的選擇後遺症出現了。只能進，不能出，佔便宜可以，吃虧很難受。

人家要的並非是你的底線江陵，你就是不打算把三郡都給人家，你也能夠通過談判以最少的成本化解之前佔便宜的矛盾。結果你非得一根毛不拔，寧可帶著五萬人來跟孫權打！

機會是有成本的！你要是不離開益州，曹操很有可能根本不會來打張魯。就算是曹操下定決心來打張魯，要是這時候你帶著這五萬人北上會是個什麼概念呢？

曹操單獨突破陽平關就已經很費勁兒了，而且陳倉故道由於多年沒走，曹操的糧道很艱難，沒看到最後糧都斷了嗎？這個時候你要是追上曹操會怎樣呢：你不光可以追他一把，還能從另一條路走武興堵死他的歸路。（見圖7-3）

除非張魯投入曹操懷抱，否則曹操是基本不可能打下漢中的。

你帶兵去了荊州，跟孫權矯情，最終還是付出了湘水以東去買和平。

我們不能戴有色眼鏡看孫權，這次孫權找劉備要荊州的時候無論是要求還是做法，基本沒什麼可挑的！

1. 孫權張嘴無論是在法理上還是在方案上，都很合理。

江陵就是你從人家手上借來的！總不能讓人家一直吃虧！人家又沒動你的核心區域！人家沒找你要江陵而是找你要南方三郡其實就是在很厚道、很合理地與你博弈。

2. 孫權的戰略預期非常明確，就是要打通和交州的聯繫。

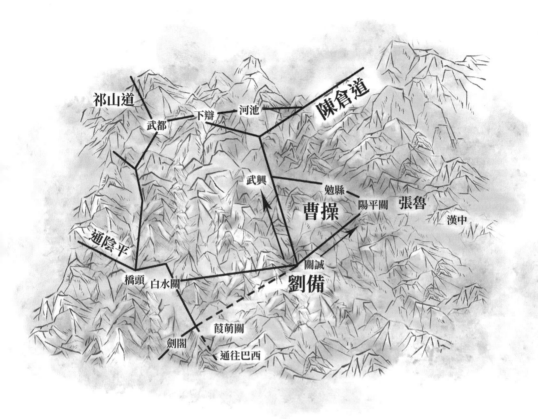

圖 7-3　劉備北上假想圖

最終劉備申請平分湘水，孫權迅速地派諸葛瑾去重新結盟了，還主動地退回了湘水以西。

此時魯肅還在，江東第一戰略眼光還好使，孫權達到戰略目的後並沒有貪功繼續和劉備掰扯，趁著曹操去了漢中，調頭就打合肥去了。

孫權後來之所以臭了大街，關鍵的原因就是魯肅早死了兩年。

作為領導人，需要處理權衡的事情太多，是很難時時刻刻保持冷靜和具有全域觀的。這就需要身邊永遠有明白人。

曹操看似英明偉大，實際上他腦子犯懵的時候非常多，他跟呂布撕著的時候惦著搶徐州，他官渡大勝後惦著打劉表，每一個都是超級戰略大昏招！為什麼最終沒釀成大禍呢？

1. 身邊始終有頂級戰略家荀或拽著他！不讓他走偏！

2. 本身就不傻，明白人跟他說完後腦子就轉過彎來了。

魏、蜀、吳，老天爺都賜了一個偉大的戰略家。魏的那位，上班第一天就是「西漢子房」的待遇和級別，最終這位二當家幫曹操趟過了漢末修羅場上太多的雷。蜀的那位，跟老劉差著二十年的歲數，雖然老劉對他托妻獻子，但他卻無法和老劉掏心窩子地說那些明白話。

吳的那位，就是魯肅，正在熠熠生輝。

孫權這次的操作每一步都沒走錯！

1. 和劉備聯盟，租借江陵相當於入股了劉備，劉備有了巨大收益孫權要回投資合理合法，不張嘴人家就會看出你的軟弱。

2. 先派諸葛瑾去跟劉備溝通還款和分紅，方案是把南面三郡給我們。

3. 劉備不同意，沒問題，你武力接手，隨後派魯肅繼續跟劉備講道理。

4. 劉備認慫後也不糾結不撕破臉，迅速地恢復聯盟，拿下湘水以

東，達到戰略目標，隨後不廢話地去爭合肥。

這次湘水會盟，相當於劉備拿下西川後大得小捨，孫權小得，並將版圖連成一片。總體上，雙方實力都增強了，還階段性地解決了當年江陵的「租借」問題。

老二跟老三對付老大時，博弈論的關鍵就是老二、老三必須在不斷地壯大，老大在不斷地抽抽。

魯肅在時時刻刻幫孫權提高大局意識。魯肅自打赤壁之戰上舞臺後，幫孫權就一次都沒有錯過。

1. 全都要投降時，魯肅告訴孫權全世界只有你不能投降。

2. 劉備來江東借江陵時，周瑜、呂範都要扣下劉備，魯肅力主不能扣，老二、老三不能內耗。

3. 周瑜死後，力主借江陵給劉備，既佔著理，還防止劉備偷襲，減輕己方的防守壓力。

4. 劉備奪西川後，又堅定地支持要回三郡，讓自己的實力也有所增加。

5. 湘水以東官方確定後，孫權退還了湘水西的零陵部分，雙方湘水分界互相減輕駐防壓力，繼續瞄準曹操去了。

決定三國最終結局的，其實一直有一位被忽略的關鍵人物，就是魯肅！

1. 魯肅的大局觀和戰略眼光極強，堪比江東的荀彧。

2. 魯肅和江東諸將的關係不錯，人緣很好。

無論是年輕將領，還是老一輩元勳，還是江東本土大族，並沒有什麼政敵拉他的後腿。

3. 魯肅和劉備的關係也不差。

關羽這麼牛的人，能跟魯肅好好地說話，這些年雙方相鄰，難免發

生不少摩擦，每次魯肅都跟關羽說兄弟看老哥面子。[8] 諸葛亮是蜀的總理，魯肅死的時候，諸葛亮在蜀中為他舉辦哀悼儀式。

4. 最關鍵的一點，孫權非常信任他，畢竟當年那種條件下他死挺孫權，這種經歷極難重現。

這就好比荊州主力全都入川後，劉備為什麼單獨放了二爺守荊州呢？不光因為幾十年的老兄弟了，還因為從曹操那兒掛印封金投奔他的不可複製的經歷！

還有什麼情況，能讓當時那種情況下都不叛變的二爺和魯肅叛變自己呢？你不信他還能信誰！這都是心腹中的心腹！

但是，這一年已經到了建安二十年，公元215年了。

很遺憾，兩年後，建安二十二年（217），整個東方世界將經歷一次罕見的超級大瘟疫！這場瘟疫達到了什麼程度呢？

曹植的《說疫氣》裡面記載：那一年家家戶戶都在死人，全家死得一個不剩很常見，甚至全族人都死了也不稀罕。[9]

這一年大量的頭面人物也被收走，比如司馬家當時的頂樑柱司馬懿的大哥司馬朗因為大疫死於軍中，建安七子中有五位在這一年全部報銷，甚至這一年剛剛當上太子的曹丕看到了太多的人因疫情致死，從而流露出了人世無常趕緊留點兒作品的想法：「生有七尺之形，死唯一棺之土，唯立德揚名，可以不朽，其次莫如著篇籍。疫癘數起，士人凋落，余獨何人，能全其壽？」

這哪裡是躊躇滿志、意氣風發，剛剛拿下太子大位的三十歲青年啊！這更像是預知時日無多的開悟居士。

8　《三國志·魯肅傳》：羽與肅鄰界，數生狐疑，疆場紛錯，肅常以歡好撫之。

9　《全上古三代秦漢三國六朝文·全三國文》：建安二十二年。癘氣流行。家家有僵屍之痛。室室有號泣之哀。或闔門而殪。或覆族而喪。

在這一年，江東也因為疫情損失慘重，大量將士因疫情病死，二十九歲的虎將凌統就被帶走了。但這都比不上其中一個人的離去對整個江東政權的損失大！

這一年，四十六歲正值壯年的魯肅病逝了；孫權的「荀彧」被老天收走了。

就算你再是「生子當如孫仲謀」的標竿接班人，你也總會有犯糊塗的時候，曹操都快五十的時候還總讓荀指導著急呢！

江東再也沒有一位鎮得住、說得通孫權的夠分量的明白人了。

魯肅的壯年而卒，使得孫、劉在兩年後失去了唯一的一次逆天改命的機會！

三、鏖戰陽平關，變陣定軍山

劉備從江陵回到江州後，曹操已經在漢中跟弟兄們喝上了。

黃權向劉備建言：「若失漢中，則三巴不振，蜀中半壁就沒了，讓我去接張魯回來，將來以他的名義反攻漢中！」

劉備趕緊命黃權為護軍去搶張魯，張魯一聽說劉備來了，也不裝矜持了，趕緊往曹操那裡跑。曹操能給張魯的，是良好的中原辦教環境和萬戶侯的待遇。既然也當不了皇帝，已經革命二十多年了，不能再去劉備那裡受罪了。

張魯投降之後，曹操就命張郃南下巴地搞拆遷，結果碰上了三爺。

曹操這輩子的核心一招，就是不停地拆遷：把你的人口遷到我的後方，路上死多少跟我沒關係，反正活下來一個我也佔便宜，就算全死了那至少你也沒得到，我得不到的就全都給你糟蹋了。

張郃與張飛在宕渠、蒙頭、蕩石相拒五十多天，結果三爺率精兵萬人在瓦口（四川渠縣東北七里八濛山）抄了別的道，兩頭堵張郃來了，一戰幾乎全殲了張郃軍，張郃棄了馬僅僅帶著十幾個親隨爬山逃回了漢中。

三爺威武啊，這是張郃這輩子在戰場上吃的第二次的大虧，第三次吃虧就該被司馬宣王陰死了，這也是三爺傳裡五百五十三字戰績中難得沒刪的片段。

感謝史官還是給三爺留下了幾個分量大的同行來襯托：當陽二十一騎斷後拒曹操，入川攻破重鎮江州擒獲嚴顏，瓦口全殲五子狡猾之首的張郃。

至此，劉備和曹操達成了穩態，劉備也不去打漢中，漢中也沒再往南進犯。隨後兩年曹操忙著操作換房本的最後幾個步驟，中間還率大兵撲向了孫權；劉備忙著憋大招，讓諸葛亮全力組織生產，調整益州官員結構，消化入侵佔領民心問題。

217年冬，法正建言劉備：「曹操一舉拿下張魯卻沒乘勝來打我們，留下了夏侯淵和張郃就跑了，不是他智力不夠，是因為他力不從心了！他內部肯定出事了！夏侯淵是比不上您的，咱得打他們去！」

劉備認同，打！

217年年底，劉備在孫大舅子幫他又爭取了兩年火力的情況下，在曹操終於拿到新房本的時候，終於組裝起了西川這個大機器，揮師北伐了。

鼎鼎大名的漢中之戰，曹操的人生終戰，即將開始了。

218年春，劉備令諸葛亮留守益州，總督軍政一切大事，供應糧草和援軍，然後帶著自己陣營除了關羽外的所有高級將領北上打漢中。

劉備的態度是：「必須拿下漢中，老子跟他拚了！」

張飛、馬超、吳蘭作為先頭部隊進攻下辯，斷岐山道和陳倉道，阻止隴右和關中的援軍。（見圖7-4）

開始很順利，吳蘭成功佔住下辯，馬超還策反了氐族的七萬餘部落。

曹操接到消息後，派出了自己的解題人選。他已經開始培養曹家第二代軍事頂樑柱曹休了。

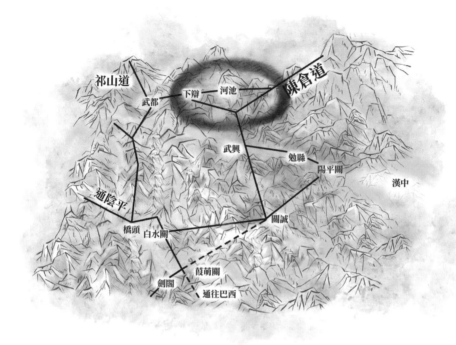

圖 7-4　張飛、馬超阻擊位置圖

　　曹操命曹洪掛帥，曹休為騎都尉參軍事，但是曹操走之前專門對曹休說：「你是這次的總指揮，你洪伯伯給你壓陣而已！」

　　曹洪聽說後自然也就掛名出征，一切都是曹休拿主意，雙方接戰後，張飛屯兵固山（成縣西北）準備斷曹軍的後路。

　　曹軍舉棋不定時，曹休說：「他要是真想斷咱的後路，就應當伏兵悄悄地走！現在弄得那麼大動靜就是在虛張聲勢！咱應該趁他大軍沒齊聚擊破吳蘭，斷了他的後路！到時候張飛自己就跑了！」

　　結果曹休不理張飛，率主力直撲吳蘭，破其軍，斬其將任夔等，如他所料，張飛、馬超南下撤出了武都地區，撤退路上陰平氐人強端還截擊幹掉了吳蘭。（見圖 7-5）

張飛、馬超雖然被擊退出武都，但是應該撤退到了武興一帶繼續阻擊。因為自此之後，整個漢中之戰的一年裡，張飛與馬超、曹洪與曹休再也沒有了蹤跡。即便打到最後，雙方傾其所有的時候，這兩路雙方的虎將兵馬仍然沒有出現。估計就是一直在這條路上進行突破與阻擊。（見圖7-5）

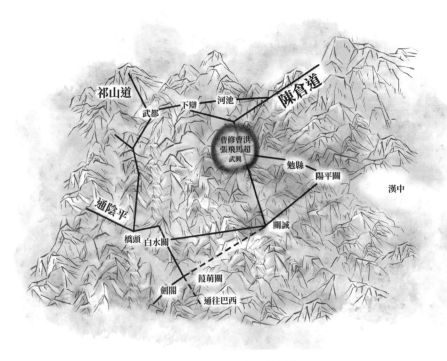

圖 7-5　曹、劉對峙圖

　　218年四月，劉備率大兵到達陽平關。

　　陽平關依山傍水，地勢極險，曹操不久前的買家留言是「妖妄之國」，要塞位於瀘水（今白馬河）入漢水交匯之處，西、南兩面為河流環繞，背依險山，可謂漢中第一雄關。

　　夏侯淵屯兵陽平關，張郃屯廣石和劉備對峙。（廣石位置為勉縣西北

圖 7-6　夏侯淵與張郃布防圖

艾葉口至茶店一帶，參考孫啟祥先生《漢末曹劉漢中爭奪戰地名考辨》。）
（見圖 7-6）

　　張郃這個位置比較有意思，理論上他和夏侯淵一起在陽平關內阻擊
就可以了，畢竟天險在那裡。但張郃屯兵廣石卻起到了非常噁心劉備的
效果。如果全軍退進了陽平關，劉備就能像曹操打張衛時那樣連著北山
一塊懟，半夜萬一又有幾千頭鹿出來了呢？

　　張郃不僅能讓劉備始終不放心，不敢全力攻山，還可以沿著沮水冷
不防斷劉備糧道。為了防備張郃，劉備還不得不分兵在沮水口進行佈
防。（見圖 7-7）

　　總之，張郃擱那兒杵著，也許什麼活兒都不幹，但是劉備會嘀咕，
會分兵。癩蛤蟆爬腳面，不咬人卻膈應人。

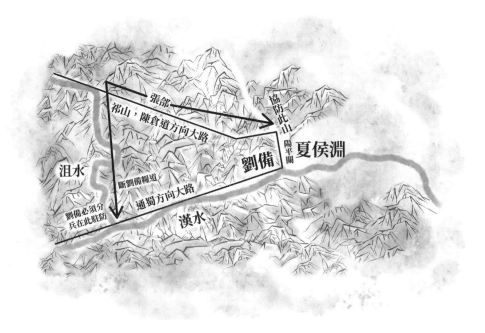

圖 7-7　張郃戰略意義圖

　　事實上夏侯淵的佈置效果很好，劉備對陽平關北部始終沒做什麼動作，後面夏侯淵的變招是向南跨過漢水去翻越更難的定軍山。但是，這對張郃很不厚道。因為廣石戍肯定不如陽平關瓷實，張郃手中的人也肯定不如劉備手中的大軍多！劉備要是玩命打的話，張郃很容易就被「光榮」了。

　　事實上劉備也是這麼幹的。劉備選了萬餘精兵，分為十部，夜攻張郃，張郃親自帶隊堅守殺敵才打退了劉備的進攻。仗已經打到師長帶著警衛連上場親自戰鬥的份上了！

　　總體來講，夏侯淵這些年對張郃就沒有厚道過，前幾年平馬超時也是拿張郃當炮灰使。但滄海橫流顯英雄啊！張郃自己也爭氣，從來不抱怨，在軍中打出了極高的威望與戰功。

突然有些懷念本初兄，河北何其多才，當初要是讓這樣的猛將軍去烏巢該多好。

劉備沒辦法再增兵打張部，因為還要防止關內的夏侯淵出兵增援張部，需要大規模兵力堵在陽平關外。

張部打不動，陽平關也動不了，內外的牽制始終存在，劉備下令諸葛亮繼續發援軍，我砸也要砸下陽平關！

諸葛亮得到領導前方戰報，試探性地問了身邊的從事楊洪：「老楊，你怎麼看？」

老楊革命覺悟比較高，對諸葛亮說：「漢中為蜀中咽喉，無漢中則無蜀，現在已經到了男人全部上戰場，女人全部當民夫的階段了！有什麼可猶豫的！拚吧！」[1]

諸葛亮隨後命楊洪代替去前線的法正當蜀郡太守，調集了所有蜀中能動的人馳援漢中前線。拚了！

劉備這邊拚了，漢中戰役從年初就開打了，曹操那邊是什麼反應呢？

曹操七月才準備出兵。並非他不重視漢中戰場，而是這一年自打進了正月，他就一直沒消停。

218年正月，漢廷太醫令吉平與少府耿紀、司直韋晃等密謀偷襲許都，火燒丞相長史王必的兵營，王必重傷後搏命，艱難地平叛成功。

曹操在不斷的進化過程中，也在無時無刻地感到大漢這塊四百年的招牌對於他的不斷反噬。

國家養士四百年，總是有遺老的。

除此之外，這次的內部叛亂背後其實細思極恐，因為有一個大牌的

1　《諸葛亮集・答諸葛公問》：漢中則益州咽喉，存亡之機會，若無漢中則無蜀矣，此家門之禍也。方今之事，男子當戰，女子當運，發兵何疑？

幕後人物在摻和：遠在江陵的關羽。[2]

四月，代郡、上谷烏丸族無臣氏等人反叛，曹操又不得不分兵曹彰去領兵征討。

外族的叛亂倒還好說，真正撓頭的是內部矛盾。劉備打漢中已經產生衍生效應了，其中正月的那次造反，很是說明了些問題。有一股力量，要分割他打下來的天下。這一股力量，在以獻帝為招牌，對他北方的魏國打黑槍。你老曹家要換房本，我們不幹！

曹操展開了近半年的專項整治，終於在七月完成了初步治理，隨後正式西征。

曹操動身的前後腳，陸渾地區又起義了。

劉備一直在砸漢中，夏侯淵也在不斷地調關中兵源入場，物資也如冰入熱鍋般地在消耗。整個關西地區殘破，民夫的徵調已經安排到了河南尹的洛陽盆地，當地孫狼等人殺縣主簿叛亂，南附關羽，被關羽派回來打地下游擊。[3]又有二爺的事！

九月，曹軍至長安。曹操還沒來得及到下一站，又傳來了消息：十月，宛城守將侯音等人造反，擒獲南陽太守，佔據了宛城，響應荊州的關羽。許昌！陸渾！宛城！二爺三連擊！

這一年許昌、陸渾、宛城的南附關羽說明了劉備立起來的這桿旗已經讓很多躍躍欲試的人看到了折騰的希望。二爺的名號此時大有威震華夏的趨勢，荊北的南陽全郡已經開始鬆動了。

2　《資治通鑒・漢紀六十》：時關羽強盛，京兆金禕睹漢祚將移，乃與少府耿紀、司直韋晃、太醫令吉本、本子邈、邈弟穆等謀殺必，挾天子以攻魏，南引關羽為援。

3　《三國志・張琇傳》：建安二十三年，陸渾長張固被書調丁夫，當給漢中。百姓惡憚遠役，並懷擾攘。民孫狼等因興兵殺縣主簿，作為叛亂，縣邑殘破。……狼等遂南附關羽。羽授印給兵，還為寇賊……

遠在荊州的關老爺在這一年雖然並沒有實質性地做什麼，但卻起到了極大的牽制作用！

還是那句話，論低成本幹大事，沒有人比老劉天團這幫底層拚出來的英雄們有辦法！當時的國際形勢不僅僅是漢中的問題！老曹很可能連南陽都保不住了！老劉集團就要衝出來了！

曹操緊急又命駐紮樊城的曹仁去宛城救火。這麼一來，曹操在西安沒法動了，因為兩頭都要命，只能居中觀察，看哪邊不行了自己作為總預備隊再衝上去。

二爺爭取來的這個變化，給了劉備寶貴的三個月時間！因為劉備自打開春到了陽平關，就沒再往前走一步，夏侯淵把他快拖神經了。

但是，曙光終於出現了，時間來到了中國歷史上排在戲劇性前五的公元219年。正月，陽平關堵一年了的劉備壓上了蜀中命運，拚了，不在陽平關待著了，先是南渡了波浪寬的漢水，再率大軍冒險翻山越嶺登上

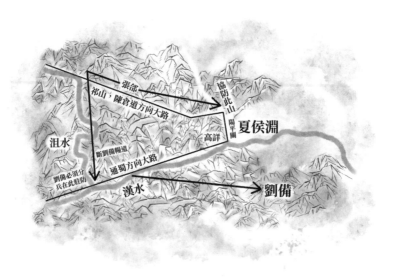

圖 7-8　劉備變陣定軍山示意圖

了著名的定軍山。[4]（見圖7-8）

這座中國京劇界的著名山頭，將隨著一個三國最高級別方面軍總司令的大意死亡，被中國人民廣為熟知。

一提到三國中的「大意」，幾乎所有人都是將矛頭指向了關羽，說二爺又驕傲又大意，最後死在自己的性格上了。其實真論起來，二爺真不算大意。二爺手裡的牌和打的效果基本上已經是中國的歷史之巔了。二爺的最終敗亡更像是躲不過去的宿命。他還真沒做錯什麼，更別提大意了。

真正大意的，是夏侯淵。

劉備登上了定軍山，這片山頭水草豐美，比十幾年後馬謖爬的那個山頭要好太多了，在這裡不用擔心水源、草料問題，但劉備往定軍山的這一插，將整體的運糧路線再提升了一個難度！

本來自蜀中往漢中前線運糧就已經是很大的困難和消耗了，蜀道這條路本來就是物流噩夢，劉備過漢水、翻山嶺的難度再加成，使得這條糧道徹底地成了燒錢的「要命千里」。

劉備在賭，在大賭。賭的是大後方諸葛亮可以源源不斷地供他繼續這麼燒；賭的是這條輾轉困難的糧道始終萬無一失。

他僵持了這麼久，從蜀中調來了源源不斷的人力資源卻並沒有再搞什麼動作，很可能就是早早地想到了改變主動權的辦法，一直在修一條通往定軍山的糧道！（見圖7-9）

因為他後面在這座山上又待了五個月，山中沒有通暢的糧道是不可能的！但即便這樣，消耗性和危險性仍然極大！無論怎樣，這段糧道不可能像平時的糧道那麼順暢！糧食只能一輛小推車一輛小推車地推過去。

4　《三國志・先主傳》：自陽平南渡沔水，緣山稍前，於定軍山勢作營。

圖 7-9　通往定軍山糧道示意圖

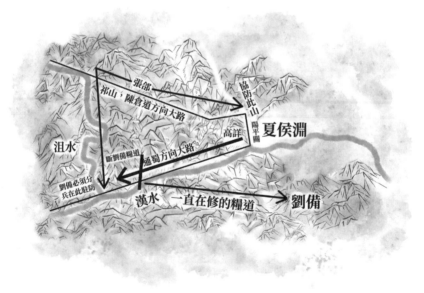

圖 7-10　憋在定軍山示意圖

如果陽平關外的大營被端了，他就被憋死在這定軍山上了！（見圖7-10）

但是！他的所有賭，都是沒辦法。因為陽平關死活打不動，他必須求變！

他移軍定軍山成功地插入了漢中盆地，還佔領了制高點，由被動變為了戰略主動。這是他這次大賭的勝算。

他失敗的可能性很高，因為不可控的因素太多了。糧道、後勤持續度等，都是在走鋼絲！沒辦法！無漢中就無蜀！還是那兩字：拚了！

老劉打了一輩子仗，每次兵一多準出事，因為不會安排。這次別看還是險，但卻是主觀求變，定軍山後面一直沒出現糧荒問題，說明了並非臨時起意上山，而是早有變局安排。

老劉這回大兵團作戰沒現眼，和孫權前幾年一樣，因為身邊有牛人。法正和黃權這兩位頂級參謀在這裡起了非常大的作用。[5]

現在有法正的時候老劉有多麼的自由翱翔，明年法正死了以後，老劉就有多麼的悲哀。唉！其實就是天不佑炎劉了！

魯肅去年死了，法正也快了，三爺橫死又最終逼得黃權獨當一面督江北，老劉身邊沒有這種頂級參謀了！

試想要是三爺督江北，法正、黃權得天天琢磨人，陸遜真能挺那麼久嗎？陸遜可是差點兒內部都炸了！

說個題外話，幹事業啊，千萬得明白自己的短板，然後拚了命地把能補短板的人才搶過來！找一堆和自己一個類型的合夥人來真沒什麼大幫助。

---

5 《三國志‧法正傳》：曹公西征，聞正之策，曰：「吾故知玄德不辦有此，必為人所教也。」《三國志‧黃權傳》：殺夏侯淵，據漢中，皆權本謀也。

那邊，夏侯淵看到劉備躥山上來了，他坐不住，帶隊來找劉備了。夏侯淵的戰略比劉備要容易得多，他僵住劉備，曹操來援就大功告成了，曹操就算一直不來，他把劉備的輜重拖垮了也就成功了。

夏侯淵把張郃從廣石調回，跟他一塊兒與劉備在定軍山下對峙。為了防止劉備隨時下山禿嚕他，夏侯淵只能在定軍山下修鹿角作圍，然後與張郃一東一南，守住定軍山腳。（見圖7-11）

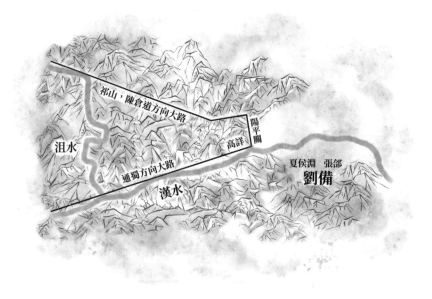

圖7-11　夏侯淵與劉備對峙圖

打，我是不會去的，思路仍然沒問題：拖死你。

但夏侯淵這回真的大意了。

劉備終於佔據優勢了，求速戰的他開始了各種動作，比如放火燒了夏侯淵佈置的鹿角，率重兵再次狂打張郃。張郃的東圍十分危急，夏侯淵緊急部署，分本部一半兵力去支援張郃的東圍。[6]

6　《三國志‧夏侯淵傳》：備挑郃戰，郃軍不利。淵分所將兵半助郃……

這個時候，整個漢中之戰最大的變局點出現了。

夏侯淵隨後僅僅帶著本部的輕兵去被燒的南圍救火，他判斷劉備的主攻點在張部那裡。[7]

他托大了！不僅僅是他這個大司令幹上工程搶險隊長了，最關鍵的是，他「將」的這個「輕兵」，數量僅僅四百人！！！[8]

虎步關右、橫掃隴西的夏侯淵認為這回仍然會像前幾年一樣，自己所到之處望風披靡！

法正在高高的定軍山崗上，看到了這次戰術目標出現後，斬釘截鐵地說出了兩個字：「可擊！」

黃忠隨後帶著部曲衝殺下來，金鼓震天，士卒喧囂聲震動山谷，曹軍的西線方面軍總司令夏侯淵和益州刺史趙顒雙雙死於亂軍之中！

這位虎步關右，將整個涼州掃平的曹家西軍總司令，死在了自己的大意之下。他哪怕再多支持一個月，情況都會大不相同，因為就在同月，曹仁打破了宛城。東面危機解除了，曹操可以支援他來了。

他死在了黎明之前。

曹操不得不來了！當年到底沒看錯啊！天下英雄，唯使君與操耳！

我奮鬥了一輩子，堅持了一輩子！終於能坐莊跟你賭一把了！孟德兄，快來吧！

7　《三國志‧夏侯淵傳》：備夜燒圍鹿角。淵使張郃護東圍，自將輕兵護南圍。

8　《曹操集‧軍策令》：夏侯淵今月賊燒卻鹿角，鹿角去本營十五里，淵將四百兵行鹿角，因使士補之。

四、曹操拔諸將，劉備下漢川

夏侯淵死後，張郃連夜率敗軍退回漢水北岸，曹營一片驚惶。夏侯淵的司馬郭淮等人緊急推舉張郃為代理都督。

次日，劉備率軍向漢水進逼，曹軍諸將大都建議緊緊逼住漢水，不能讓劉備渡河。郭淮說：「不行，漢水談不上天險，水流平緩，渡口眾多，部隊直接頂到漢水就示弱了，劉備肯定會從別的地方強渡漢水。不如在漢水北岸等劉備，表示咱們胸有成竹，他要是真來的話，咱再擊敵半渡。」(見圖7-12)

最終，劉備沒有趁熱渡過漢水趕張郃，曹軍暫時算是穩住了局勢。

消息傳回曹操那裡，曹操在第一時間發表了這樣的通告：「夏侯淵這個月補鹿角讓人家弄死了，他本來是不會用兵的！軍中一直說他是個瞎打誤撞、沒常識的文盲將軍，當司令的連親自戰鬥都不應該！何況補鹿角呢！」[1]

這裡面有兩個關鍵點：

1　《曹操集・軍策令》：夏侯淵今月賊燒卻鹿角……淵本非能用兵也，軍中呼為「白地將軍」，為督帥尚不當親戰，況補鹿角乎！

圖 7-12　劉備強渡漢水圖

1. 今月。

2. 淵本非能用兵也，軍中呼為「白地將軍」。

「今月」是指曹操非常及時地發表了這樣的通報，剩下的就是狠狠地罵了夏侯淵！夏侯淵可不是不能用兵，而是用兵水平很不錯的，雖說有賭的成分，但前面戰功卓著，曹操要是不放心不可能把整個關西都交給他。

但曹操為什麼這麼說呢？兩個效果：

1. 給漢中軍團免責。那他活該，跟你們沒關係，咱接著好好地打。

2. 平復夏侯淵帶來的眾怒。

曹操此時是什麼想法呢？他其實已經不想要漢中了，他已經佈置拆遷專家張既去拆遷武都的氐族人了，不能將來讓劉備利用這股少數民族力量。[2]

2　《三國志‧張既傳》：太祖將拔漢中守，恐劉備北取武都氐以逼關中，問既。既曰：「可勸使北出就穀以避賊，前至者厚其寵賞，則先者知利，後必慕之。」……令既之武都，徙氐五萬餘落出居扶風、天水界。

在安排好移民政策之後，曹操才啟程去的漢中，而且他此去漢中的目的，是把漢中的部隊接出來。

《三國志·曹真傳》說的是：「太祖自至漢中，拔出諸軍。」

《三國志·徐晃傳》說的是：「太祖遂自至陽平，引出漢中諸軍。」

夏侯淵的陣亡，已經基本意味著曹軍在整個漢中戰場回天乏力。因為他資格太老、級別太高，這些年整個帝國西線都是他打理，他陣亡意味著整個漢中的士氣再難振作。

曹操非常擔心這支漢中兵團在重壓之下全部投降劉備，因此幾乎是譴責式地發表安撫文書，也和夏侯淵這些年的糟糕人緣有著很大的關係。

夏侯淵在曹操縱橫兗、豫州的時候，幹的是陳留、潁川太守；與袁紹戰於官渡時行督軍校尉；袁紹戰敗後，曹操派他督兗、豫、徐州軍糧。

創業初期和夏侯惇一樣，擔任的都是比較核心的職務，要麼監掌大郡，要麼督軍，要麼負責後方的糧草。

第一次比較明確的戰鬥記載，是和于禁打造反的昌豨，拜典軍校尉，也是在這個時候，傳出了夏侯淵的用兵特點：長途奔襲。[3]

此後他開始督將負責方面軍戰役，在督徐晃擊太原賊後，因為作戰勇猛突進，所以作為西進的先鋒加入關西戰場，並在曹操打崩關西軍後的追擊工作中表現突出，被曹操留下收尾隴西問題。

夏侯淵在隴西諸戰中，將自己千里神行的特點發揮得淋漓盡致，打馬超、打韓遂，都是狂奔千里後的戰役。

3　《魏書》：淵為將，赴急疾，常出敵之不意，故軍中為之語曰：「典軍校尉夏侯淵，三日五百，六日一千。」

總體來講，夏侯淵非常幸運，對方沒咋地就都崩潰了，要是沒有曹操在渭水會戰的震撼效果，夏侯淵不一定能狐假虎威。夏侯淵的人緣公認是不好的。千里行軍這種戰術風格在野戰中使出來威懾力是很大的，常常能出其不意地一擊斃命，但是在具體實施的過程中很有可能會犯眾怒。因為誰要是讓你天天上百公里地跑，估計你也不高興！

這種奔襲性質的隊伍要是想幹得長、幹得久，基本上需要兩個保證：

1. 最起碼得是騎兵，罕見步兵兵種專門負責奔襲的。

2. 待遇要超級高，讓人家跑，也得分得起錢。

但這兩樣夏侯淵都沒有。不光沒有待遇，夏侯淵還不太會做人。

打馬超時，他令張部從陳倉狹道幾乎是自殺式地馳援，他自己卻在後面總督糧草。張部會怎麼想？

劉備來了，他自己在陽平關內待著，讓張部在廣石做牽制，被劉備精兵萬人狂掄。張部又會怎麼想呢？

肯定不會是感謝夏侯淵對自己的期望高，為了培養自己多次用心良苦地讓自己品嘗生死邊緣的感覺。張部不是十八歲的傻小子，人家是十八年前就把自己賣出好價的主兒！

他光得罪張部嗎？他其實得罪得很全面，比如他死後，嶄露頭角力主推張部為司令員的是他的司馬郭淮，這位扮演「定海神針」角色的郭淮在他和劉備打仗時正在泡病假，他一死就活蹦亂跳了，後面表現那叫一個大放異彩。[4]

郭淮的分量是很重的，他本人是太原陽曲高門，曹丕為五官將時就召郭淮去他那裡上班了，後來郭淮又轉為曹操的丞相兵曹議令史，然後才跟夏侯淵來的漢中。

4　《三國志・郭淮傳》：以淮為淵司馬。淵與備戰，淮時有疾不出。淵遇害，軍中擾擾，淮收散卒，推蕩寇將軍張部為軍主，諸營乃定。

當夏侯淵完蛋的時候，整個漢中軍團說話管事的就三個人：蕩寇將軍張郃；軍司馬郭淮；駙馬都尉，留督漢中軍事的杜襲。[5]

這麼關鍵的人物，劉備都到定軍山了，人家照樣請病假了！為什麼張郃就得咬著牙頂著，郭淮就能請病假呢？因為張郃是降將，不玩命幹就會被扣帽子！郭淮有後臺，跟曹操、曹丕都能說上話，只要有點兒辦法人家就不忍夏侯淵了！

你說夏侯淵的人緣差到了什麼地步！

夏侯淵死後，曹操不僅第一時間嚴厲批評了夏侯淵本人給部下寬心，還給出了後續的一連串解決辦法：

1. 表揚郭淮做得特別好，帶病工作起到了中流砥柱的作用，並且迅速地承認了漢中軍團自選老大的合法性，給張郃假節的待遇。

2. 軍團沒有自家人不行，迅速地任命曹真為征蜀護軍去漢中督軍。

曹軍極度被動，劉備則開始佔據了全面主動，曹軍被困在了陽平關一帶，整個漢中之戰，劉備勝利在望。

就在劉備一片大好的形勢下，曹操來了。這個打了一輩子的老對手，終於在人生的謝幕前，進行了一次終極匯報演出。

劉備混了一輩子，終於攢足了籌碼，要跟他仰望了一輩子的對手，坐莊賭一把了。

三月，曹操率軍從長安出發。

四月，曹操走完五百里褒斜道抵達漢中，趕至陽平關。其實曹操差點兒是沒能進入漢中的，因為劉備隔絕了馬鳴閣道。

關於馬鳴閣道，有三種說法，按時間排一下序：

<hr>

5　《三國志·杜襲傳》：夏侯淵為劉備所沒，軍喪元帥，將士失色。襲與張郃、郭淮糾攝諸軍事，權宜以郃為督，以一眾心，三軍遂定。

1. 南宋王應麟《通鑑地理通釋》，說該閣道在褒斜道中。

2. 南宋胡三省注《資治通鑑》，說該閣道在昭化縣。

3. 清人浦起龍《讀杜新解》，說該閣道在略陽東南四十里。

判斷馬鳴閣道在哪裡，還是要從原文裡找：

《三國志·徐晃傳》：「備遣陳式等十餘營絕馬鳴閣道，晃別征破之，賊自投山谷，多死者。太祖聞，甚喜，假晃節，令曰：『此閣道，漢中之險要咽喉也。劉備欲斷絕外內，以取漢中。將軍一舉，克奪賊計，善之善者也。』太祖遂自至陽平，引出漢中諸軍。」

這段話有四個重點：

1. 劉備派陳式等隔絕馬鳴閣道，被徐晃打敗，意圖沒有實現。

2. 曹操因為這個原因，「假節」授予徐晃。

「假節」功效是可殺違反軍令之人，級別很高，不是輕易授予的。夏侯淵直到在隴西擊潰馬超、韓遂，討滅高平屠各的時候，曹操才給予的「假節」級別；張郃是接替夏侯淵的司令崗位，曹操給的「假節」。

說明徐晃阻止劉備阻斷馬鳴閣道的功勞非常大。

3. 馬鳴閣道是漢中咽喉，劉備想阻隔漢中內外，曹操誇獎徐晃「善之善者也」。

4.「太祖遂自至陽平，引出漢中諸軍」，曹操因為徐晃給力，隨後到了陽平關救大夥回來。

由上面四件事綜合一下，胡三省先生的版本被第一個排除掉了，因為劉備不會去大後方隔絕漢中。

比較關鍵的是第四點，就是徐晃保衛住馬鳴閣道後，曹操「遂自至陽平」。曹操是從褒斜道來的，劉備知道曹操要來，絕對不會無動於衷讓曹操大軍湧入漢中盆地的，所以肯定要在褒斜道進行阻擊。

因此，馬鳴閣道在褒斜道上，從年代考據來講，南宋的說法也比清

要更近上五百年。

此時魏軍已經全力保陽平關了，所以「晃別征破之」才顯得那麼重要，又讓曹操誇，又給予「假節」的肯定。

劉備沒堵住褒斜道，讓曹操進入了漢中後，劉備主動又退回了自己的風水寶地定軍山。

眼睜睜輸了一輩子，擱誰都有陰影。劉備的方針是，不跟你打，但噁心你。

劉備派黃忠不斷地去截曹軍的糧道，這其中還出現了一次險情，黃老將軍看到曹軍的大量糧草運來，認為可以襲糧，還帶走了趙雲的部曲。結果黃忠被曹軍包圍了，差點兒沒活到論功行賞的那一天。

趙雲在營中越等越不來，於是帶著幾十個騎兵出來調查情況，出去沒多久就撞上了曹操大軍，隨後且戰且退。曹操大軍追過了漢水，一直殺到了趙雲大營。子龍營門大開，偃旗息鼓，曹軍以為有疑兵，於是退去。隨後子龍突然下令，雷鼓震天，營內士兵戎弩狂射，曹軍自相踐踏，墮漢水中死者甚多。

孤膽英雄趙雲上演「空寨記」後，劉備第二天親臨趙雲所在的戰場，讚道，「子龍一身都是膽也」，隨後還跟子龍喝了一天！

劉備為什麼這麼高興呢？因為這些年實在是被曹操欺負慘了，雖然曹操的目的是「拔出諸軍」來，實際上還是抱著來都來了打打看的態度跟劉備對戰了幾次。

劉備雖然上了山，但面對曹操親臨後的曹軍主力，還是打不過，老劉很惱怒，怎麼這回準備這麼充分還是弄不過？要跟曹操拚了！

已經矢下如雨，劉備眼瞅要成第二個夏侯淵了！就在這時，法正擋在了劉備身前！老劉大叫：「孝直小心！」法正說：「明公都這麼拚，何況我等之人呢。」

老劉的腦殘勁兒下來了，說：「孝直，牽著我的手，咱倆一起走！」[6]

事實證明，腦再殘又怎樣，人家老劉有孝直，再也不會迷路。法正雖然知名度不高，但這個大才其實很重要！沒有他，也許老劉上不了定軍山，也許老劉殺不了夏侯淵，也許老劉意外地死在曹軍亂箭之下！

他比劉備小十五歲，按理講差著輩分，但他說的話老劉就是聽，他這個人，老劉看著就是稀罕。

對丞相，老劉是托妻獻子；對法正，老劉是掏心窩子。

丞相這輩子最無助的時刻，就是法正一年後死了。

總體來講，劉備是始終遵循了自己的既定方案：不跟曹操打，跟他拖著，曹操打了一個多月劉備始終不接招，定軍山的山神這回沒幫忙，沒再把麋鹿大隊派下來，攻山的曹軍傷亡和逃亡者越來越多。

曹軍漢中的士氣已經開始出現了不可逆的衰落，與此同時，他這邊的糧食輜重也快跟不上了。

三年前的徙民決策開始顯現後遺症。三年前，曹操將幾萬戶漢中人口遷到了關中，將八萬教徒勸到了鄴城和洛陽，漢中人口損失不小，此時仗已經打一年多了，漢中盆地已經沒有什麼實力再去養他的征伐大軍了，大量的糧草需要自關中調撥。

所有的壓力，都壓到了關中。

但是，他在出發前就命令張既把武都的近三十萬氐人遷到了扶風和天水。就算一半來了關中，關中憑空也又多出了十五萬張嘴。

自關中調給養，同樣要走不亞於蜀道難度的秦嶺諸道，這次漢中之戰，對於曹劉雙方而言，都是極大的後勤消耗！

6　《三國志・法正傳》：先主與曹公爭，勢有不便，宜退，而先主大怒不肯退，無敢諫者。矢下如雨，正乃往當先主前。先主云：「孝直避箭。」正曰：「明公親當矢石，況小人乎？」先主乃曰：「孝直，吾與汝俱去。」遂退。

四月，曹軍開始出現大量的士卒逃亡。一邊是舉國跟你拚了，一邊是司令陣亡，士氣低迷。

曹操僵持一月之後，終於感到了大勢已去，喊出了「雞肋」的暗號口令。

五月，曹操自漢中撤軍。

劉備則迅速接手，令劉封從漢中出發，孟達從荊州的秭歸出發，雙方會師於漢中東段。

六月，劉封、孟達成功會師，劉備囊括漢中全境，並和荊州西部連成了一片。

十三年前，隆中小青年諸葛亮給時任新野太守的劉備的那篇千古大規劃，終於達成了。劉備站上了自己的人生巔峰。

漢中之戰，夏侯淵之死基本標誌著劉備集團得到了漢中。定軍山這齣戲之所以會這麼有名，黃忠這位老兵之所以能夠在正史上最終露臉，都要得益於這位關係實在太過於重大的西軍總司令夏侯淵。

整個漢中之戰，劉備方面除了諸葛亮、關羽外，張飛、趙雲、馬超、黃忠等集團中能上場的將領全部上場了。

曹操那邊，帝國西線的將星也全部到齊，夏侯淵、張郃、曹真、曹休、徐晃、郭淮等後面跟諸葛亮打擂臺的班底，其中還包括了大領導曹操的親自壓陣。

曠日持久的僵持後，一方一旦出現傾頹之勢，多大的將領來了都轉不回局面。

漢中之戰，曹操也算是早做了後手，幾年前他就著手解決漢中的移民工作，大量的教徒自己主動走了，有記載的就有八萬多人，之前的關中逃難的幾萬戶又都被抓了回去，與此同時武都的氐人也大部分被遷到

了關中。

本來曹操寄希望於夏侯淵能夠頂住劉備，自己再親臨漢中後嚇跑劉備，但是中原的各處起火耽誤了他的行程，夏侯淵的意外死亡也使他逼跑劉備的可能就此落空。

關西在東漢的大亂三十年後一片殘破，本來走秦嶺「五百里石穴」的後勤就極度燒錢，如此曠日持久的鏖戰後更加力不從心，死守漢中在軍心殘破後代價已經太過高昂了，曹操最終無奈又不得不將漢中留給了劉備。

曹操退出漢中，在曹魏歷史沿襲的國防道路上也漸漸地成為一條不成文的規定：東進西防。

終曹丕一朝，沒動過一次漢中的念頭；曹叡剛繼位後想立威伐漢中，被孫資一句話就拉回來了：「你爺爺這麼能打都說那地方是五百里石穴，打漢中勢必天下騷動，費力無邊，還是將士虎睡，百姓無事，等他費勁兒打你，再來把他耗垮吧！」

劉備拿下漢中，成功將地盤打造成了完整一片，兩川地形險阻全部拿下，三國鼎立的局面徹底成立。

當然，漢中對於劉備來講，意義還遠不止於此。四百多年前，他的那位老祖就是從這裡殺出來的。漢中這片土地，是他劉家的龍興之地，政治意義非凡。劉備此時的本錢比他的那位老祖還厚，因為他不光有兩川，還有天下之腹的荊州半壁。

同年七月，劉備自封，設壇場於沔陽，陳兵列眾，拜受璽綬，御王冠，進位漢中王。

他是不敢稱漢王的，祖宗的諱還是要避的。雖然有這一字之差，效果上區別還是不大的，因為誰都能想起四百年前的那段故事。一個天下無敵的男人，那個打下了大半個天下的男人，被從這裡走出去的高祖打

敗了。

曹操這些年完成了作為皇帝的全部手續，雖然獻帝仍然在，但所有的人也都看出了他下一步的趨勢。

劉備成了四百年劉家在天下人中最有號召力的一位。

獻帝背後的那塊四百年老區在曹操建魏稱王後，逐漸轉移到了劉備的頭上，二爺在去年一整年的策反與牽制中，劉備的招牌已經不是一般的好使了！

當年，丞相在《隆中對》中，提出漢室復興的三個條件中，兩個已經達成了。

荊州、益州拿下了。但是，誰也沒有想到，老天要讓這公元219年再炸裂一些！漢末三十年風雲激蕩，《隆中對》第三個條件，也因緣際會地出現了，天下似乎要變了。

那位上將軍在連綿秋雨下兵向宛洛，整個三國時代扛大腰的人物上場了，降于禁，斬龐德，俘七軍，曹仁數千殘卒沉馬困孤城，梁、郟、陸渾遙受關羽印號，為之支黨，孟德欲遷都以避其鋒，建安二十四年秋，羽威震華夏！

自古無不滅之朝，自古無不敗之祚，四百年炎漢興衰冥冥自有天意，雖將滅之火亦有熊烈之焰，生死有命，成敗在天，無負忠義敬蒼天！

第 8 戰

襄樊驚天大逆轉：關公威震華夏，糜芳叛變之謎

一、關羽、樂進荊襄履歷之謎

四百二十一年前，有一場戰役，和襄樊戰役非常相似。劉邦做總決策人，兵仙韓信當總指揮，千年來第一游擊隊長彭越助陣，以及英布、周勃、曹參等一個個響亮的將星，在巨大的優勢兵力下，圍剿史上第一猛男。

劉邦這輩子終於在眾星簇擁下，打敗了那個歷史現象級的千古第一神將項羽。

公元219年，華夏大地上也發生了這樣一場類似的戰役。當然，將星水準的綜合級別並沒有那麼高，垓下那種級別的會戰畢竟中華五千年就那一次。

先來說一下最終戰報吧。

1. 曹操方出動了幾乎帝國當時能調動過去的所有猛將，他們有：

曹仁荊州軍兵團（進攻型天才、南軍總司令，之前生涯未逢一敗）；

于禁督七軍（五子良將之首、曹軍最精銳泰山兵軍團、之前生涯未逢一敗）；

滿寵汝南方面軍（汝南太守、袁紹猖獗時坐鎮反動派老家的狠人）；

徐晃領十二營（五子良將）；

龐德部（馬超最勇猛部曲將），以及呂常、董衡、成何等一大堆沒怎麼露面的將軍部曲。還有最後梯隊沒來得及撲上去的張遼系合肥軍團、豫州刺史軍團、兗州刺史軍團等。

2. 孫權方出動了江東四都督中的兩位，呂蒙和陸遜在各種陰謀掩蓋下，以舉國之力突然背後捅刀子。

3. 劉備方出了個怎麼也沒想到居然會一槍不放就投降的國舅爺。

三方面合力圍剿下，將他幹掉了。在幹掉他的一個月之前，是什麼狀態呢？

他帶著有限的軍力，一路將戰線推到了曹軍荊北重鎮襄陽，然後圍了襄陽和樊城，將曹操陣營中最好的將軍曹仁打得還剩幾千人困守孤城。

他水淹了曹操外姓將領之首的于禁，俘虜了和自己體量相當的七軍三萬人，斬殺了馬超當年抵押給張魯的西羌軍頭龐德，將趕來支援的另一個名將徐晃嚇得不敢過來。

隨後曹操產生了自官渡鏖戰地獄級僵持後，最大的一次自我懷疑。

整個荊北乃至洛陽、豫州全都躍躍欲試，大量的反曹浪潮此起彼伏。

史載：威震華夏！

這是整個三國時代，唯一出現的一次。曹操打了一輩子勝仗，都沒獲得這個待遇。

這個人不用說我們也知道，關羽，關雲長。中國文化「忠」與「義」的一肩挑！

九百年後，另一位中華文明的忠義代言人岳爺爺也打出了這種局面。

還是那句話，真以為光忠誠，光講義氣，你就能名垂千古了？中國最不缺的就是忠臣孝子。你得真有能力！你幹出來的功業，要在歷史中足夠有分量！比如關爺爺和岳爺爺。

這場襄樊大會戰，是整個《三國演義》中最被忽略的一場戰役。三國三大戰中，此戰應該排在赤壁和夷陵之前。這場超級會戰，重要到了最終奠定北方政權幾十年後一統天下的基礎。

關羽關雲長，說他在將星雲集的三國時代是前三名的統帥，名副其實。看看關二爺在219年的「閉幕匯報演出」吧！

說之前，先來看一下這些年荊州的變化。

210年，周瑜死，在魯肅的說和下，江陵被借給劉備；曹操方面五子良將樂進屯兵襄陽，主持荊州方面軍。

劉備集團開始試探性北上，向北面開始開疆拓土，總體而言這個階段劉備方面斬獲不少，至少打到了臨沮和當陽。

211年年底，劉備留諸葛亮、關羽等守荊州，帶著兩萬餘兵入益州偷人家房子去了。

由於老劉帶走了大量老兵生力軍，荊州防務出現了階段性危機，襄陽樂進開始收復失地，拿下了臨沮和旌陽（當陽市北，約江陵北二百餘里），將戰線南推到了當陽前線，「又討劉備臨沮長杜普、旌陽長梁大，皆大破之」。

後來江夏文聘又和樂進聯合作戰，在尋口（鍾祥西南、漢水東南）和關羽作戰。此戰文聘方面立有大功，晉封了延壽亭侯還加了討逆將軍。[1]（見圖8-1）

不過在《樂進傳》中則沒有任何記載，按照曹魏史從不錯過勝利戰績的潛規則，估計是關羽北伐收復失地，樂進在尋口阻擊，被二爺打得不行了，隨後江夏方面友軍領導文聘緊急救場，解圍成功。

---

1 《三國志·文聘傳》：與樂進討關羽於尋口，有功，進封延壽亭侯，加討逆將軍。

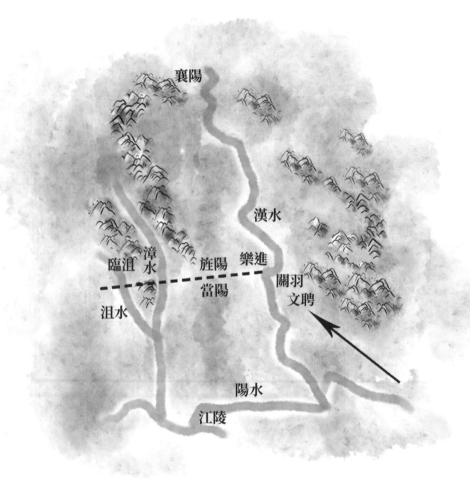

襄陽

漢水

臨沮　漳水　旌陽　樂進

當陽　關羽
文聘

沮水

陽水

江陵

圖 8-1　樂進、文聘聯合對戰關羽位置圖

但後來雙方的聯合作戰仍在此區域繼續，文聘因立大功而封侯的戰績並沒有將二爺打回老家。因為史料記載，文聘隨後又在漢津攻擊二爺的輜重，在荊城（今鍾祥西南）燒了二爺的船。

　　這個時間段，襄陽戰區和江夏戰區一直在聯合對戰二爺，跟二爺在尋口、荊城的漢水地區沒完沒了地爭奪。

　　212年十月，曹操打孫權，十二月劉備找碴給劉璋寫信拉贊助時說：「孫氏與孤本為唇齒，又樂進在青泥與關羽相拒，今不往救羽，進必大克。」

　　青泥在漢朝竟陵縣境，據梁允麟先生考證，競陵縣在今湖北潛江市，是揚水接漢水的水口。

　　相當於此時樂進已經開始南下搶奪漢水、揚水水道，吸引劉備力量，配合曹操東方戰事。（見圖8-2）

　　劉備雖然這麼聲稱，但這封信的真實性高度存疑！因為按照樂進後來的表現和劉備荊州的軍力，他能夠推進到這個位置是很不可思議的。別說二爺就夠嚇人了，此時丞相、三爺、子龍都還在家呢！更可能的倒像是劉備跟劉璋在哭窮，誇大了荊州方面的危險性。老劉後面可是踏踏實實地打劉璋，根本沒拿他二兄弟當回事。

　　我之所以把這封存疑信的片段都加進來了，是因為這段時間劉備在荊州和曹軍交鋒的記載徹徹底底為零。

　　自老劉210年借江陵，一直到214年七月曹操征孫權把樂進調走，中間什麼都沒有！

　　按照以曹魏史為主導的習慣，什麼都沒有那就是二爺讓曹軍比較難堪，而且有一點可以肯定，截至214年樂進被調走的時候，二爺名震天下的水神戰術已經成型了！關二爺的漢水陸戰隊軍團基本打造完成！

圖 8-2　樂進、關羽對峙圖

　　因為接樂進位置的曹仁開始將駐防治所由襄陽變成了樊城！[2] 之所以會有這個調整，是因為曹仁害怕二爺的水軍突然截斷漢水，將他悶在襄陽城，所以要移駐換防樊城，最起碼立於不敗之地（見圖8-3）。這基本說明二爺此時已經取得了漢水的制水權。至少，此時曹仁非常忌憚二爺的水軍。

　　與此同時，樂進在南征後被安排在了合肥，給張遼做副手，轉年在城頭上見證了孫權被張遼暴打的盛況。

　　樂進由之前的襄陽戰區一把手，變成了被張遼領導的副手。樂進被降職了，由地方軍區總司令成為副司令員。

2　《三國志・曹仁傳》：復以仁行征南將軍，假節，屯樊，鎮荊州。

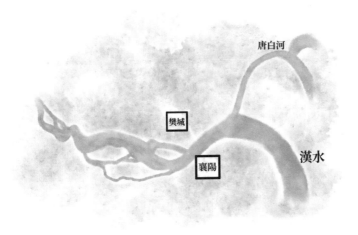

圖 8-3　襄陽與樊城位置圖

　　曹仁換防樊城以及樂進的降職調崗基本說明了曹軍這幾年在荊州方面損失不小。自劉備入川後史書無載的兩年多時間裡，曹軍失去了漢水航道控制權，並被迫向北推至了襄陽一線。

　　樂進在此前的戰鬥履歷是什麼呢？剛出道的時候就脾氣大，性驍勇，帶著千餘部曲入股做了專打硬仗的陷陣都尉。

　　反攻濮陽打呂布，圍攻張超於雍丘，全都是先登的大功，因此還被封為廣昌亭侯，是最早的那波封侯者，比于禁都早。

　　後來又從征張繡於安眾，圍呂布於下邳，擊眭固於射犬，攻劉備於小沛，足跡遍佈荊州、徐州、河內、豫州。

　　戰績是：皆破之。

　　在黃河沿線和于禁站台，殺數千人，降二十餘將，渡河攻獲嘉，順利回來。

　　在烏巢夜襲中，樂進力戰後陣斬淳于瓊。在黎陽跟袁尚、袁譚哥倆僵持時斬其大將。在南皮剿滅袁譚時這大哥又先登了！

建安十一年（206）論功大封賞時，外姓諸將中前三位分別是：

于禁，虎威將軍。

樂進，折衝將軍。

張遼，蕩寇將軍。

曹操對這三位的表現是這麼評價的：

1. 能打（武力既弘）。

2. 有腦子（計略周備）。

3. 不偷奸耍滑（質忠性一，守執節義）。

4. 不怕死，誰碰誰死（每臨戰攻，常為督率，奮強突固，無堅不陷）。

5. 能獨當一面（又遣別征，統御師旅，撫眾則和，奉令無犯，當敵制決，靡有遺失）。

在這裡畫一下重點，前面我們短暫介紹過于禁在宛城和黃河、官渡，張遼在白狼山上的表現，這三人有一個共同的特點，就是曹操誇的那句「奮強突固，無堅不陷」。這三將堪稱曹營攻堅最猛的三股力量。

樂進這輩子自打出道就是先登攻擊狂魔，但是，到了襄陽和二爺在對戰後差距出現了。

樂進在劉備領兵走後一度收復失地，但隨後就開始沒什麼記載了。倒是在尋口戰關羽，人家文聘封侯了，最遠南下到青泥還不一定是真的，然後就是歷史記錄的空白期，隨後被降職調走。

總之，樂進在荊州的表現和他的前半生比起來就好像被曹操封殺了一樣。

為什麼要封殺他呢？有醜聞了唄。

在和二爺對戰的這幾年裡，原本先登鬼才的進攻型狂魔樂進，被自己摸索出超級水軍陸戰隊打法的關羽打得實在張不開嘴了。

一般來講方面軍大將是不輕易換的，因為他在當地的威望與對當地的熟悉度是很大的一筆財富。比如張遼晚年就一直在合肥養老，起到了小孩不敢哭、孫權不敢鬧的效果。

樂進被降職說明這四年多打得實在是不怎麼樣，而派曹仁去荊州站台也是因為之前的江陵消耗戰中曹仁作風英勇，打得頑強，是個防禦高手。（其實曹仁也是進攻的一生，就是趕上周郎和二爺了。）

二爺是河東解縣人，東邊就是中國最大的陸地鹽池，西邊就是滔滔的黃河。

按理來講，二爺基因裡面應該最怕的就是大水，因為水一大，黃河就要氾濫，鹽池就要減產，而且二爺上半輩子縱橫於北方，水路基本上就起個運輸作用，咱也不知道這位打了大半輩子陸戰的山西猛男是怎麼無師自通地琢磨出來了逮誰幹誰的水神戰術！這種因地制宜快速轉型的能力古往今來是很罕見的。

後來劉大爺在四川被絆在了雒城，丞相和張飛、趙雲又帶了兩萬多兵走。給二爺留了多少人呢？沒有明確記載，但可以推斷大約為三萬人。

215年劉備跟孫權爭三郡的時候，自己帶著五萬人到了公安，命二爺全力爭三郡。二爺在劉大爺五萬人穩固後方的情況下，帶出來的兵是三萬人。[3] 隨後這幾年肩負著東防孫權、北拒曹仁的戰略任務。

因為孫權已經劈過一次腿了，所以二爺身上的擔子著實不小。

曹仁過了幾年好日子，襄陽前線也並沒有什麼大變化。

二爺在兵力進一步衰減的幾年裡幹了什麼呢？他在未雨綢繆地防著孫權。他將江陵城打造成了鐵桶之城。三國時江陵城為今荊州城原址，在此已考古出了東漢三國時期的城垣遺址以及大量的同時期出土文物。

3　《三國志·吳主傳》：會備到公安，使關羽將三萬兵至益陽……

東漢之前，南郡郡治為原楚都紀南城。東漢許慎在《說文解字》記載：「郢（紀南城），故楚都，在南郡江陵北十里。」

之前的江陵城防就是很堅固的了，當初曹仁在江陵老城裡面堅守了一年多。二爺在這個城防基礎上又建了南城。[4] 本來就不好打！結果二爺又給加了個保險。

這座城牛到了什麼程度呢？後來孫權偷襲江陵，曹操派人告訴關羽，二爺說：「那城是我所造的！他打不動！」[5]

為什麼二爺有這個自信呢？來看一下城防圖。（見圖8-4）

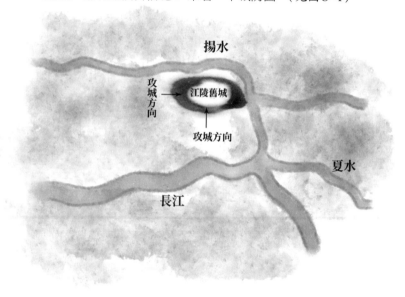

圖 8-4　江陵舊城位置圖

4　《元和郡縣圖志·闕卷逸文卷一》：江陵府城，州城本有中隔，以北舊城也，以南關羽所築。

5　《水經注校證·江水》註：羽北圍曹仁，呂蒙襲而據之，羽曰：「此城吾所築，不可攻也。」

江陵城兩面臨河，不能作為主攻方向，只能在南面和西面進行攻城，這方便了城中將士集中力量守城。

疑問來了，為什麼北面和東面不能攻城呢？不是還有空地嗎？因為攻城的將領普遍知道自己不是韓信，玩不了背水一戰。

基本上來講，攻城的時候要給自己背後留出充分的餘地，作為緩衝去進行排兵佈陣，防止城內的人突然衝出來突你，如果背靠大河攻城，非常容易讓人家把你趕河裡面去。

本來江陵城城牆就又高又厚，還只能兩面攻，等到二爺又築了南城後變成了什麼樣呢？（見圖8-5）

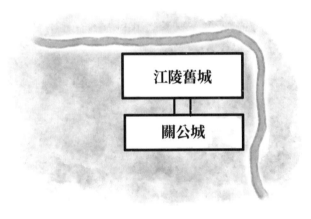

圖8-5　關羽新築南城示意圖

如果你從南面攻克了新城，人家可以退回舊城繼續抵抗；如果你從西面攻克了舊城，那人家能退回新城。相當於你要是想拿下來的話就得打兩遍。如果你說我先登翻城牆，把他中間的通道給拿下！看他怎麼跑！很遺憾，那就得讓兩座城活活地給擠對死。

不僅二爺自信，新升級的江陵城的盛名已經傳遍世界了！

後面董昭在向曹操建議將孫權謀襲荊州的書信傳給關羽時，說了這麼一句話：「羽為人強梁，自恃二城守固，必不速退。」

董昭是誰呢？還記得把獻帝接過來的那堆瞎話是誰編的嗎？是董昭，沒錯。這位董昭是曹操「換房本」的排頭兵、急先鋒，自打曹操在鄴城扎根後，這位爺作為嫡系部隊就始終在河北待著。

二爺修的江陵城防，名氣已經大到河北都如雷貫耳了，江陵的巨防效應在參謀部做戰略推演的時候已經被看作重要條件了。

僅僅就在四年後，曹丕親臨宛城坐鎮，命曹真、夏侯尚兩位軍區司令和一位副司令級別的張部組團打江陵。張部還沒怎麼打就把孫權派來的萬人援軍給踢跑了，隨後張部帶一支隊伍杵在東邊阻擊孫權派來的援軍。孫權的援軍一如既往地攻不過來。[6]

此時江陵城中的守將是朱然，城中士兵因饑餓已經出現了大規模的浮腫，僅僅剩下五千人能動彈。曹真又起土山，又鑿地道，又造射箭車，箭如雨下，就這樣打了半年硬是打不下來！[7]

朱然此戰後「名震於敵國」！不否認朱將軍確實很厲害，但這種級別的防禦戰最終勝在哪裡呢？其實是江陵的城防！

後來二爺俘虜于禁等七軍三萬人，面對這麼一大幫俘虜，要是曹操估計就全部定性成「偽降」，全給殺了。但是二爺不僅沒殺降，還全都運到了江陵。二爺要吃掉這幫北軍為他所用。

為什麼他有這個自信呢？因為江陵城不僅難打，而且裡面寬闊，三萬俘虜被突然裝進來不叫個事兒！

6　《三國志·朱然傳》：權遣將軍孫盛督萬人備州上，立圍塢，為然外救。部渡兵攻盛，盛不能拒，即時卻退，部據州上圍守，然中外斷絕。權遣潘璋、楊粲等解（圍）而圍不解。

7　《三國志·朱然傳》：時然城中兵多腫病，堪戰者裁五千人。真等起土山，鑿地道，立樓櫓，臨城弓矢雨注……魏攻圍然凡六月日……尚等不能克，乃徹攻退還。

二爺為什麼要如此打造江陵城防呢？其實就是為了嚇唬孫權。

二爺如果想北上有建樹，就必須得加大兵力投入，但手頭又不富裕，而且東邊的孫權又總惦記江陵。215年的三郡突然捅刀就說明了這一點。二爺不得不留兵力去防著他！

怎麼樣才能不戰而屈人之兵，讓孫權連心思都不敢動了呢？二爺翻了翻這些年孫權上位後的戰績，發現了江東的死穴：進攻水平著實差。

215年秋，孫、劉湘水之盟後半年，遙遠的合肥傳來了神仙般的戰報：合肥七千拒孫權，張遼八百破十萬。

湘水之盟的的確確是建安二十四年（219）超級暴風雨前的重要風暴眼。它讓駐防荊州的關羽開始思索未來的發展方向。它也催生了戰略方面一點錯都沒有卻被血虐的一場大戰。

曹操大軍遠征張魯，北方空虛；劉備主力回軍西川，西面無憂；阻擋孫權通往中原的那座橋頭堡，據探報此時僅僅有七千人！

想到了十六年前死去的兄長，孫權百感交集：「哥哥啊！你當年留下的那些雷我終於都排乾淨了！現在江東穩固，萬事俱備，我終於要來實現你的夢想了！」

孫權胸懷天下，傾全國之兵撲合肥而來。

這場名垂青史的梗王之戰，隨後影響了未來五年魏、蜀、吳三國的所有戰略判斷。

二、張遼八百破十萬

　　215年八月，秋高氣爽，孫權領十萬大軍圍攻合肥。當時，合肥守軍是張遼、李典、樂進三軍共七千人。

　　曹操遠征張魯之前，給合肥護軍薛悌留了個機密函。函上寫著：賊至乃發。孫權來了以後，薛悌打開機密函一看，上面曹操最高指示：張遼、李典將軍出戰，樂將軍守城，政委你別瞎摻和。

　　當時曹軍都疑惑，這什麼十萬人鋪天蓋地來了！咱就這麼點兒人，不是應該聚攏守城嗎！出去打幹什麼！

　　曹操是這麼算計的：

　　1.出城打一通？是曹仁的好經驗。打江東部隊有一個常規操作，你得先衝出去嚇唬他，後面的仗就好打了，對面沒有周瑜和劉備了，江東部隊會陷入自我崩潰的。

　　2.這個合肥班子中樂進、張遼、李典三人的關係從來就不和睦。[1]真到了打仗的時候，最合適的辦法就是讓兩個人出去，一個人守城。兩個人出去野戰，誰不玩命就會被記下來將來到領導那裡告黑狀。一個人守

1　《三國志‧李典傳》：進、典、遼皆素不睦……

城，城丟了那就是這個人的責任！護軍政委則在高高的城頭上把三人的表現全都記下來。

這樣的配置，最適合讓三人都為了革命事業死在合肥！

再往深裡說一句，那為什麼曹操敢把三個互相不合適的人放在一起呢？從常理來看，這種情況通常的結果就是內耗，合肥被拉攏引誘後讓人家輕鬆地鑽了空子。

最關鍵的底色，是曹操打贏袁紹後搞了兩套制度建設：

1. 曹操落實了當年踹寡婦門後的感悟，把官員的家屬都遷到了鄴城當人質，連青徐土皇帝臧霸集團都把家屬們送過來了。

人質被扣下了，他們三人即便在合肥內部鬥爭失敗也沒辦法跳槽，能狠心拋妻棄子賣父的畢竟是少數。

2. 曹操明確軍法，有功必賞，敗軍必罰，不看苦勞，只認功勞。[2]

你就算搞內部鬥爭把那兩人都鬥死了，但城守不住你仍然要被降罪。

往深說這一步，很多「馭人」的招數要千萬思考全了才再用，很多看似精明得不得了的計策其實都是「背水一戰」的翻版。

要是沒有上面兩方面的內功打底，曹操還敢派這三位爺一塊共事兒，合肥估計早被呂蒙勾引了，或者別人沒打，自己內部已經打翻天了。

很多高明決策的關鍵環節通常隱藏在水下，咱們貿然學非常容易吃大虧。

很多成功學的書可恨也可恨在這方面，通常刪除很多「重要條件」，簡化成功中的很多細節，並不原原本本給讀者掏心窩子。或者說寫書的人根本就沒成功過。

2　《三國志・武帝紀》：是古之將者，軍破於外，而家受罪於內也。自命將征行，但賞功而不罰罪，非國典也。其令諸將出征，敗軍者抵罪，失利者免官爵。

3.張遼和樂進都是進攻狂魔，那為什麼挑出來張遼和李典出戰？

李典之前幹的活兒都是後勤部門幹的活兒。[3]有可能是樂進這兩年的戰績表現得非常不好，曹操要養一下樂進的士氣。但更大的可能，是樂進的兵已經在這幾年被二爺打光了。三個將軍中，李典的人數是確定的，有三千餘人，佔七分之三，所以必須出戰。

曹操拿下鄴城後，李典作為響應人質政策的金牌領路人，率先將自己的部曲人質三千餘家全都遷到了鄴城，被老曹誇獎為耿純搬家。

三千餘家按當時的統計口徑應該是一萬五六千人左右，最終一萬三千餘口被扣在了鄴城當人質，基本推斷出李典的部曲差不多就是這剩下的三千人左右。

攏共七千餘人，減去三千，還剩四千多。

張遼、樂進的兵力雖然並沒有詳細的記載，但張遼此前的作戰記錄一直是戰無不勝的，帶著這支英雄部隊，張遼早在赤壁之戰後的一年就來到了合肥前線討滅廬江豪強陳蘭、梅成的六縣叛亂，俘虜了大批士卒。[4]

一年前，張遼自合肥救皖城，算是駐防合肥的老司令了。張遼部的人數大概率要多於樂進的部曲，否則曹操就讓同是進攻狂魔的樂進帶著李典出戰了，張遼部應該也不會少於李典的三千。

最後算算，樂進將軍的部曲很可能就只剩了千把來人。隊伍都打光了，還出去戰什麼啊！擱城頭上喊兩嗓子得了。

曹操的指示最終綜合起來是什麼意思呢？三個冤家都得給我死戰！孫權來了，六千人出戰！一千人吶喊！先集中兵力打哭他再說！

3　《三國志・李典傳》：時太祖與袁紹相拒官渡，典率宗族及部曲輸穀帛供軍。太祖擊譚、尚於黎陽，使典與程昱等以船運軍糧。

4　《三國志・張遼傳》：灊中有天柱山，高峻二十餘里，道險狹，步徑裁通，蘭等壁其上……遼曰：「此所謂一與一，勇者得前耳。遂進到山下安營，攻之，斬蘭、成首，盡虜其眾。」

合肥之戰也是樂進最後一次在史書的戰役描寫中露面，之後就是死了以後的諡號了。還是那句話，部曲都快打光了，還拿什麼征戰呢？史書雖然沒明說，但種種推斷後指向了荊州的二爺，樂進是他打崩的第一個五子良將。

張遼看到領導的密函後率先表態：「領導遠征在外，等救兵來了咱早讓人家打禿了！領導的意思就是讓咱們趁孫權軍還沒來得及合圍就迎頭打他一棒子！挫他的威！然後咱們就能守了！」

本來關係就都不好，漂亮話還都被你說了，那哥倆沒反應。張遼大怒表態：「成敗在此一戰！你們要是害怕我自己出去打！」

明確指示必須出戰的李典不得不表態了，說：「這是國家大事，我正考慮你說那話靠譜不靠譜呢！我怎麼可能因為私人關係而忘了公義呢！」

就這樣，三人確定好了要執行曹操的錦囊妙計。

但是，具體的實施過程中張遼搞了變種。他並沒有帶著全軍出去殺一通！而是連夜募集了八百人的敢死隊，殺牛吃肉！[5]決定帶著八百人去突孫權的十萬軍。

第二天一早，時年四十八歲的張遼大爺披甲持戟地先登衝陣去了，趁著孫權軍還沒佈陣成功就衝過去了！

曹操的最高指示下達後，張遼解讀出了自己的意思：領導讓我趁他還沒佈陣成功就突他一頓！這和當年二爺白馬斬顏良時一樣，趁著陣形還沒擺好就突進去讓你手忙腳亂，打你一個措手不及！這也是此戰張遼能完成壯舉的關鍵！

孫權十萬人來打合肥小城，部曲番號眾多，調動各部曲統一攻城步驟繁雜，所以肯定剛開始陣形會有鬆動，他也根本想不到自己聲勢浩

5　《三國志·張遼傳》：於是遼夜募敢從之士，得八百人，椎牛饗將士……

大，對面那麼點人居然還敢衝過來跟他打野戰。（見圖8-6）

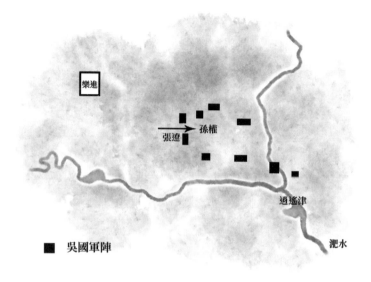

圖8-6　張遼衝陣示意圖

　　江東方面的戰後總結也證實了這一點，張遼突然就從城裡躥出來了，諸將全都沒想到！孫策時候的老將陳武還被張遼給弄死了，宋謙、徐盛的部曲嚇得開始亂跑，被潘璋砍死倆才都喊回來！[6]

　　張遼如恐怖片裡的鬼一樣突然出現，宰了數十人，殺了兩大將，喊著「我乃雁門張文遠！誰來與我決一死戰！」[7]

　　戰況太突然了，徐盛很快又被捅了，兵器都打沒了，賀齊的中軍頂住了張遼才給徐將軍把兵器撿回來。[8]

6　《三國志‧潘璋傳》：合肥之役，張遼掩至，諸將不備，陳武鬥死，宋謙、徐盛皆披走，璋身次在後，便馳進，橫馬斬謙、盛兵走者二人，兵皆還戰。
7　《三國志‧張遼傳》：遼被甲持戟，先登陷陳，殺數十人，斬二將，大呼自名……
8　《三國志‧賀齊傳》：徐盛被創失矛，齊引兵拒擊，得盛所失。

張遼此戰的目的是什麼呢？要複製二爺的白馬奇蹟，再奪他山西老鄉的三國第一勇烈之名！

　　當年二爺白馬萬軍叢中突進顏良司令部，張遼作為現場先登軍是親眼看著自己這老鄉是怎麼建功的！原來還有趁亂鑽空當直插敵軍司令部這麼風騷的操作！

　　十五年了，雖然我已不再年輕，但是我還有顆滾燙的心！孫權，你給我拿命來！張遼如二爺一樣，在江東諸將的懵圈下左右穿插，竟然衝到了孫權司令部！

　　眼瞅張遼馬上就要榮膺中國歷史第一勇烈，十萬人陣中捅死敵方一把手。孫權此時已經嚇傻了，手都不知往哪兒放了，趕緊往高處跑，抓了把大戟自我保護！侍衛們隨後趕緊擋在前面堵住張遼。

　　張遼怒吼：「孫仲謀！你給我下來！老子非捅死你不可！」孫權的大腦漸漸從空白中回過神來，發現張遼就幾百人！深深地感到自己即將名垂千古了：不能讓一個人活著出去！一千八百年後會有人喊我孫十萬的！於是調集各路部曲圍住張遼！

　　張遼看到孫權急眼了，緊急調轉槍頭突圍而出！[9]如入無人之境啊！

　　還有幾百人陷入孫權軍的包圍中，他們說：「將軍不要我們了嗎？昨天吃肉時說好做兄弟呢！」山西漢子最聽不得這個！帶著幾十人又殺入重圍，帶出來了剩下的兄弟們！此時此刻，孫權的十萬人已經徹底沒士氣了！

　　張遼這八百人在孫權十萬人中溜達了多長時間呢？一上午！[10]孫權軍直到回了大營才不哆嗦了！（見圖8-7）

9　《資治通鑑·漢紀五十五》：衝壘入至權麾下。權大驚，不知所為，走登高塚，以長戟自守。遼叱權下戰，權不敢動，望見遼所將眾少，乃聚圍遼數重。遼急擊圍開，將麾下數十人得出。

10　《三國志·張遼傳》：權人馬皆披靡，無敢當者。自旦戰至日中，吳人奪氣……

圖 8-7　張遼穿插示意圖

　　此戰之後，合肥整整一代兵的國防安全給打出來了！ 親臨現場的江東十萬大軍親眼看到了可遇不可求的歷史級別的勇烈表現！ 這是一幫什麼妖怪啊！ 山西話吼起來怎麼這麼嚇人呢！

　　其實要是十萬人擺好陣形後再打，就算張遼帶著八百個「拳王泰森」也很難打出這效果的。

　　他們並不知道這是極其罕見的表現，這是張遼兇猛、特種選拔、陣形未整、諸將不備等很多因素湊到一起才能發生的極小概率事件！

　　但是，自此在他們眼中，北軍是魔鬼，是八百人就能衝垮十萬人的魔鬼！ 尤其是山西人！ 太可怕了！

當年聽說山西關雲長在白馬萬軍叢中捅死顏良，一直以為是傳說，今天看見活的了！

隨後孫權十萬人在合肥又聚餐了十多天，找個理由趕緊命令撤軍了。十萬人終於能離開這個噩夢般的戰場了！

孫權與江東四猛將共駐逍遙津給將士們玩把殿後，要給自己的英勇找回一些面子！要讓將士們知道自己家的領導也是很猛的：他向老炮兒曹操的黃河邊作死致敬，也玩把叉腰！

但是孫權也並非曹操那種一百來人就敢叉腰地瞎浪，這孩子自出道就一直是很謹慎的，他留下了自己最精銳的特種兵千餘人，以及呂蒙、蔣欽、凌統、甘寧四虎將的私兵，總共有幾千人，[11]這幾千人基本相當於江東的兵尖子了！

他認為，這回既挽回軍心了，也高調秀勇敢了。結果有多大臉，就現多大眼。孫權這個玩票的造型，讓張遼在城頭發現了！張遼感覺到自己成為中國第一勇烈的機會又來了！迅速帶著隊伍就殺過來了！然後，順利地就把孫權給圍了！（見圖8-8）

不得不說曹軍的戰鬥力是真猛！張遼這些年能叱吒風雲，手上確實是有真東西的！部曲的戰鬥力極強，十多天前八百突十萬，現在打孫權幾千人簡直太好打！

甘寧、呂蒙、蔣欽開始和張遼力戰，江東三將擋住了張遼，由凌統負責帶領導先走。凌統將孫權從包圍中帶出來後又殺回去阻擊敵軍，基本殺成光桿司令的時候才撤回來。但是，孫權逃出包圍圈來到逍遙津的時候，發現張遼在圍他的時候已經派工程隊把橋拆了個一丈多寬沒有橋板的大口子。就在孫權準備跳水的時候，跟班的谷利鼓勵他：「把馬後

11　《三國志·甘寧傳》：軍旅皆已引出，惟車下虎士千餘人，並呂蒙、蔣欽、凌統及寧，從權逍遙津北。

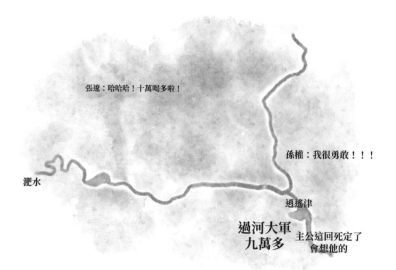

圖 8-8　孫權殿後示意圖

撤，然後助跑，最後玩命抽！」孫權在「斑羚飛渡」後，保住了自己這條命。

　　此戰後，張遼基本奠定五子良將之首，拜征東將軍，兩年後曹操親臨張遼暴打孫權的戰場後歎息良久，深感山西出將有品質保障，隨後增張遼之兵。

　　此戰過後，孫權徹徹底底地失去了往北方進取的可能。就算他有那個心，部下也不會答應了！此戰算是他東吳進取派全都上陣了。

　　呂蒙、蔣欽、陳武、賀齊，這都是從孫策起就都跟著混的老將了，甘寧更是見識過長江全線的秀麗風光，他們都有著豐富的戰鬥經驗，都是見過大陣仗的！凌統、潘璋則是孫權親自培養的年輕虎將。

　　這一戰後，所有人的心氣都被打崩了！

　　凌統逃回來後，痛哭流涕，因為他多年培養的那三百個兵尖子全都

打光了！這相當於他的指揮系統，他的高級軍官，一戰全打沒了。

孫權只能安慰道：「兄弟啊！死都死了！你還在，哥還在，你害怕沒有兵嗎？」哪裡是兵的事啊！招三千個新兵跟三百個排長能比得了嘛！

最終的戰鬥非常慘烈，幾乎可以等同於張遼全殲了孫權陣營中的兵尖子集團，基本上高級將領都是打光了逃回來的，就是孫權本人的逃脫也是非常驚險的！

孫權在斷後的時候並沒有搞形式主義換上領導服飾，而是頂盔摜甲地和諸將一個扮相，結果戰後張遼問俘虜的時候說：「我遠遠地看見一個紫鬍子將軍，大長身子小短腿兒，射箭還挺準，那人是誰啊？」

降兵說：「您眼力真好，那是我們愛射虎的大領導啊！」

張遼和樂進碰上的時候拍著大腿說：「真沒想到那小子就是孫權！我要是再使使勁兒肯定就追死他了！」

戰後張遼、樂進、李典三軍慶功時全都在歎息，引以為憾！差一點點就中頭獎了！

此戰過後，基本上可以這麼說，孫權的這個操作佈置，不僅沒有挽回軍心，還讓張遼一個人教育了江東諸將，他們明白了兩件事：

1.野戰就是送死！更不要說攻城了！

2.在曹操的這波猛將部曲死光之前，北伐是一丁點兒戲都沒有的！

孫權的江東政權陷入了極度的鬱悶之中！

很快，他又聽說了一個讓他更加鬱悶的事情：已經把曹仁逼到襄樊，取得漢水制水權的關羽這幾年並沒有北上擴大戰果，而是專心致志地在修江陵和公安的城防！這是明明白白地在防備他啊！

合肥的戰報傳到江陵後，給二爺樂得呦！鬧半天你就那麼個尿性！

我知道怎麼騰出兵力北伐了，我把這城修成一個嚇死你的配置，讓你連心思都不敢動！（見圖8-9）

孫權開始面臨著北慫西量的地獄級別拓展難度。孤才三十三歲啊！難道現在就要養老了嗎？

就在這個時候，呂蒙對孫權說：「主公勿慌！辦法還是有的！北面是肯定不要再想了，不僅打不過，北軍的人質還都被扣在鄴城！西面咱照樣還是打不過的，但是西面的那位劉大爺是個記吃不記打的厚道人！他當年在下邳被呂布襲取家屬後全軍就自我崩潰了，結果這麼多年過去了，還是不長記性！

「咱們偷襲三郡的時候，招降可是很順利的。零陵貌似很堅強，但我一提城破殺郝普的老娘他可就投降了。現在我聽說，即便上次被坑得那麼慘，劉備仍然不長記性。荊州軍的部曲家屬可仍然都在江陵，義氣有什麼用呢？選擇信任有什麼用呢？還不是給我留著刷封地！

「你看看曹操，在宛城敲寡婦門都敲出心得體會了，人家提起褲子後就琢磨明白了千萬得把人質扣在手裡。」

建安二十二年，公元217年，魯肅卒。

再也沒有一個夠分量的人跟年紀輕輕的孫權說：「北上還有一個辦法！等西面將曹操的所有軍力調走後，咱們就能去偷襲合肥和壽春了！一旦大船通淮河，咱們江東的棋盤就全活了！」

呂蒙代肅，屯兵陸口，「外倍修恩厚，與羽結好」。

呂蒙開始了他笑嘻嘻的謀劃。

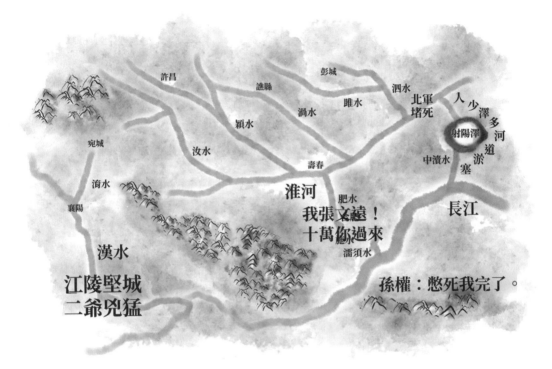

圖 8-9　逍遙津之戰後孫權面臨的政治局勢示意圖

三、曹仁重症監護，劉備坑弟回川

　　215年秋，國際局勢是這樣的：孫權探險回家進行心理治療；曹操山神助攻漢中喝酒；老劉割湘東失漢中鬱悶罵街；二爺則畫好了工程圖紙開始打造長江第一堡壘。

　　總體來講，除了孫權之外，全都知道要幹什麼。老劉玩命讓丞相加班給他攢錢；二爺玩命監工打造「威虎山」噁心孫權；曹操則再次看到了人生中統一江東的希望。

　　征完漢中已經變成魏王的曹操在216年年底，趁著冬季水少的時候，又來抽孫權了。這次他興大兵而來，擺明瞭要蹭去年張遼的流量。

　　孫權這次保衛濡須口並不像前幾次還能談笑風生地坐船出去嘚瑟嘚瑟，保衛線打得極度艱難，萬般無奈下開始低下他這輩子低了好多次的頭。他向曹操請降了。

　　曹操一看孫權都遞降書了，那簡直太好了，房本最後一道手續跑齊了，這場仗僅僅打了兩個月曹操就撤了，回去就「設天子旌旗，出入稱警蹕；冕十有二旒，乘金根車，駕六馬，設五時副車」，完成了最後的進化。

　　這兩年唯一鬱悶的就是孫權，北面遞過降書，西面遞過盟書，江陵

城的個頭還越來越大。

時間來到217年年底，整個天下突然開始風起雲湧。張飛、馬超在此時北伐武都，開啟了漢中之戰序幕。

218年正月，許昌政變，少府耿紀、丞相司直韋晃、太醫令吉本等人聯合反叛，打算挾持皇帝南下聯絡關羽。叛軍半夜燒丞相長史王必軍營，王必中箭，但奮餘勇與潁川典農中郎將嚴匡平滅叛亂。這次叛變總體來講水平不是很高，但是造反預案頗有意思：

1. 造反派們打算的是殺了王必之後，挾天子攻魏，向南和劉備會合，而劉備此時在漢中，他們其實也就是和二爺會合。

2. 217年年底的時候，二爺在荊州的聲勢已經很大，許昌已經能聽到二爺的新聞了。

218年春，劉備兵至陽平關，開始了與曹軍長達一年的僵持。

不久由於整個關西地區殘破，民夫的徵調已經安排到了洛陽盆地，當地孫狼等人殺縣主簿叛亂，南附二爺，被二爺授印加兵，派回來指導打地下游擊。

七月，曹操點兵西征劉備，九月，至長安，隨後走不動了。

十月，宛城守將侯音等抓了南陽太守和當地官吏在宛城造反。造反的原因是南陽地區徭役苦難，此時已經全民響應！侯音戰略預案中的背後依靠和年初許昌的叛亂一樣，是二爺。[1]

南陽功曹宗子卿勸侯音放了太守的時候說：「咱現在幹順民心的大事！舉事點一把火就著！南陽苦曹久矣！您抓著這人沒什麼用，不如放了他，我跟您共生死！等曹操兵到的時候，關羽的兵也打過來了！」[2]

1　《曹瞞傳》：是時南陽間苦繇役，音於是執太守東里袞，與吏民共反，與關羽連和。

2　《三國志·武帝紀》：足以順民心，舉大事，遠近莫不望風；然執郡將，逆而無益，何不遣之。吾與子共戮力，比曹公軍來，關羽兵亦至矣。

二爺此時的威勢，在宛城看來已經到了能夠和曹操主力掰手腕的地步了！

根據隨後的史料記載，南陽苦徭役的原因也出來了：為了支援南面曹仁討伐關羽。

曹操早就派曹仁南下討伐二爺了！但宛城造反後曹操迅速命令曹仁扔了二爺來救宛城！

所謂的「初，曹仁討關羽」，很有可能是在218年初許昌政變之後，曹操為了打擊關羽的囂張氣焰，於是派曹仁主動進攻！但是，進攻到十月份的時候，宛城的侯音做出判斷：曹仁明顯弄不過關羽！所以我們要「與關羽連和」，我們覺得有一拚是因為「比曹公軍來，關羽兵亦至矣」！

曹操這幾年最終進化成了實際上的「魏國皇帝」的輿論反擊，和劉備勢力抬頭打漢中，以及所造成的一系列中西部勞民傷財的運糧噩夢，使得218年成了曹操自官渡之戰後，最焦頭爛額的一年。赤壁大敗的那一年，局面都沒有這麼混亂。

218年這一整年的反叛，都有一個重要的幕後人物。給這幫造反派撐腰的，是關羽關雲長！

魏王別撓頭，明年比今年還亂呢！

二爺這一年在荊州幹什麼呢？主要是做牽制工作的。

為什麼在218年十月，曹仁已經北上平叛宛城、劉備在漢中僵持得最痛苦的時候，二爺並沒有北伐呢？宛城方面的判斷是：只要二爺來了，我們連曹操親姪都不懲！由此可見曹仁此時「討」二爺「討」得的戰績已經很難看了。

那二爺一片形勢大好為什麼不衝出來呢？因為他要是此時殺出來了，曹操的大軍緊跟著也就從長安走武關道撲過來救火了！具體來講，

三個原因：

1.戰略角度來講，此時此刻最好的方式就是把曹操耗在長安，讓他去漢中也不是，去宛城也不是！

2.軍事操作來講，此時是冬天，屬於枯水期，並不太適合二爺的漢水陸戰隊發揮最大實力。

3.決戰地點來講，能把曹仁的荊州軍打垮並不意味著也能把曹操手中的中央軍打垮，二爺手中的兵力是難以在沒有水戰加成的宛城應對曹操陸軍主力的！

三年前是三萬人，現在湘水以東的地盤又被砍走了，二爺的兵又能增加多少呢？

所以在劉備最頭疼的218年，被夏侯淵在陽平關拖神經的那一年，中原多處起義響應的那一年，二爺並沒有出兵配合西方戰場。

陸渾孫狼起義，安排他回老家打游擊；宛城侯音叛亂，曹仁回軍平叛，二爺也沒有貿然動作。全程只是搞搞小動作，往各地遙寄印信，壯壯聲勢，間接幫助西線戰場。

時間又過去了兩個多月，到了219年春正月，曹仁屠宛，斬侯音。

與此同時，最大的彩票開獎了，夏侯淵被砍死於定軍山下！至此，大爺和二爺等來了最完美的出牌機會！

曹操必須去漢中把隊伍帶出來！曹操被大爺引走了！二爺可以北上搞曹仁了！

三月，魏王曹操自長安出斜谷，臨漢中。到了漢中後，劉備根本不跟曹操打，曹操給養糧餉跟不上，兵士出現大量逃亡。

五月，曹操救出了漢中的所有部隊，劉備拿下漢中，從此，歷史的編劇開始狂加劇情。劉備遣孟達從秭歸北攻房陵，殺房陵太守蒯祺，又遣養子劉封自漢中乘沔水下，上庸太守申耽舉郡降，整個漢水上游連成

了一片。

還是五月，曹操回到長安後下令曹仁在樊城討伐關羽！[3]

注意，此時二爺已經打到樊城了！

相當於自打曹操三月動身去了漢中後，兩個月的時間從秦嶺出來後發現，二爺已經封鎖漢水以南了！

由於《三國志》是以魏為主線的，曹仁和二爺的所有交戰記錄在史料中都找不到。這說明以曹魏角度來看，場面那是相當慘。

前面宛城造反的時候，已經認為曹仁並非關羽對手，造反的目的就是因為二爺能夠順著白水打到宛城來！但是，因為更大局面的考慮，二爺此時不能北上把曹操引下來，宛城只能靠你們自己扛著！

219年正月，變化同時出現了，夏侯淵在漢中沒扛住，侯音在宛城沒扛住。兩個人都死在了黎明之前。

侯音要是能再挺挺，等曹操進漢中救人的時候，二爺肯定就北上打曹仁了，整個南陽將被順利拿下！

曹仁作為進攻狂魔還是很夠意思的，三個月時間攻陷宛城，在夏侯淵大意失漢中的時候頂住了中路戰區。來看一下曹仁這些年的戰績：

1.當年打得袁術「幾近滅亡」的時候，曹仁開始頻繁立功。

2.在徐州大放異彩，開始領曹操的騎兵軍團，暴打了陶謙系的一大群官員。

3.曹操跟呂布對戰時，曹仁已經俘將立功獨領一軍了。

4.兗州地獄戰後，曹操兵入豫州，迎天子，曹仁數次立功。

5.曹操打張繡的時候，曹仁繼續別領一軍去搞拆遷，在曹操敲寡婦門差點兒被追死的時候，曹仁帶軍反殺張繡的追兵。

3　《三國志·于禁傳》：建安二十四年，太祖在長安，使曹仁討關羽於樊。

6.官渡大戰時，老劉開始開拓抗曹敵後根據地，反響很大，曹操派了別的小弟打不了老劉，最終在人手極度緊缺的情況下派曹仁率騎兵軍團打跑了老劉。

7.袁紹派韓荀抄截西道，再次被自由人曹仁狂屠，從此袁紹放棄了分兵的想法。

8.江陵保衛戰，帶著三百來人打退了周瑜的數千先鋒軍，後來作為對陣江東的好經驗被全軍推廣。

9.打馬超的時候，督七軍討滅了反叛。

10.最近的一次，攻城三月拿下了堅城宛城。

曹仁的一生，是進攻的一生，特別擅長騎兵作戰和攻堅硬戰，就算守江陵的時候那也是特種兵突擊，以三百破數千的猛男，本來應該是馬超的畫風。結果職業生涯到了尾聲，在和二爺的一系列對戰後，變成了「你不拿著盾牌誰知道你是曹仁啊」的效果。

史書雖然刪掉了曹仁和關羽218、219年這兩年間的所有野戰記錄，但還是有線索的。

曹操繼五月派曹仁討關羽於樊城後，七月又派了于禁帶隊去助曹仁打關羽。[4]

七月的時候曹仁已經被打得「重症監護」了！需要于禁去救了！而且曹操一口氣派了于禁督七軍三萬人去救樊城！[5]

關羽在漢水以北的一系列戰役中，由於襄陽始終沒投降，因此並沒有堅城依靠，和曹仁的對戰肯定全都是野戰。這意味著，一輩子野戰戰無不克的曹仁，在和二爺的漢水陸戰隊過招下極度悲慘。史書中曹仁再

4　《三國志‧武帝紀》：秋七月，以夫人卞氏為王后。遣于禁助曹仁擊關羽。

5　《華陽國志》：魏王遣左將軍于禁督七軍三萬人救樊。

露面的時候是被圍困在樊城中，僅僅還剩數千人。[6]

與此同時，繼漢中、襄樊一片大好形勢後，孫權再次攻打合肥了！

但是，當時合肥地區的老大揚州刺史溫恢根本不理孫權，並不拿他當個東西，反而憂心忡忡地對兗州刺史裴潛說：「我現在擔心曹仁那裡有危險啊！今年水大，但曹仁不知道這個厲害，關羽驍勇精銳，專門盯有縫的蛋！一定會乘勢鬧亂子的！」[7]

在這裡，史料又透露了一個線索：曹仁此時已經是「縣軍」了！「縣軍」並不是縣大隊的意思，而是「深入敵方勢力缺乏後援的孤軍」。

也就是說，曹仁在樊城已經是困守孤城，樊城周邊地區已經被二爺控制了（見圖8-10）！所以曹操才會派最好的外姓將軍于禁帶著三萬人救曹仁！

圖 8-10　關公封鎖曹仁圖

6　《三國志·曹仁傳》：仁人馬數千人守城……

7　《三國志·溫恢傳》：恢謂兗州刺史裴潛曰：「此間雖有賊，不足憂，而畏征南方有變。今水生而子孝縣軍，無有遠備。關羽驍銳，乘利而進，必將為患。」

而且更關鍵的是，從此時揚州刺史溫恢對兗州刺史裴潛的一席話中，更大的擔憂並非是曹仁已經是孤軍了，而是大水要來了！關羽驍銳！乘利而進！關羽更厲害的招還沒使出來呢！

七月，劉備晉漢中王，封關羽為前將軍，假節鉞。這是個很不尋常的任命，「前將軍」是蜀漢所有將軍之首，「假節鉞」，是代表統治者權力下放的最高級別。不僅能殺犯軍令者，連張郃那種「假節」的將領都能殺！

劉備什麼意思呢？老二！你真給哥哥爭臉！東邊全都聽你的！你看著辦！

但是，劉備登完漢中王位後，就撤回成都了。坑死二爺的第一個環節，出在大爺這裡。

二爺在前面的一年半中幫大爺打牽制打出了神級效果，結果大爺怎麼拍屁股回成都了呢！

曹操此時在哪兒呢？在長安！

樊城之戰都打成這樣了，為什麼曹操還要留在長安呢？因為擔心劉備趁漢中、襄樊兩線大勝的勢頭衝出來！他要是走了，那就連關中都保不住了！所以他始終就在長安坐鎮！！！

劉備為什麼要走呢？並非是他要回去鎮壓，此時他聲震天下！這個時候所有反對與不服勢力都是不敢冒頭的！

有一種可能，是要把大軍送回去休整，在漢中的給養太困難了！這沒問題，大軍可以分批次撤退，而且很有可能早就已經撤回去了！

劉備錯就錯在他這位漢中王走了！

兵源是可以分批次地調回成都，減緩漢中的給養壓力，但是你這個漢中王的形象符號是絕對不能走的！你在漢中待著，意味著四百年前還定三秦的恐怖故事即將上演！意味著巨大的聲勢很有可能被你轉化為勝

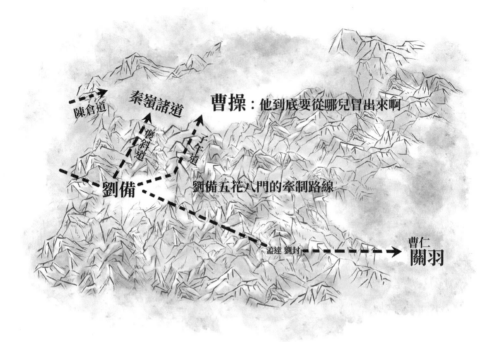

圖 8-11　劉備牽制曹操路線圖

勢！

　　只要你不走，曹操那邊就得始終防著你！你就一直能起到巨大的牽制作用！還將擔心你自漢水順流支援你二兄弟！（見圖8-11）

　　曹操不僅擔心你會打關中，二爺手中的牌也將打得更好看！你要是不走，後面孟達、劉封敢不發兵支援襄樊嗎？

　　這是二爺在219年遇到的第一個逆境！

　　再來看看時間點，七月劉備稱王撤退後曹操什麼佈置呢？

　　劉備剛一走，曹操就給要死的曹仁派去于禁的七軍三萬人（見圖8-12）！後面曹操還源源不斷地給曹仁派去了大量的援軍！連徐晃征的

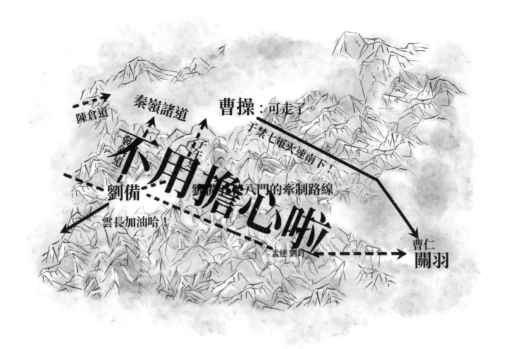

圖 8-12　劉備回川後的局勢演變圖

新兵都給扔裏樊戰場上去了！因為他知道關中戰場沒有壓力了，能全力

支援裏樊了！

　　二爺從此時開始，將面臨曹操的傾國之力馳援裏樊戰場！

　　但是，這叫事兒嗎！

　　在建安二十四年（219）的秋天，當老天再扔了一個爆炸性的輔助劇

情包後，這變得根本不叫事兒！

　　二爺帶著漢水陸戰隊開始向世界展示了什麼叫一郡收拾一國的風

采！

四、水淹七軍始末

劉備回成都後，二爺迎來了于禁的七軍三萬人。

這七軍是曹操的陸軍精銳，在于禁變成「金魚」之前先來看一下他這些年的履歷。

袁紹無敵天下時，于禁敢帶兩千兵在延津站台，袁紹親自來打沒打動，隨後于禁和樂進配合作戰一度打過黃河，燒了袁紹三十餘屯輜重，連殺帶抓各數千，逮回來了二十多個軍官。[1]

官渡對峙，曹軍被袁紹高科技射箭車打得快哭時，于禁督守土山奪回士氣。

泰山派的昌豨反復反叛，曹操命曾是泰山派的于禁去搞定，昌豨因為于禁是自己人，投降後被于禁作為投名狀表忠心給殺了。

于禁是一個特別明白領導心思的人，當時昌豨投降後，于禁要砍他，諸將都認為昌豨都投降了，是殺是留得讓領導做決定，于禁說：「你

1　《三國志‧于禁傳》：紹兵盛，禁願為先登⋯⋯紹攻禁，禁堅守，紹不能拔。復與樂進等將步騎五千，擊紹別營，從延津西南緣河至汲、獲嘉二縣，焚燒保聚三十餘屯，斬首獲生各數千，降紹將何茂、王摩等二十餘人。

們難道不知道軍法嗎？大軍圍城後投降的不赦免！我能因為他是我老朋友我就徇私枉法嗎！」[2]

他殺降交完投名狀後，曹操對他更器重了。

此次出戰之前，于禁的身份是左將軍、假節鉞，益壽亭侯一千二百戶，分其封邑五百戶，封一子為列侯。

什麼概念呢？「左將軍」是原來曹操打廣告時給劉備的崗位；「假節鉞」是最高級別，跟二爺的配置一樣；「一千二百戶」是超高的規格，西軍總司令夏侯淵被砍死的時候是八百戶。

雖說這幾年張遼進步迅猛，但于禁目前作為外姓諸將之首仍然沒什麼異議。

于禁的泰山兵部曲在曹操這裡始終是當最精銳的隊伍使用，戰役中為先鋒，撤退時做殿後。

估計曹操入漢中救諸將時，在劉備退守定軍山後，仍然「矢如雨下」差點兒把老劉打「光榮」的隊伍中，就有這支部曲。

曹操派于禁督七軍過來，基本代表著當時北軍的最高級別軍事梯隊來救襄樊了。

平心而論，面對這支百勝陸軍，二爺陸戰硬拚是很難打過的，二爺在這個時候主動退回了漢水防線封鎖襄陽，和于禁對峙，等待戰機。

做出這個推斷在於以下兩點：

1.曹仁本來已經成「縣軍」了，但後來于禁屯兵在了樊城西面，說明樊城附近已經成功解圍。

2.解圍是因為二爺主動退走，要是于禁打退了二爺，那史書肯定就濃墨重彩了。你都不知道後面徐晃給曹仁解圍後史官用了多大篇幅，寫

2　《三國志·于禁傳》：諸將皆以為豨已降，當送詣太祖，禁曰：「諸君不知公常令乎！圍而後降者不赦。夫奉法行令，事上之節也。豨雖舊友，禁可失節乎！」

得多麼細緻入微，徐晃作為猛將打了數十年，打李傕、郭汜時就滿世界掺和，結果給樊城解圍佔了一生作戰篇幅的三分之一。

雙方對峙後不久，時間來到219年八月，大霖雨十餘日！二爺等來了破局的機會。

漢末三國之前的水攻有很多次。如「晉陽之戰」、「鄢郢之戰」，水神韓信的背水一戰等。

水攻通常是起到困阻敵人的作用。比如智瑤水漫晉陽，比如曹操下邳掘水灌呂布，這都是引來水把城泡了，然後讓對方在裡面等死。這種做法通常工程量極大！因為水攻有兩個看似簡單，實施起來卻極度複雜的步驟：

1. 修運河把水引來。

2. 修堤壩不能讓水跑了，類似於人工修一個堰塞湖！

運河首先就不好挖，與此同時你還得建一個堤壩！這個操作起來難度極大，通常是有著巨大優勢的一方才能這麼幹。

不僅僅是你要有大量的人力，而是因為這種工程不是你想幹人家城裡的人就能讓你踏踏實實地幹的！除非對方已經處於絕對劣勢，被困在城裡不敢出來了，但恰巧城牆緊固軍民抵抗意志還特別強的時候，才會用這種戰法。比如智、韓、魏三家晉陽圍攻老趙家。

通常的圍水灌城都是拿時間做武器，但有的時候，水用好了，也是有強大攻擊力的。比如當年殺神白起攻鄢城的時候，引夷水灌鄢城，大水直接衝垮了鄢城的東北角，隨後淹死了數十萬百姓。[3]

由於二爺在樊城地區戰鬥很久了，非常熟悉這邊的地形，當他發現于禁駐紮在了樊城東邊的平魯城時，就知道怎麼去打于禁了。

3　《水經注校證·沔水》：夷水又東注於沔。昔白起攻楚，引西山長谷水，即是水也……水從城西灌城東，入注為淵……水潰城東北角，百姓隨水流，死於城東者數十萬……

大部分古代的城牆，並非我們看到的紫禁城、南京城那種磚石結構的，那種城牆造價太高了，普及年代也晚，三國時代的城牆構築都是夯土牆。夯土牆到了秦漢時代技術已經成型，扛衝城車擊打、扛拋石機轟炸的能力已經非常強了，還記得我們說為什麼長城對於遊牧民族來講這麼可恨嗎？就是因為它只要一出現，你的馬就蹦不過去了！你還沒本事毀了它！

這種牆怕什麼呢？怕時間老人和龍王爺。並不是說這種牆水一泡就垮了，而是如果長時間浸泡的話，牆體會逐漸瓦解崩塌。

我們的夯土牆技術成熟得很早，公元前453年的智瑤大水圍困晉陽，晉陽的城牆一年多都沒泡塌！但是，如果城體建造時間太長了，時間老人一發威，通常它就不那麼瓷實了！如果這城建得再早些，夯土技術還不那麼成熟時，這城就更脆弱了。

比如說于禁駐紮的平魯城。這座城的前身為公元前800年左右仲山甫所築的封邑之城，在東晉末年時又被魯宗之重築。[4]（見圖8-13）

于禁駐紮於此，從戰略上來講沒問題，和曹仁的樊城對望為援。但是這座城太老了，距今有千年之久了。

隨著219年連續十多天的大霖雨，進攻計劃在二爺的腦海中成型了！他要引水灌城！

平魯城離漢水很近，這省去了修運河的工程。平魯城的歲數也太大了，大水不必再起泡牆體的作用，而是直接做了撞城錘！

當漢水暴漲之時，二爺找準了角度掘開了漢水堤壩，漢水直沖平魯城而來，直接沖垮了這座城。于禁的所有給養、兵器、盔甲全都來不及收斂，三萬餘人被瞬間打成金魚！[5]

4　《襄陽縣誌》：平魯城在樊城西。東對樊城，周四里，南半淪水。關壯繆圍于禁於此。
5　《三國志·于禁傳》：會沔水泛溢三丈有餘，城陷；秋，大霖雨，漢水溢，平地水數丈，禁等七軍皆沒。

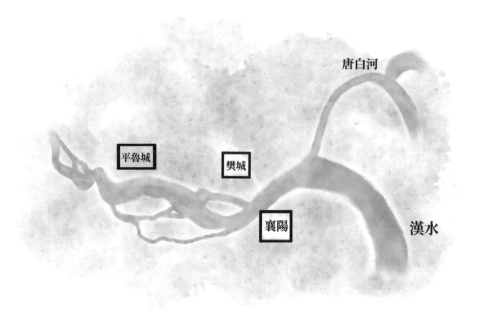

圖 8-13　平魯城位置圖

　　城塌了，于禁和諸將匆忙間登高望水，發現二爺已經乘著大船殺過來了！由於軍器、戰甲、給養全部被沖走，二爺無縫對接得又太突然，曹軍失去抵抗能力後投降。

　　注意！不是于禁一個人投降了！是于禁和他督的各軍領導們集體投降了！

　　二爺搞定七軍後，迅速開到樊城。由於主攻點是于禁，所以決口處瞄準的是平魯城，樊城並沒有被衝垮，二爺展開急攻。

　　此時曹仁是個什麼情況呢？

　　兵力：還剩數千。

　　這個數千人是什麼概念呢？就是小幾千的意思，因為但凡超過

五千，史料按慣例基本都會把數列出來的，通常只有在人比較少時，才會用「數」來打馬虎眼。比如劉備入川時是「數萬」，後來劉璋補助完才三萬人。估計曹仁和滿寵此時也就還剩三四千人。更重要的是，這三四千人裡還有滿寵帶過來的汝南軍！

由此也看出來在于禁救援之前，曹仁跟二爺獨立作戰時都慘成什麼樣了。不然曹操是不會派左將軍于禁、汝南太守滿寵這一大堆高級領導來支援他的。

樊城的城防狀況：「城不沒者數板。」

和當年晉陽一模一樣，馬上城就要被灌了，而且有很多地方的城牆已經出現崩壞的情況了。「羽急攻樊城，樊城得水，往往（這裡的「往往」，是「處處」的意思，估計也有誇張，真都崩了就守不住了）崩壞，眾皆失色」。

樊城的城外戰況：二爺已經坐船開到城邊現場指導工作了，還圍了曹軍好幾重！內外已經徹底斷絕了！糧食就要沒了！救兵都成金魚了！

在這種局勢下，部下開始勸曹仁，現在的形勢已經不是咱們一不怕苦二不怕死就能挽回的了！趁關羽還沒有完全合圍，應該趕快夜裡乘船逃走，雖然城丟了，但至少咱們為國家保存住了最後的種子。

在這種士氣已經接近崩盤的時候，當初在袁紹老家汝南坐鎮的狠人滿寵說：「水來得快，退得也快，現在聽說關羽已經派手下將戰線推進到了郟縣，之所以不敢長驅直入，就是因為怕咱這幾千人襲他的後！現在要是真走了，汝水以南就不再是國家所有了。」[6]

更恐怖的細節出現了，關羽的勢力已經到了郟縣。郟縣在哪兒呢？離著洛陽和許昌已經很近了！

6　《三國志·滿寵傳》：山水速疾，冀其不久。聞羽遣別將已在郟下，自許以南，百姓擾擾，羽所以不敢遂進者，恐吾軍掎其後耳。今若遁去，洪河以南，非復國家有也……

這個郟縣的「關羽別將」，並不是二爺的正規軍，而是當地的反曹武裝。

而且不僅僅是郟縣一個地方，當時梁縣、陸渾也都鬧起來了！[7]

這個位置離洛陽和許昌都很近，而且去年僅僅只有一個陸渾，今年擴大了一片！（見圖8-14）

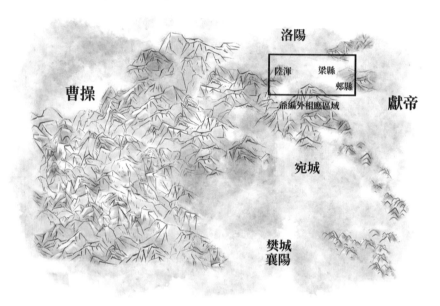

圖8-14　梁、郟、陸渾勢力範圍圖

這也側面說明曹操這些年打來打去，給百姓帶來的負擔確實太重了，老百姓看到有機可乘就不忍了！

如果曹仁此時跑了，那曹操打拚了一輩子的家業，也許就真縮水成另一個袁紹了。曹仁激勵將士，表示都別難過！我這麼高級別的皇親國戚陪著你們死！咱跟關羽拚了！[8]

7　《三國志・關羽傳》：梁、郟、陸渾群盜或遙受羽印號，為之支黨……

8　《三國志・曹仁傳》：仁激厲將士，示以必死，將士感之皆無二。

滿寵那邊為了攏住自己的手下已經玩起了行為藝術，淹死自己的白馬跟弟兄們盟誓[9]：「弟兄們！只要闖過這關今後就都是我們家親戚！」

不過，這僅僅算是略止頹勢。

此時已經看不到任何希望了，城外一片汪洋，幾千人全都在想後路，曹仁和滿寵強行帶節奏，又沉白馬，又示必死才攏住了這幾千人。

二爺看到樊城還有抵抗意志也不廢話，朝著城北十里馬超當年動產抵押的漢中兵團去了。龐德帶著最後的一部分部曲駐紮在了樊城北面十里的位置。

總體來講，龐德是襄樊戰中少數能說一說的曹軍將軍。他是除徐晃外，唯一一個在襄樊戰役中有戰鬥表現的將領。

龐德之前跟馬超投奔漢中，隨後被曹操拜立義將軍，封了三百戶的關門亭侯。為什麼對他這麼優待呢？因為龐德很能打，而且手中有部曲。

部曲的數量有多少呢？做個比較，李典的部曲是三千人，這些年一直幹後勤，軍功不大，封侯的時候是二百戶。龐德此時三百戶，算上獎勵的成分，估計龐德的部曲數量也是三千人左右。

龐德在投誠後就歸屬曹仁督導的荊州方面軍了，參與了攻打宛城和討伐二爺的全過程，據說打得很英勇，一箭都射二爺腦門了，搞得二爺全軍都很害怕他。

這段史料也是整個曹仁方面軍在和二爺一年多的爭鬥中唯一被記載的。

但有一點是值得懷疑的，要是真射到二爺腦門了，快六十歲的人都被開了天眼了，按理來講這人應該離死不遠了，很納悶後面二爺怎麼又帶隊鏖戰了小半年的？

9　《三國志・滿寵傳》：寵乃沉白馬，與軍人盟誓。

不懷疑龐德箭法差，也不懷疑確實漢軍害怕這位白馬將軍，更可能的是一箭射二爺頭盔了，而不是「射羽中額」。

甭管之前「羽軍」是不是「皆憚之」吧，反正現在不「憚」了。

此時龐德和諸將帶著隊伍正在東崗避水，但是很快地，二爺殺過來了！四面圍堤讓龐德軍享受到了全方位立體環繞的無死角爆射！

龐德離樊城有十里，水勢並沒有兇猛到沖垮他的地步。龐德還披甲持弓，部曲抵抗的時候還有弓箭和武器，一直打了半天的時間。

龐德不在于禁那七軍援軍之列，早在圍攻宛城時就已經在曹仁麾下了，而且準確地來講，龐德的馬超遺產兵團也不僅僅是他這一路人馬！

關羽圍攻他的時候，有一個叫董衡的將軍準備投降了！[10]

龐德帶著隊伍繼續抵抗，直到隊伍全部失去抵抗能力投降後，他與麾下兩將坐小船準備逃往曹仁的樊城，結果被二爺追擊拿下。[11]

此一戰，關羽共俘虜三萬人押赴江陵！[12]這透露出來什麼潛在的信息呢？

1. 于禁七軍帶來三萬人，龐德那裡應該有幾千，結果二爺俘虜了三萬，這相當於刨除淹死和戰死的，曹軍基本都沒跑了。

2. 二爺此時人手仍然富裕，而且船隻極多，能夠撥出足夠的人手和船隻押著這三萬人回江陵。

此時只有曹仁、滿寵還守著樊城，比劉備還大一歲的呂常守著襄陽。

事態朝著關羽方面更迅速有力地推進。荊州刺史胡修、南鄉太守傅方看這戰況，居然主動投降了。咱也不知道當時的戰況有多嚇人，反正一些人對留在鄴城的人質都不在乎了。

10　《三國志‧龐德傳》：將軍董衡、部曲將董超等欲降，德皆收斬之。
11　《三國志‧龐德傳》：戰益怒，氣愈壯，而水浸盛，吏士皆降。德與麾下將一人，伍伯二人，彎弓傅矢，乘小船欲還仁營。水盛船覆，失弓矢，獨抱船覆水中，為羽所得……
12　《三國志‧吳主傳》：羽以舟兵盡虜禁等步騎三萬送江陵，惟城未拔。

與此同時，令曹操更加腦袋疼的恐怖事件出現了！二爺水淹七軍後不久，九月，他大本營鄴城出現謀反叛亂事件：鍾繇手下的西曹掾魏諷謀反！

魏諷是沛國人，跟曹操是半個老鄉，在鄴城相當有影響，被潁川此時的帶頭大哥鍾繇徵辟。

二爺在襄樊大勝，曹仁重症監護、曹操人在長安之時，魏諷秘密糾結黨徒，與長樂衛尉陳禕謀劃襲擊鄴城。

就在發動政變之前，陳禕害怕，向曹丕坦白，曹丕隨後以鐵腕方式處理，誅殺了魏諷，被牽連處死的有數千人，革命元勳鍾繇因此案被免掉官職！

鄴城風聲鶴唳！

此次受牽連的官員中，張泉（張繡子）、劉廙兄弟（劉表故吏）、宋忠父子（劉表故吏）、王粲之子（劉表故吏），和荊州方面都有著歷史關係！

再算上年埋下的孫狼等游擊隊開始紛紛蹦了出來，河南尹梁縣、弘農郡陸渾、潁川郟縣等地陸續有百姓起義響應二爺！

劉家的聲勢，自189年後，就從來沒有這麼強的時候！三十年了，似乎劉家要再度復興了。史載：羽威震華夏！！！（見圖8-15）

在此形勢之下，曹操考慮了一件事：必須得遷都了！

曹操不是要遷自己的都，而是想讓獻帝搬家，因為許昌離二爺此時的勢力範圍太近了！他擔心二爺真的一路勢如破竹地將獻帝搶走。

當時的情況，也確實如此。

樊城岌岌可危，本家最能打的司令被困城裡了，眼瞅這年是曹家的喪年，繼夏侯淵後時隔八個月自己的第二個司令又要光榮了；外姓裡面最靠譜的將軍都投降了！

圖 8-15　關羽「水淹七軍」後中原局勢圖

　　而且更重要的是，最精銳的北軍三萬多人也被俘虜了，整個荊北、河南變成了二爺的粉絲團！

　　擱誰，都會猶豫！

　　是這場八月的連綿大雨，最終成就了二爺的千古之名，讓曹操產生了自官渡鏖戰後唯一的一次自我懷疑！

五、武聖歸天，魏武謝幕

在曹操猶豫遷都時，四十不惑的司馬懿開始在歷史中冒頭了。

司馬懿和蔣濟勸曹操說：「于禁七軍是被水淹的，非戰之罪，並不損害國家威嚴，倒是關羽此時大勝，孫權不一定會高興，可暗中派人勸說孫權襲取關羽後方，再承諾割長江以南給他，樊城之圍必解。」

曹操認同了，給南方的孫權遞去了橄欖枝。一個是急需幫助，一個是早有預謀，雙方勾搭上了。

很遺憾，魯肅已經死了，江東方面，再也沒有一個能有全域眼光的大戰略家了。孫、劉最終失去了可能會改變歷史格局的機會。

當然，繼任的呂蒙也是戰略家，但戰略上，卻永遠有眼光的高低之分。

整個三國時代，堪稱大戰略家的，就四個：荀彧、諸葛亮、魯肅、司馬懿。

諸葛亮和魯肅，都是博弈層面的頂級高手。這兩個人都認同一個大的戰略層面，就是老二和老三要合起來打老大。任何的三方博弈，只要老大不被削弱，老二、老三被吃掉，就永遠是個時間問題。

老三的策略，則是攛掇老二跟老大幹，讓他們兩敗俱傷，自己不斷壯大偷襲、捅刀子。

諸葛亮當了一輩子老三，他的每一步戰略從來沒有違背這個關鍵點，即便後來幾乎完全不能接受的事件出現，孫權稱帝想蹭蜀漢的天命流量，丞相仍然壓住群臣擱置爭議，拽著老二全心全意地打北方。

老二的策略，是拽著老三打老大。要不斷地削弱老大，控制老三，老二才有機會。魯肅當了一輩子老二，他的每一步走棋，也全都走在了點子上。

此時如果魯肅還在，就一定會幫孫權再次算上一筆帳：老三在壯大不假，但現在更關鍵的是老三牽扯了老大的大部分力量，該我們收割老大了，今年是向北突破的最完美年頭！

老二、老三只有這樣不斷配合，蠶食老大，老大才有可能真正地被拉下馬來。

很遺憾，魯肅在217年過早地去世。

孫權後來的這步棋，使他付出了極其高昂的背盟成本和政治代價！他從此徹徹底底地當上了老二，再也沒有了坐莊的機會！

最大的損失者，是劉備。因為老二那邊再也沒有一個能把帳算明白的人了。

即便魯肅死了，繼任者呂蒙認為趁著荊州空虛應該偷襲江陵也不要緊，因為江陵哪有這麼好偷襲的！不僅城堅，而且領導實在太猛。

魯肅死後，他的萬餘部曲被呂蒙繼承，呂蒙屯陸口，和二爺接壤，在他剛剛接替魯肅後，就已經定下拿下江陵的戰略目標了。呂蒙上任後的第一件事就是裝孫子，因為他知道，硬碰硬打不過二爺。

孫權的外交小動作有很多，後來他派使者與二爺談聯姻事宜，想給

兒子娶二爺家閨女，讓二爺給罵回來了。

這是非常失禮的外交動作，因為在整個蜀漢政權中，孫權的兒子只能娶劉備的閨女！

孫權使出這招來，二爺要是反應不激烈，就能挑撥到二爺和大爺的關係，讓大爺把二爺調回成都，換誰來都比這位爺好下手。

二爺要是反應激烈，孫權就落下了熱臉貼冷屁股的委屈樣，說盟友看不起他，這麼自降身份都被人家罵回來了，將來能作為開戰的藉口。

這小子在搞鬥爭方面真是厲害。早在魯肅死後孫權就下了很多小心思，但二爺心思縝密根本不接招！

呂蒙甭管怎麼示弱，二爺仍然不搭理他，因為孫權接到呂蒙的上疏：「現在關羽把樊城打得就還剩一口氣，但江陵仍屯了很多兵，這是怕我襲他的後！您以大病的名義調我回去，關羽知道後一定抽江陵兵去全力打孤城襄陽，咱們正好趁他空虛偷襲他。」[1]

這個時候，曹操示好的信也到了。孫權很興奮，這回又能擠出一部分力量去偷襲江陵了！

孫權四處宣傳呂蒙要死，喊他回來，兩人開始商量對策。

呂蒙路過蕪湖的時候，當地駐防的陸遜趕過來見呂蒙。

陸遜問：「領導您怎麼回來了？」

呂蒙說：「我有病。」

陸遜說：「關羽建立如此大功，現在肯定不知道自己姓什麼，聽見您病了肯定更沒有防備了，現在出其不意必可擒之！」[2]

1　《三國志‧呂蒙傳》：羽討樊而多留備兵，必恐蒙圖其後故也。蒙常有病，乞分士眾還建業，以治疾為名。羽聞之，必撤備兵，盡赴襄陽。大軍浮江，晝夜馳上，襲其空虛，則南郡可下，而羽可擒也。

2　《三國志‧陸遜傳》：羽矜其驍氣，陵轢於人。始有大功，意驕志逸，但務北進，未嫌於我，有相聞病，必益無備。今出其不意，自可擒制。

呂蒙看到陸遜說出了他的想法，隨後對陸遜說了不可輕敵的接班人期望：

　　1.關羽素來勇猛，咱是打不過的。

　　2.關羽在荊州人緣非常好！

　　3.現在關羽剛立了大功，整個荊州士氣高漲，不好打啊！

　　等呂蒙到了孫權那裡，孫權問：「現在誰能替你去當演員？」

　　呂蒙說：「陸遜。這小子想得遠，才能大，我看他必成大器，現在沒什麼名氣，關羽不會拿他當回事兒的，讓陸遜對外裝孫子，對內隨時觀察時機。」[3]

　　隨後陸遜繼任，小陸上來還給二爺寫了封歌功頌德的信：「關二爺您太牛了，于禁這幫人都讓您逮起來了，我這新來的三十七歲小孩，您將來可得多照顧照顧呀。」

　　二爺也確實中了呂蒙的計，放鬆了戒備，將部分守軍調往了襄樊前線。

　　孫權派陸遜上任後，他修書正式向曹操認慫了，表態偷襲荊州，幫曹操解圍。

　　這時候，整個襄樊之戰中，曹、孫兩家的通氣行為被低估了，這一行為改變歷史格局的作用逐漸顯現出來。

　　大家都看到了後面孫權是怎麼偷襲關羽的，卻沒有注意為何孫權能那麼專心致志地偷襲關羽。因為曹操把淮南前線的兵都調走了。[4]曹操表態：你不用擔心我偷襲你，你麻溜的吧。

3　《三國志‧陸遜傳》：陸遜意思深長，才堪負重，觀其規慮，終可大任。而未有遠名，非羽所忌，無複是過。若用之，當令外自韜隱，內察形便，然後可克。

4　《三國志‧張遼傳》：關羽圍曹仁于樊，會權稱藩，召遼及諸軍悉還救仁。

孫權迎來了人生中改變歷史格局的最好機會！因為不僅張遼諸軍走了，連豫州和兗州的州軍也全都急急匆匆地趕往荊州戰區了！[5]

二爺此時已經把曹軍北方能動員的兵力全給吸引過去了！這種傾天下之兵赴一人的場景上一次出現的時候要往上倒四百多年了。西漢開國高祖會戰霸王。

曹操也用他人生中的最後一次天大的好運告訴了我們一個道理：千千萬萬多誇別人！尤其是對手！要不吝惜你的讚美！

生子當如孫仲謀！說得多好啊！他生這一大堆兒子都沒孫權懂事。

注意！此時此刻，孫權方偷襲荊州的思路仍然是迷惑關羽，讓其減少江陵守軍，然後集中全國之兵，準備砸下江陵。

但是，即便江陵又被調走了一部分兵力，孫權方面仍然沒有下定決心。十月給曹操發信之後，又過了一個月，他仍然沒動靜！

因為江陵城堅，二爺手中還帶著荊州水軍，一旦後方有變，坐著船幾天就順流回來了，曹軍的襄樊前線已經被打成狗了，二爺不用擔心追擊問題，因此，如果孫權方短時間內拿不下江陵，等水神回來了就太可怕了，關二爺輕輕鬆鬆地再來個威震東南。

所以說此時此刻，別看曹、孫兩家已經勾搭在一起了，但主動權仍然在二爺的手中。

但是！閏十月，孫權突然信心滿滿地動手了！因為他等來了最神奇的變量因素！

呂蒙先到尋陽把戰船偽裝成了商船，然後一路順江水潛入荊州，將二爺設置在沿江崗哨的斥候全部俘虜，封鎖江東襲擊的消息。[6]緊接著進

5　《三國志‧溫恢傳》：詔書召潛及豫州刺史呂貢等……潛受其言，置輜重，更為輕裝速發，果被促令。

6　《三國志‧呂蒙傳》：蒙至尋陽，盡伏其精兵艫中，使白衣搖櫓，作商賈人服，晝夜兼行，至羽所置江邊屯候，盡收縛之，是故羽不聞知。

兵公安、江陵。駐紮在江陵的南郡太守糜芳和駐紮公安的守將傅士仁不戰而降！

這兩位的不戰而降，成了整個三國的幾大謎案之一，因為哪怕他們只要稍微抵抗，二爺都有機會回防，荊北有漢水，沿江而下交通太方便了，江陵城堅，也不是幾天就能啃下來的。

這是整個襄樊之戰的轉折點。

呂蒙佔據江陵之後標誌著南郡徹底地姓孫了，因為二爺全軍將士的家屬被控制了，衝這一條後面仗就沒法打了。呂蒙立即採取安撫措施，籠絡民心、穩定局勢，下令軍中所有人不得搶掠百姓財物，期間還抓了個典型，呂蒙麾下的一個親信拿了百姓家的一個斗笠，結果被呂蒙一邊哭一邊砍了。[7]

呂蒙隨後還大搞形象工程，從早到晚去看老百姓，問問吃得怎麼樣啊？有沒有什麼需要我們解決的困難啊？呂蒙還問寒問疾，給衣給藥。

陸遜在十一月迅速佔據了南郡北面的宜都郡，獲秭歸、枝江、夷道，還屯夷陵，堵死了老劉救援和二爺回川的路線。二爺的軍隊在短短的時間裡迅速變成了一支孤軍。

在二爺的所有作戰計劃中，再預演一千遍，也不會算到這樣的結局。因為守江陵的那個人，是個按常理來說不可能投降之人。尤其是個不可能連抵抗都不抵抗就投降的人。

整個南郡轄區最重要的兩座城，江陵和公安分別由糜芳和傅士仁把守。

7　《三國志·呂蒙傳》：蒙入據城，盡得羽及將士家屬，皆撫慰，約令軍中不得干歷人家，有所求取。蒙麾下士，是汝南人，取民家一笠，以覆官鎧，官鎧雖公，蒙猶以為犯軍令，不可以鄉里故而廢法，遂垂涕斬之。於是軍中震慄，道不拾遺。

江陵自不用說，荊州第一重鎮，是江北咽喉，長江、漢江樞紐，代表著江北的歸屬。

公安與江陵隔江而望，當年劉備就是頂在這裡和周瑜隔江相鄰的，是南岸重要樞紐，武陵和零陵的物資皆順各江匯聚於此，再走揚水入漢江北上支援。掐住了這裡，長江以南就沒了。

這兩個位置，可謂重中之重，這兩位守將，按理說安排得也沒毛病。

麋芳是劉備的小舅子，徐州當地大戶，當年擁立劉備入徐州的土豪主力，跟劉備二十多年了。

傅士仁的詳細履歷史書無載，但《三國志》中說他是廣陽人（今河北廊坊一帶），這和劉備老家很近，屬於劉備出道時的活動範圍，很有可能這位名不見經傳的將軍是當年劉備一路從北方帶過來的老兄弟。

這兩個重鎮極其重要，只有老兄弟才靠得住。結果這倆老兄弟跟對面的曹軍老兄弟于禁一樣，都投降了。

建安二十四年是個老兄弟集體投降的神奇年份。

投降的理由是什麼呢？先說結論：二爺很可能是死在了麋芳和傅士仁的貪腐上。

《三國志・關羽傳》是這麼說的：麋芳和士仁一向對二爺輕視自己而心懷不滿。

自打二爺北伐，就由他們兩個總督江南、江北的後勤給養，但這兩人總是不能足數足量地交割。二爺說：「等我回去收拾你們！」

麋芳和傅士仁很害怕，這事兒被孫權知道了，於是勾引這兩人，麋芳和傅士仁派的人去迎孫權的大軍。[8]

8　《三國志・關羽傳》：又南郡太守麋芳在江陵，將軍士仁屯公安，素皆嫌羽輕己。自羽之出軍，芳、仁供給軍資，不悉相救。羽言「還當治之」，芳、仁咸懷懼不安。於是權陰誘芳、仁，芳、仁使人迎權。

《吳錄》裡面則加了這麼一條記載，說糜芳叛變的苗頭要更早。估計是二爺北伐之前，南郡城中起了一把很神奇的火，燒了很多軍事器材，二爺罵了糜芳一通，糜芳畏懼，被孫權知道了，於是勾搭他，糜芳從此開始和孫權秘密來往，等呂蒙兵到了，他準備牛酒喜迎王師。[9]

這兩個說法，給出了孫權是通過兩件事引誘的糜芳和傅士仁。

1.芳、仁供給軍資，不悉相救。

這裡「悉」是全部的意思，「救」是援助的意思，連起來是不能全部支援的意思。這哥倆供給軍糧軍械總是湊不齊，然後二爺說回來我辦你們，這哥倆心虛了。

2.初，南郡城中失火，頗焚燒軍器。

南郡城中神奇的火災後燒了一堆軍器，二爺責備了糜芳。

這產生了兩個疑問：

一是賬本上是有這麼多糧食的，我讓你給我運過來，你總是給我配不齊，糧食都去哪裡了呢？

二是軍械庫怎麼莫名其妙地著了一把火呢？

一個湊不齊，一個燒倉庫，這兩件事湊一塊基本可以說明什麼呢：軍費和糧食早就被你們貪污了！

1.軍糧數量不好查點，你們沒料到仗打了這麼久，所以軍糧跟不上了。

2.要北伐了，要馬上用軍械了，時間倉促突然要用，你平不了帳了，所以就一把大火給燒了，玩了把死無對證。

這種做法都是擺明的心知肚明，就是拿不到證據辦你而已。

二爺是不知道糜芳和傅士仁什麼德行嗎？怎麼可能！二爺「素輕」

9　《三國志・呂蒙傳》：初，南郡城中失火，頗焚燒軍器。羽以責芳，芳內畏懼，權聞而誘之，芳潛相和。及蒙攻之，乃以牛酒出降。

這兩個人！

很多人拿「素輕」二字作為評論二爺傲驕的佐證，說二爺連班子團結都做不好。是這樣嗎？貌似並不是。

呂蒙是三國第一策反王，他對二爺在荊州的人緣解讀是什麼呢？「已據荊州，恩信大行。」又有恩義，又有信譽，還大行其道地全面鋪開。

有「恩」則將士愛戴，百姓擁護；有「信」則令行禁止，一視同仁！快六十歲的人心心念念的仍然都是為了幹事業！

史載「羽善待卒伍而驕於士大夫」，二爺對一路拚過來這些年的兄弟們是善待的，他傲視的是那幫世家大族！但劉備集團就沒幾個世家大族，有的話也基本都在成都了。

這句性格評價，更像是二爺當年和劉備在許昌以及短暫地在曹營的時候，世家大族們的公論！

關羽瞧不起我們，卻跟那幫泥腿子關係那麼好，夠傲的！拿筆來！糜芳是商人世家，傅士仁估計是河北武士，都是幾十年跟著劉備一路打過來的老兄弟，二爺按理講不應該跟你們有過節，但憑什麼輕視你們呢？兩個經濟問題巨大的官員，讓鐵了心幹事業的二爺能高看你們到哪裡去呢！

這些年二爺重建了江陵城，為北伐造了好多軍用物資，一直沒閒著，在為革命事業添磚加瓦。

軍隊只要有大量採買，通常就會有暗箱操作，過道手薅點兒羊毛可以理解，但糜芳和傅士仁中飽私囊的程度已經到了需要火龍燒倉去毀屍滅跡了！

這二位的黑材料二爺不可能不知道，至少在「火燒軍械庫」後，雙方的矛盾就公開化了！所以二爺對糜芳和傅士仁這兩人一直看不起，但人家底子太硬，又沒辦法辦他們！

二爺是錯在戰前責罵過麋芳的經濟貪腐問題後不把他帶到前線嗎？並不是啊！麋芳是南郡太守，政務上的很多事需要他統籌全域，把他帶走了，後方臨時派別的人接手是很難的！而且麋芳是咱老兄弟啊！雖然有經濟問題，但關鍵時刻我不信你還信誰呢？而且僅僅「責」了你一頓你就要叛變嗎？責你其實就是告訴你，咱得打仗了！為了咱國家長點心吧！

麋芳害怕嗎？也許會害怕，但根本不擔心！因為他是革命元勳，他麋家是在劉備最脆弱的時候給兵給錢，還把妹妹嫁了過去，有了麋竺的相助劉備才喘過了最難的那口氣！[10]

老劉是厚道人，對當初跟他雪中送炭的人全都給予了足夠份額的回報，他哥哥麋竺在拿下益州的時候拜為安漢將軍，你聽聽這名號，「安漢」。座次在孔明之上。整個集團中的賞賜與優寵是誰也沒法比，獨一檔。[11]

麋芳作為荊州的二把手，非常明白老劉是個什麼人，所以他並不太擔心。貪就貪了！你能怎麼著！當年為了革命我家都毀了！領導這麼重感情的人！我才不怕你關羽！

《三國志》正史在什麼時候說這兩人實質性叛變「迎」的孫權呢？在他們送軍資湊不齊了，二爺說「還當治之」的時候，這兩人「懷懼不安」，孫權又勾搭了一把，於是「芳、仁使人迎權」。

二爺這句「還當治之」說錯了嗎？

很遺憾，歷史來到這個神奇的時間段，當麋芳、傅士仁的軍糧供不上的時候，二爺無論怎麼做，都是錯的。

10　《三國志·麋竺傳》：呂布乘先主之出拒袁術，襲下邳，虜先主妻子。先主轉軍廣陵海西，竺於是進妹於先主為夫人，奴客二千，金銀貨幣以助軍資；於時困匱，賴此復振。

11　《三國志·麋竺傳》：拜為安漢將軍，班在軍師將軍之右……是以待之以上賓之禮，未嘗有所統御。然賞賜優寵，無與為比。

首先二爺要是不表態回去辦你，這兵就沒法帶了！我在前面拚命，後面你連糧草都頂不上！

二爺後面被徐晃突破，很難講不是軍糧頂不上導致戰士們餓肚子的原因。軍糧供給不利，古往今來這可是無條件無理由重罰的一項。動不動是要軍前正法的啊！

就算遇上天災人禍導致運糧不利，只能說你倒霉，該辦你還是辦你，因為兵者國之大事，給養又是兵的生死之道，所以來不得半點兒馬虎。什麼時候交割，送達什麼地方，多少數量的給養，從來都是死任務。

二爺說：「回去辦你！」這是讓你戴罪立功。

你後勤保障沒做好，主帥不能什麼態度也不表，這樣兵就沒法帶了！

之所以說二爺這句「還當治之」無論說不說都是錯的，是因為隨著劉備拿下漢中當王爺，給二爺送來了最高級別的「假節鉞」後，這成了壓死二爺這匹好駱駝的最後一根稻草！

由於「假節鉞」的頒發，一切行為邏輯都變了！此時的這句「還當治之」，在麋芳和傅士仁聽來，也由出征之前的「他關羽就算知道能奈我何」，突然間變成「這回徹底落他手裡了」！

孫權什麼時候決定偷襲江陵的呢？很早就有想法了！但自從春天襄樊戰役開打，直到八月水淹七軍之後，當時的預案仍然不是招降，而是呂蒙裝病，蒙蔽二爺調主力北上，他好偷襲攻打。

至少八月的時候，行動預案仍然是乘虛而入地拿下！

但是，二爺在襄樊的戰鬥力太強了，孫權方面聯想起江陵的城防又哆嗦了。隨後一直沒動靜。直到兩件事的發生，使得孫權終於迎來了完美時機。

1. 北線首先無壓力了。

曹操準備遷都時，司馬懿為曹操出招，說你讓孫權去偷襲關羽，然後曹操去了孫權那裡表達這個想法。

十月，孫權上書，表示我做好準備了！我江東小孫要為魏王討關羽逆賊了！

隨後曹操調走了合肥的張遼等軍來救曹仁，並做出批示：「望仲謀全心全意落實好偷襲江陵的有關工作。」

2. 大約閏十月的時候，麋芳和傅士仁由於前期貪腐再也湊不齊軍糧、軍械，突然間混不下去了！

之前關羽責備麋芳燒軍械的時候，孫權就勾搭了麋芳，但這一次頂多算是個友好往來。

大概率並不是此時麋芳徹底倒向孫權了；大概率也不是麋芳這些年把軍械都倒賣給孫權做軍火販子，讓孫權抓到什麼把柄了。

因為如果手裡攢著麋芳叛國把柄的話，那二爺北上沒多久孫權就應該出擊了，畢竟萬一二爺沒打過曹仁退回來，他就失去機會了。

麋芳要是真把軍火賣給孫權了，那樣孫權根本就不用等大半年之久，呂蒙也不用搞蒙蔽二爺的稱病計謀，二爺前腳到襄樊，孫權就去偷襲，麋芳一開城門，孫權大軍湧進去就齊活了。

那樣穩妥得多，呂蒙那麼多年一直在搞間諜滲透工作，真要是抓到麋芳的死穴了，一定會像偷襲三郡時那樣搞閃電戰。

其實麋芳雖然貪污卻始終掌握主動權，他這個身份實在是太特殊了，真不是因為他那妹妹，而是他家當年入的巨股！

這次的勾搭只能是建立了合作的可能性，給麋芳留了一條後路，畢竟麋芳在那邊是國舅爺，是創業元勳，麋芳過來你不可能給出更優厚的條件。

直到劉備送過來了那個改變歷史的「假節鉞」！直到麋芳、傅士仁運糧不利！

呂蒙的間諜終於傳來了突如其來的好消息：關羽放話要辦他倆了！關羽也有能力辦他倆了！

這個時候！孫權再次勾搭他倆！混不下去的傅士仁和麋芳保命要緊，表態我們跟你混了。[12]

十一月，孫權背刺關羽，麋芳、傅士仁這兩位改變歷史脈絡的高級別醜陋小人物，完成了他們的歷史使命。

荊州軍區大老虎麋芳的經濟問題，使得他不放一炮讓出了歷代名將死活捍衛的江陵城，讓歷史在這一刻徹底拐點。

此時二爺在幹什麼呢？還在兢兢業業地鏖戰襄樊。

八月就把曹仁泡在水裡了，樊城多處城牆已經崩塌，為什麼到了十一月，二爺還沒拿下來呢？因為攻城器材都讓麋芳燒了！二爺退而求其次，一邊等曹仁崩潰，一邊利用曹仁做誘餌開始圍點打援！

二爺準備打的援軍是誰呢？徐晃！

徐晃是曹操派來救援曹仁的第三梯隊，此時由於徐晃在漢中戰鬥太艱苦了，別征馬鳴閣道戰陳式，突破陽平關擊高詳，把老兵都打光了，手裡都是新兵，駐紮在陽陵陂後就死活不往前走了！

二爺始終在誘惑徐晃：「老徐呀，來呀，立不世之功啊！」

徐晃和二爺是河東老鄉，哥倆私交非常好！[13]二爺作為策反高手估計這段時間也沒少勾搭徐晃。

---

12 《三國志·關羽傳》：（自）羽之出軍，芳、仁供給軍資，不悉相救。羽言「還當治之」，芳、仁咸懷懼不安。於是權陰誘芳、仁，芳、仁使人迎權。
13 《蜀記》：羽與晃宿相愛，遙共語，但說平生，不及軍事。

老徐意志堅定，而且老兵打光了算是救了他，此時他要是救樊城，準得讓二爺給推溝裡去！

　　十月，曹操到了洛陽，決定親征，同志們也說：「領導您再不去就都殉國了！」[14]

　　這個時候桓階拉住了曹操，說：「您不能再去了！ 您要居中調度，顯示自己還有餘力！ 曹仁他們會拚死守城的！」[15]

　　這就是會說話，什麼意思呢？ 你去了要是再敗了呢？ 那中原就該全亂了！ 大不了南陽不要了！ 但你不能再給關羽擊敗你的機會！

　　於是曹操又給徐晃調了十二個營的兵力，並在先鋒部隊到徐晃那裡報道的時候專門下令：「老徐你等得好！ 接著等！ 等我撥過來的兵馬全到之後你再去解圍！」

　　與此同時，孫權的報效書熱情洋溢地送來了：「我這就準備偷襲他了！ 您可千萬保守好秘密哦！」

　　曹操又問部下什麼看法，他們說您可得替孫權把嘴閉嚴了！

　　這個時候董昭又對曹操說：「還保什麼密！ 咱樊城裡面的弟兄們不知道有救了，再等一段時間撐不住了怎麼辦！ 別再考驗人性了！ 況且這消息不一定會讓關羽退兵！ 江陵是他當工頭親自監製的！ 就孫權那個尿性你認為關羽會當回事兒嗎？」[16]

　　曹操覺得對，於是又命徐晃不等了，迅速進軍，推進到樊城圍處，把這個消息告訴城中！

14　《三國志・桓階傳》：曹仁為關羽所圍，太祖遣徐晃救之，不解。太祖欲自南征，以問群下。群下皆謂：「王不亟行，今敗矣。」
15　《三國志・桓階傳》：今仁等處重圍之中而守死無二者，誠以大王遠為之勢也。夫居萬死之地，必有死爭之心；內懷死爭，外有強救，大王案六軍以示餘力，何憂於敗而欲自往？
16　《三國志・董昭傳》：圍中將吏不知有救，計糧怖懼，儻有他意，為難不小。露之為便。且羽為人強梁，自恃二城守固，必不速退。

於是徐晃沒有等到十二營齊聚就出兵了，此時關羽的先鋒阻擊軍在偃城駐紮，徐晃先是假裝要挖溝斷偃城軍的後路，關羽先鋒燒了偃城的輜重退了回來，直到這個時候曹操的援軍才全部到位。[17]

等到徐晃看到二爺的本陣時才發現，二爺這三個月簡直是造了個臨時堡壘。主營有十重鹿角，旁邊又有四座制高點屯兵，反正就是困死你曹仁！

衝城車和箭塔要夠的話，至於拿不下來一座幾千人的殘城嗎！

徐晃又喊嗓子又給樊城裡射箭，反正就是嚷嚷江陵被人偷襲了，禍亂二爺的軍心。

二爺說：「別聽他瞎說！那城是我築的！孫權沒那個尿性！」

話雖這麼說，但荊州軍的家屬畢竟都在江陵，出來大半年了，難免會嘀咕家裡的情況，士氣多少會受打擊！二爺也感覺到士兵的這種情緒變化。[18]

在這個時候，徐晃攻營來了，先是佯攻主屯，實際猛打四座小山，打算給曹仁打開突破口，二爺隨後親自帶五千步騎出戰徐晃，然後一路撤退入圍，想把徐晃的火力引過來讓弟兄們緩口氣，但沒想到徐晃開啟了驚人的操作，跟著追進了二爺的大營，擊破了二爺在樊城北部的防線！[19]

曹仁因此發現了逃出去的口子，趁著這個機會終於從樊城中逃出了生天！二爺因為曹仁逃跑而出，於是也將戰線回調，撤回了漢水防線，繼續圍困襄陽。全殲曹軍北方主力的目標達不成了，那就劃江而治吧。

17　《三國志‧徐晃傳》：賊屯偃城。晃到，詭道作都塹，示欲截其後，賊燒屯走……太祖前後遣殷署、朱蓋等凡十二營詣晃。

18　《三國志‧吳主傳》：使曹仁以弩射示羽，羽猶豫不能去。

19　《三國志‧徐晃傳》：賊圍頭有屯，又別屯四塚。晃揚聲當攻圍頭屯，而密攻四塚。羽見四塚欲壞，自將步騎五千出戰，晃擊之，退走，遂追陷與俱入圍，破之……

曹操後來誇讚徐晃，關羽的圍你也敢進去攻？真厲害！我用兵三十餘年沒聽說過鹿角十重還敢進去擊敵的！[20]

最後曹操給予了點評，徐將軍此次襄樊戰役，堪比當年田單復國！將軍功勞比孫武和田穰苴還要高啊！

徐晃配得上這樣的誇獎！因為二爺這一年確確實實太嚇人了！曹仁、于禁、滿寵、龐德……要麼被俘虜，要麼被搞死，要麼半死不活。

雖然孫權已經告訴曹操他去偷襲江陵了，雖然給徐晃又派了十二營兵過去，但曹操仍然怕不保險，他不僅調來了張遼的合肥軍團，將兗州軍團和豫州軍團也調過來了！

這場戰役，隨著劉備回到漢中、孫權背刺賣盟，變成曹操調動幾乎整個中國北方的軍力馳援襄樊戰場，去面對讓曹操集團哆嗦的水神武聖！

如果沒有孫權方捅刀子，最終的結果估計就是曹、劉方分漢水而治了。如果沒有糜芳不戰而降，關羽會南下乘船自駕遊去保家衛國。

可惜歷史沒有如果。

十一月，二爺得知孫權已經襲取了荊州，於是率軍撤出了襄樊戰場。

二爺邊撤軍邊派出使臣跟呂蒙溝通，呂蒙再次使出心理戰，厚待來使讓其瞭解江陵情況，來使看到了整個江陵一片安好，將士們家屬都安然無恙回去向二爺如實匯報，二爺的軍心開始敗散。[21]

二爺麾下的荊州軍無心戀戰，開始逃亡。二爺此時，大勢已去。君侯仰首望蒼穹，征戰三十多年了，也許真的到說再見的時候了。

---

20 《三國志·徐晃傳》：賊圍塹鹿角十重，將軍致戰全勝，遂陷賊圍，多斬首虜。吾用兵三十餘年，及所聞古之善用兵者，未有長驅徑入敵圍者也。

21 《三國志·呂蒙傳》：羽還，在道路，數使人與蒙相聞，蒙輒厚遇其使，周遊城中，家家致問，或手書示信。羽人還，私相參訊，咸知家門無恙，見待過於平時，故羽吏士無鬥心。

二爺走到當陽縣（今當陽市）的麥城時，孫權已經到達江陵，一面派潘璋、朱然到南郡臨沮縣切斷二爺退路，一面派人勸降二爺。

十二月，二爺棄城而走，一路撤退到臨沮漳鄉時，走到了人生的盡頭。

二爺連同其子關平被潘璋部下司馬馬忠擒獲。父子不降，隨後雙雙被斬。

孫權不費一兵一卒拿下了江陵，他的夢想實現了。但他忘了他殺的這位軍神在蜀漢是什麼樣的地位和人緣！

公元219年一整年的漢中會戰＋襄樊會戰徹底結束。

曹操方面從裡到外出了一身汗，除了幽州方面的邊防軍之外全國軍區全部參戰！按照司馬懿的說法，此時曹操集團有二十多萬士兵，至少損失了四分之一幾乎是最精銳的國家野戰軍。[22]（于禁七軍＋曹仁荊州軍團）

孫權方面除了荊北的曹操地盤，囊括了荊州全境，並笑納了曹操的三萬野戰軍。

劉備方面損失很大，失去了江陵、零陵、武陵三郡，損失了數萬人的荊州力量，這一部分力量也基本被孫權方面接收。

孫權此戰過後軍力暴漲，二爺的漢水陸戰隊和于禁七軍的北國野戰軍都是當時最悍猛的恐怖力量。

但是！即便手中拿著這麼兩批精銳軍團，隨後孫權系的開拓戰繼續打成了基因裡自帶的潰敗效果。

穿幾年吳國軍服，啥英雄部隊也就都那意思了。

22　《晉書‧宣帝紀》：今天下不耕者蓋二十餘萬，非經國遠籌也。

當然，還是有一點效果的，後來陸遜強攻老劉於馬鞍山的部隊，估計用的就是二爺的漢水陸戰隊，不然就吳軍那水平，陸遜能攻得動？

當然，劉備、曹操損失的這都是小錢。因為千軍易得、一將難求，像關羽、曹仁這種不世出的名將，是可遇不可求的。

關羽死後，整個劉備集團的口碑都被砸下了一大塊。

後來整個魏國朝堂對於蜀漢的態度就是：蜀，小國爾，名將唯羽。老劉和三爺的咖位都不夠！這就是關雲長在整個三國時代的地位！

他讓曹操哆嗦到想遷都，他手裡就那麼點兒兵，怎麼就讓曹操這麼害怕呢？

他讓曹操集團的排名前三的名將，能攻、能防、堪稱無死角的南軍司令曹仁困在樊城中玩沉白馬的造型。

他讓孫權方面使出了所有的花招，諂媚辱國地報效曹操去精心佈置了一個陷阱。

就是這樣的一個人，扛著三國時代的腰。

最後，這腰扛折了。

襄樊戰役之後，孫、劉永遠地失去了再去逐鹿中原的機會，他們最終都會被北方吞併。只是時間問題。因為老二、老三回不到從前了！

老二的基因裡根本無法北伐，老三的基因倒是打得動，但最後的那點本錢要找老二報仇來了！

荊州的丟失，也使得三國最後一位逆天改命級別的丞相只能一次次翻越那飛鳥不過的五百里隴山秦嶺，最終累死在了五丈原的瑟瑟秋風中！

總之，孫權這把牌打完，老二、老三就都進入了慢性等死階段。

十月，在曹操到達洛陽收到孫權來信的同時，他派人重修了洛陽北

都尉的辦公衙署。

他看到了四十五年前，那個夢開始的地方。

當年那個懷揣夢想做征西將軍曹侯的熱血青年，在中國歷史最亂的五十年中，一步步走得不再認識自己，一步步走得根本停不下來！

220年正月，二爺的首級被孫權送到洛陽，曹操以諸侯的規格給二爺辦了喪事。同月，曹操崩於洛陽，終年六十六歲。

漢末那顆最炙熱的太陽，落山了。這位三國時代最大牌的人物，繼武聖回天覆命後，也離開了歷史舞臺。

他死的時間算是沒給兒女添麻煩，要是早走三個月，整個時代也許又該掀開新篇章了。

在頂過了最危險的雲長北伐後，他將打下的這份家底傳給了兒子曹丕，揮一揮衣袖，走人。

他這輩子，一直在摸著石頭過河。堅持不懈、奮鬥努力到了生命的最後一天！

曾經是調皮搗蛋的大流氓，結交袁紹等不良少年，被叔叔告黑狀，滿嘴瞎話。

曾經是想幹出番事業的中層官員，做剿匪先鋒、做討賊憤青，有一肚子想法，也有幹事的能力，但對這個世界的認識還處於初級階段。

被人家一通槍桿子打明白後，他漸漸地找到了亂世的規則：他要當最大的拳頭。

想法很好，但步履艱難，好在他有一個好爹給他各種起步資源和神奇家族；有一個不良少年的好夥伴，跟他本初哥兩人背靠背地頂過了最初的難關；老天還派給他了一個王佐之才，幫他帶來了集團上市的理論、方針、路線以及人才。此時的曹操，最大的夢想，能當上個一方諸侯，就心滿意足了。

人到中年，曹操經歷了突如其來的喪父之痛和痛徹心扉的兄弟背叛，幾乎失去了人生重來的所有籌碼。人生艱難，中年不易。

　　靠著鐵打的兄弟和自己的那位王佐，他漸漸地又重拾了信心，重整了旗鼓，奪回了因背叛而失去的一切，並抓住了上市藍圖最重要的一項資源：傀儡皇帝。

　　至此，他漸入佳境。

　　隨後他掃袁術、剿呂布、戰張繡、撫關中，最終在地獄級鏖戰的最後一刻，拿下了袁紹這座自己前半生的大山。

　　十多年的時間，隨著征服白狼山烏桓集團，他統一了整個中國北方，勢力到達大城市鐵嶺，至此，令他沒有想到的事情出現了：他居然幹成了他之前的歷史中，僅僅有幾個人幹成的事。

　　但他的身份也非常尷尬，前面幾個幹成這件事的人，人家身份都是名副其實當之無愧的一把手。他雖然有這個實，但他卻沒這個名。

　　人到暮年，他幹了很多做一半的事：赤壁大敗，他最終搶回了北部的半個南郡；關中剿匪，他定了大局就扔給了夏侯淵；南征漢中，他得隴望蜀，最終被劉備集團反攻倒算；多次伐吳就不說了，跟軍事演習差不多。

　　晚年的他，主業只有一件事，給大漢房本辦過戶手續。

　　沒辦法，那座四百年大山不好推翻啊！沒辦法，走上了這條路，就再不能回頭！

　　在臨終前的幾年，他終於將所有文件的手續跑齊了，將簽字那一欄，留給了兒子。

　　他這輩子，有奸雄之才，背奸雄之名，幹砸了不認栽，得了好處不賣乖，對他做的英雄事和缺德事都認帳。

　　他的胸懷開創了一個偉大的文學高峰，史稱：建安風骨。

這股風，隨後刮了兩百年，雖然後面變味兒了，但仍是兩晉乃至後面南北朝時期風氣的引領者。

他救濟南萬民於淫祀，他徙天下百姓於故鄉；他疾惡如仇上書黨錮，他忘恩負義逼死王佐；他磊落又奸詐，他愛才寬宏卻又小肚雞腸；忠君討董的是他，禪讓之實的也是他。

這一切的矛盾，看似不可理解，其實是因為他這輩子經歷了太多，他的爆棚幸運幾乎無可複製，他的努力與堅持又對得起這份洪福齊天。

總結起來，還是剛出道時的那句評語更為貼切：亂世英雄！

東漢末年分三國，隨著三國時代咖位最大的兩尊神謝幕，歷史來到了真正的三國時代。

這轟轟烈烈的公元219年啊！

西部中國燒錢燒到了令人瞠目的境地，東部中國一尊戰神吊打北國全明星，隨著所有看得見與看不見的一系列運作，永遠地書寫在了歷史的記憶裡！

歷史永遠不會忘記，公元219年，關雲長在有限的資源條件下，創造出了繼韓信之後時隔四百多年再次重現江湖的投入產出比！

關雲長的一生，雖然被史官層層掩蓋，但從曹魏群英傳中拼湊出來的這些細節，從孫吳都督傳裡帶出來的那些評價，都在將他的能力水平指向上古大神的兵仙一檔。

兩個人都是能將有限的資源，催動出無窮真氣充盈於天地的效果！

項羽滅，西漢立；關羽滅，東漢亡。

隨著二爺千古，中原大地那遍地反曹的聲浪就此永遠地熄滅了。

公元220年，建安作古，魏接漢天命，改元黃初。

千百年後，後世提到這段歷史，往往印象中是一個紅臉大漢的傲，是一不小心的敗，是嘲諷與悲哀的大意失荊州。

雖如此，歷史仍然是公平的。

二爺在死後一千八百多年的時間裡，儒、釋、道三教皆推崇認可，萬民叩拜祭祀供養。

作為華人世界的忠義一肩挑，二爺斬妖除魔，教化萬方。

二爺走了！帶著無限遺憾與千古冤屈走了！

但你所為之千里尋兄的那個大哥最終也讓你的在天之靈知道你的一生並沒有被辜負！

孫權得罪的那位可真不是什麼愛哭的人，正史中愛哭的是曹操！

那位老兵腦子熱了連箭雨都不怕！你砍了他三十年的臂膀，他能饒得了你！

三國的魅力之所以五千年獨一檔，很大程度因為蜀漢基因裡的浪漫。

這個政權，人味兒是最濃的！

曹丕篡漢了！老劉開火方向貌似沒有了選擇！

但什麼天命與江山！都隨他吧！

雲長啊雲長！

哥哥來給你報仇了！

夷陵之戰：先主伐吳始末，永安舉國托孤

一、曹魏代漢

關公、曹操之死，雖然理論上標誌著三國時代的正式開啟，但卻代表著絕大多數人腦海中三國時代的前中期結束。

時代的接力棒傳到了三國晚期。

此時牌局上的三個人非常有意思：籌碼最多的曹丕三十四歲，牌技上尚顯青澀，機會把握欠佳；剛剛搶劫完的孫權三十八歲，出牌邏輯乖張，大有老流氓的趨勢；剛過完六十大壽的劉備則讓兩個小輩兒擠兌得怎麼選都是錯。

本來是曹丕一把收的牌面，最終卻陰差陽錯地維持了三足鼎立，來看看這兩年多發生了什麼吧。

第一件事，曹魏代漢。先來看看曹家少爺的接班問題。

曹丕在上位之初，面臨著巨大的壓力。

他爹的威望太大了，全世界服他爹但不一定服他，最具代表性的就是洛陽的青州兵和臧霸的徐州兵，不僅高調地表示要返鄉，還在洛陽敲了一通鼓！

當年周亞夫平七國之亂時在洛陽擊鼓製造影響，這是非常不能容忍

的無組織、無紀律甚至可以上升到謀反底線的行為。當時的不少官員就說，影響太壞，必須殺一儆百！

時任諫議大夫的賈逵說：「現在是非常時期！千萬不能這樣，應下令復原全體退伍軍人待遇，所過之處各地政府安排食宿！」

他現在根本沒時間去立威，因為他要迅速趁著老爹的聲威和新王繼位後的慣性將大漢的過戶文件徹底地簽名過戶。

整個魏晉時代的歷史邏輯，就是禪讓機制下演化的一條無可奈何註定走向崩潰的路。

什麼叫禪讓？聽上去高端無比，其實就是名不正言不順。你為了堵住絕大多數人的嘴，就必須要各種各樣的妥協。悲劇，就從這一步步的妥協中開始了。

從古至今，在政權禪讓之時，都有三個要解決的問題：一個是國家操作系統，也就是文官集團的支持問題；一個是軍隊槍桿子的控制問題；一個是老天爺的臉色和進步的功勳問題。

先來看第一個環節，曹魏的文官集團要趕緊跳出來磕頭哭鬧，求他曹家改天換地。

曹操220年正月走人，二月，陳群就拿出來一個議案，大名鼎鼎的「九品官人制」（九品中正制）出場了。這個九品中正制，算是承前啟後，接上了兩漢的「察舉制」，續上了「科舉制」，是極其重要的選拔人才的方法。

我們來介紹一下九品中正制。

1. 九品，就是對人才分出了九個檔次，上上、上中、上下、中上、中中、中下、下上、下中、下下。這九個檔次，對應九品。實際上真正管用的，是中間的二到六品，下品的那三個檔次是根本沒有入仕資格的。

一品，也就是「上上品」，那是虛的，輕易不給人的，老祖宗都明白月盈則虧這個道理，除了皇帝大人，什麼崗位都是不能做到頭的。

很多時候，不僅僅是「虛」著點兒，而是事不做絕，話不宜滿，福不享盡，這是智慧。

2.中正，就是評價人才的官職，最開始是各郡設中正官，來推舉本郡的人才。

問題是，察舉制不也是地方太守推薦人才嗎？這裡有了個改動，「中正制」後，中央要根據中正官的推薦定品做決斷。

中正是怎麼定品的呢？兩個方面：

一個是「家世」，也就是你的出身，要看你爸、你爺爺乃至你祖宗混得好不好，有沒有名望。你的父祖輩要是當過官，封過爵位，就是好出身，也是中正官考察的重要方面。

另一個叫「行狀」，就是你個人品行才能的總評，相當於小學時班主任給你寫的評語，基本上就是四字短語，比如「德才兼備」、「德優能少」、「天才英博」等。

然後根據「家世」和「行狀」這兩方面，給你定品，也就是上面的那九個等級。

舉兩個例子：劉邦，世代務農，德薄能優，下中品，沛縣泗水亭長，哪兒涼快哪兒待著去；王導，琅邪王氏，太保王祥從孫，光祿大夫王覽之孫，德才兼備，上中品，尚書郎。

定品原則上依據的是「行狀」，也就是你的能力，家世僅作參考。但是，原則這個東西永遠是卡普羅大眾的，通常在高層次的環節裡，原則這個東西變通起來簡直太輕鬆了。

無論再過多少年，「原則的階級兩面性」也永遠會存在，咱們不要嫉妒和眼紅，這是客觀必然存在的規律。

我們要做到的是什麼呢？

1.當有一天有資格享受到「原則的變通性紅利」後，千千萬萬別給恩公找麻煩；

2.對不是一個層次、能量級的人千萬要堅持原則，他是管不住他那張嘴的，別把自己害了。

回到陳群的九品官人法，細想也能明白，為什麼要加上家世呢？真到了讓你定品時，是「德才兼備」更能打動你，還是「這小夥子六世二千石，前幾天還和他爸爸、他叔叔、他姥爺、他舅舅一塊吃過飯」更打動你呢？

早期還算好說，因為司馬家中間也換過一次房本，需要培植自己的勢力，傳統的世家大族有合作的也有不合作的，鑿老曹家房梁的官員有一定量的缺口，所以開過一次上升通道，有一部分命好的寒門抓住了窗口期衝了上來。

比如西晉開國的大司馬石苞，家世是寒門，本來任他通天達才，這輩子也就那意思了，但是，作為司馬師陰養的三千死士中的核心軍官，一朝政變就出頭了。

發展到後面，尤其是到了兩晉時，就明明白白地「上品無寒門，下品無高門」了。

五品以上的官職全都是圈裡人的崗位了，任你能耐再大、水平再高，基本上也就是個六品官了。

陳群搬出來這個「九品官人制」（見圖9-1），主要是突出了「家世」的作用，也就是將今後做官的編制比例大概率地留在了現有的既得利益家族中了。

過去還有一代代地方上逐漸混出來的子弟能夠一步步地進入官場，比如當年袁紹家的祖宗，起步時並不算高門，但也被推舉孝廉進了官

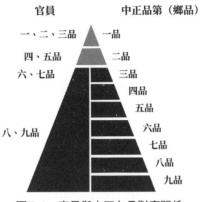

官員與中正九品對應關係

官員　　　　　　中正品第（鄉品）

一、二、三品　　一品

四、五品　　　　二品

六、七品　　　　三品

　　　　　　　　四品

　　　　　　　　五品

　　　　　　　　六品

八、九品　　　　七品

　　　　　　　　八品

　　　　　　　　九品

圖9-1　官員與中正九品對應關係

場。今後中下層家族再感動天地、德才通天，也沒戲了。你必須得是「重點家庭」的孩子，才有機會走進上層建築。

九品官人制和「察舉制」比起來，區別在於「家世」徹底地從制度上重點化、資格化、壁壘化了。這也是讓曹魏亡國的最大制度性禍根。

各郡的中正官最開始也是由各郡長官推舉產生的，還是相當於區域自治。

重大改動，是在曹芳時代，也就是曹操的重孫子那輩，司馬懿加了個州中正官制度。這就是大中正官，掌管州中數郡人物的品評，各郡的中正官變成了小中正官。各州的大中正官由司徒推薦，小中正官由州中的大中正官推舉，司徒確認任命。

這樣一來，地方上的人事權就層層遞進地全被中央抓上來了，或者說全被頂級的那幾個關鍵家族抓上來了。

自州中正官設立後，九品中正制逐漸完成門閥化的轉變，而最終成為門閥士族的選舉工具。

察舉制當然還存在著，只不過越來越式微，成為低級士族與寒族非

常有限的上升通道了。

將望族利益寫進魏國治國方略，這是一種交換。由世家大族、潁川扛旗的陳家掌門陳群提出來，曹丕很明白這是怎麼回事。

當年他爹「唯才是舉」，那是選邊站隊培養漢室拆遷隊。現在「才」都已經選出來了，漢室已經塌了，曹家已經立起來了，該既得利益階層分紅了。

有理想底線的荀彧死了，但大多數士人並不是靠理想吃飯的，跟著曹家這些年辛辛苦苦打天下，他們是要得到酬勞的！

曹丕蓋章簽字，文官系統於是認為「天命不於常，帝王不一姓」，老劉家趕緊給老曹家騰地方！

第二個環節，永遠要抓牢的槍桿子問題。

曹丕繼王位後，對軍隊進行了如下佈置：

中央軍方面：前將軍夏侯惇升為大將軍；都護將軍曹洪升為衛將軍，遷驃騎將軍，這哥倆成了中央軍中的總司令。

禁衛軍方面：譙縣自己人許褚遷武衛將軍，都督中軍宿衛禁兵；中領軍曹休繼續為領軍將軍，後來曹休調整崗位不再擔任領軍將軍，夏侯淵從子夏侯尚遷為領軍將軍。

南軍方面：征南將軍曹仁升車騎將軍，都督荊、揚、益州諸軍事，成為南方總司令；曹休後來調整為鎮南將軍，負責揚州方面軍的事務。

西軍方面：夏侯惇之子夏侯楙，也是曹丕的髮小，封為安西將軍、持節，承夏侯淵處都督關中；曹真為鎮西將軍，假節都督雍、涼州諸軍事；這小一輩兒的哥倆負責西線。

這裡面，無一例外都是沛國譙縣人。這可真不是什麼圈子文化，而是核心軍權的崗位必須得掌握在核心圈子的手裡！

什麼是核心圈子？排個序：自家親戚＞自己老鄉＞自己門生＞自己提拔的人。

想進別人的核心圈子一定謹記這上面的四重關係去進行規劃。

上面那些人，除了夏侯楙之外，全都有過征戰經驗，全都經歷過戰事考驗，全都是曹操三十年征戰後給他兒子留下的又忠心又能幹的軍事班底！

這幫人意味著什麼呢？意味著絕大多數的軍官集團被曹家控制著。

舉一個例子，許褚。

許褚不是曹家人，但卻是曹操的老鄉，幾十年的保鏢，渭水叉腰的撐船人從許褚的禁衛軍中培養出來的軍官，封侯的居然能達到數十人，都尉、校尉的中級領導居然達到了百餘人。[1]

這幫人在走上工作崗位後，感恩的是老領導許褚，許褚又是譙縣系的鐵桿，這些軍事集團的枝枝葉葉最終就全都被曹丕控制。

司馬懿為何在裝死快兩年的時候還能一朝鹹魚翻身呢？因為他兒子司馬師在幹中護軍的時候陰養了三千死士！這裡面有他培養的大量中下層軍官！

外姓諸將也分別都有晉升：張遼遷前將軍、張郃遷左將軍、徐晃遷右將軍……

這些外姓將軍擔任的職務聽上去挺大牌的，但實際上都是被控制的小棋子，他們的部曲中能混出來的軍官綁一塊也不會有許褚一個人的部曲提拔出來的多！

曹家對軍權的掌控力簡直穩如泰山！

但是，重要人物的壽命永遠是影響歷史走向的一個重要砝碼。二十

1　《三國志・許褚傳》：初，褚所將為虎士者從征伐，太祖以為皆壯士也，同日拜為將，其後以功為將軍封侯者數十人，都尉、校尉百餘人，皆劍客也。

年前，中國北方的命運取決於兩個大佬的壽命！二十年後，中國未來四百年的命運取決於兩個家族的壽命！

好神奇，自打一輩子刨墳掘墓、屠城徙民的高壽者曹操走了以後，似乎將曹家人的壽命技能包也跟著一塊打包帶走了……

最後一個環節，祥瑞和功勳問題。

220年三月，譙縣老家據說出現大龍了，還是黃色的。

五行相生是金、水、木、火、土。

漢是火，下一個接天命的就是土了。黃色為土，黃龍就是土龍。

劉秀當年得天下定都洛陽後將「洛」字改為了「雒」。水字邊給去了，因為他怕他炎漢這大火苗子讓水給澆了。結果改完之後劉家的接班人一個個倒在了三十三歲大關之前。

現在自詡土命的曹丕要把「雒」字改回「洛」，因為土克水完全不懣，水還能滋潤土，生長萬物。他家自從改了名之後，明顯比後漢有提高，繼位的皇帝壽命由三十三歲大關提高到了四十歲，整整七歲！

龍出沒後一個月，四月，饒安縣又報告發現了白化病的雞！六月，蜀將孟達前來投誠，曹丕迎來了人形祥瑞。

要說說孟達這個人了。

赤壁之戰後，劉璋派孟達示好劉備，他和法正都帶著兩千人來，他是主管領導。

老劉作為混過漢末各堂口的客將徽章收集者，這輩子見的人太多了，眼光非常毒，他見孫權第一面後就從他大長身子小短腿兒上看出來今後不能再見這小子，他是太多次在生門關閉的最後一刻逃出來的主兒，一下子就看出了孟達這個人的底色。

跟孟達來的副手法正成了重點培養對象，孟達卻一直在江陵賦閒，

徹底幹掉劉璋後才被安排為宜都太守。拿下漢中後，劉備命令孟達從秭歸北攻房陵，完成對漢水全境的佔領。

孟達表現出色，幹掉了房陵太守蒯祺，在他即將進攻上庸的時候，劉備開始防著這小子了，派了自己的義子劉封去接管孟達的部隊。[2]

老劉為什麼這麼防著孟達呢？

如果說法正身負大才、鬱鬱不得志，需要明主給平臺，那孟達就是眼觀八方、待價而沽，牆頭草鑽營。

先來看看孟達他爹孟他是怎麼混出來的吧。

孟他在漢末的時候，為了求進步，變賣了家產來到了洛陽。

在洛陽的時候，孟他結交了大太監張讓的家奴，大方花錢招待，時間長了，那幫家奴都不好意思了，說我們能幫你幹點什麼呢？

孟他說：「我這人就好面子，明天我坐轎子來這兒，你們出來迎我時在大街上給我磕一個頭就行。」

家奴們就是幹這個的，自然答應，第二天，在大庭廣眾之下，孟他接受了眾家奴的跪拜，進張讓府後過了會兒就大搖大擺地回家了。

孟他的這個造型被排在張讓家門外送禮的人都看到了，認為這是個手眼通天的大人物，於是紛紛上他家送禮求他辦事。孟他笑納這些禮物後，將這些人的禮物打包買了涼州刺史，進入了漢末官場。

這就是孟達他爹的入仕之路。

從孟達的人生路來看，他老爹一定是將祖傳的鑽營大法傳給了他。

漢中已經拿下，孟達又剛剛打下了房陵，此時形勢大好，老劉「陰恐」孟達將來難以控制，新打下來的這三郡和曹操管轄地接壤，他怕曹操那邊的出價更高，所以派劉封前去統領孟達的部曲。(見圖9-2)

2 　《三國志・劉封傳》：達將進攻上庸，先主陰恐達難獨任，乃遣封自漢中乘沔水下統達軍，與達會上庸。

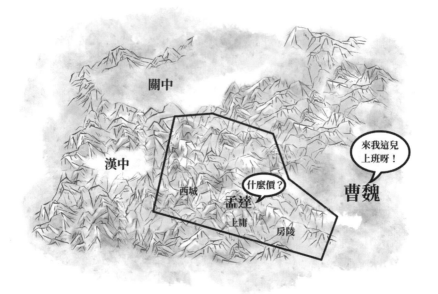

圖 9-2　孟達勢力範圍圖

　　但是，劉封把這事兒給辦砸了。劉封到了以後，並沒有注重方式方法，和孟達的關係處得非常不好，甚至將孟達的儀仗隊都給奪了！

　　你爹讓你來是找辦法架空孟達，不是讓你逼反他，更可恨的是，劉封太狂妄，連二爺的求援都不理！[3]

　　二爺在圍襄樊的關鍵時刻，人手不夠，請漢水上游的友軍發兵相助，但劉封、孟達不搭理。

　　後來劉備弄死劉封的直接原因有兩個：

　　1. 你實在太不會辦事。讓你去統兵，去架空他，你搶人家軍樂團幹什麼？

　　2. 你不救二爺！[4]

3　《三國志・劉封傳》：自關羽圍樊城、襄陽，連呼封、達，令發兵自助。封、達辭以山郡初附，未可動搖，不承羽命。

4　《三國志・劉封傳》：會羽覆敗，先主恨之。……先主責封之侵陵達，又不救羽。

六月，孟達看出來曹丕那邊要走進新時期，二爺之死的影響力又太大，劉封還老擠對他，於是給劉備寫了封告辭信，帶著部曲降魏了。

孟達叛變的時機非常討巧，他作為劉備方面進獻的「祥瑞」，被曹丕開出了天價支票，封平陽亭侯，合房陵、上庸、西城三郡為新城郡，以孟達為新城太守。

孟達靠著祖傳的鑽營大法，待價而沽地賣出了高價，九年後，他又一次想把自己打包再嫁一回，但是，投機永遠有風險，不可能你家的運氣永遠這麼好。

他將非常有幸成為三國時代最後兩尊大神「聯合」絞殺的劈腿渣男。

後來孟達帶著魏軍反攻東三郡，魏軍開到後申儀叛變劉封，劉封敗退回成都。隨後劉封被賜死，至此，劉備倆兒子的「封」、「禪」組合只剩下「禪」了，由劉家封禪的遠大理想變成劉家等著送人了。

這個起名字啊，一定要想好了，對家族的美好希望儘量不要拆分在每個孩子身上。你看人家孫堅就會起名字：孫策字伯符；策符。孫權字仲謀；權謀。孫翊字叔弼；翊弼。孫匡字季佐；匡佐。

就算仨兒子都早死，策符、翊弼、匡佐全都沒了，那還剩下一個權謀嘛！

曹丕對他爹誇過的這個孫權很來氣，繼位沒多久就命曹休為鎮南將軍，假節都督諸軍事，擊破了孫權的歷陽軍屯，居然還打過了長江，燒了蕪湖營數千家。

曹丕就是派曹休教訓一下孫權，誰也沒想到居然打成了這個效果，早知道就多給曹休撥軍隊一口氣滅了孫權了！

六月，孟達投誠的同時，曹丕開始閱兵南征，高低滅了孫權！

七月，孫權向他認慫送禮，丕哥你快過戶去吧。

曹丕至此名正言順地做好了全部準備。

十月乙卯，漢獻帝先是在高祖廟祭祀，報告列祖列宗公司終於徹底地經營不下去了，連牌都掛不了了，隨後派代理御史大夫張音帶著全套符節捧著皇帝璽綬以及詔書，要讓位給魏王曹丕。

　　曹丕三次上書推辭，隨後在繁陽築起高壇。

　　十月辛未，曹丕登壇受皇帝璽綬，即皇帝位。燃起大火祭祀天地、山川，更改年號，大赦全國。

　　至此，漢作為天命的四百年代表，下班了。天命，由秦傳漢，再由漢傳到了魏！

　　曹丕合法地接過了天命，使得西南的劉備突然間接了一個巨大的燙手山芋！他這個漢中王政權存續的依據不存在了！

二、老劉伐吳的邏輯鏈條，兩頭都堵的無奈選擇

早在220年年底，曹丕剛篡漢後，蜀中就流傳出了一個大新聞：獻帝被曹丕弄死了。劉備方一片譁然，跳腳罵街，誓與曹賊不共戴天！

實際上這則報導嚴重失真，人家獻帝活得好好的，而且在封國內還可以奉漢正朔和服色、建漢宗廟以奉漢祀，作為一個被禪位的皇帝，獻帝的待遇比後面那些小可憐們強太多了！

那麼為什麼會流出這樣一則報導呢？

因為曹丕用的是「禪讓」的形式將獻帝的法人資格拿來的，這代表著獻帝這個老劉家的末任董事長自己是「心甘情願」的，是走完一整套程序後讓出了「天命」，這是合法的！

曹魏代劉漢，人家有老天爺的認證了。劉氏，國祚盡矣！

這就讓劉備很被動了，他這宗親成匪首了，這輩子最響的「奉詔討賊」的口號徹底沒戲了。劉備必須說獻帝被曹丕弄死了，曹丕是篡的漢，曹丕的手續是不合法的，他這個西南角的大漢宗親才有繼續發展自己集團的合理性。他要在謠言穿幫前，把「天命」給搶過來。

兩川重巒疊嶂，百姓消息閉塞，說什麼都是靠政府大喇叭宣傳，本

國封鎖住消息，誰又能知道真相是什麼？

公元221年四月，曹丕篡漢後半年，劉備在成都武擔山即皇帝位。理論上，漢王朝的倒數第二位皇帝繼位了。官方名字叫「昭烈皇帝」，史料普遍稱「先主」。

歷史是魏晉主流史官書寫的，給出的態度很明確，你劉家的江山，真的完了。你是「先主」，益州之主。你不是「先帝」，並非蜀漢之帝。

劉備繼位之後，做了件非常出乎意料的事，他沒有給漢獻帝報仇，而是要給他「寢則同床，恩若兄弟」的關二爺報仇。

這就政治不正確了，因為你剛剛把「天命」奪過來，宣佈曹魏是國賊，怎麼能掉頭就抽跟你有過節的吳老二呢？他吳老二再讓你不爽，曹魏可是把你家祖墳刨了的仇人啊！

理論上，自打曹丕篡位後，蜀漢就再沒有第二個敵人了，你得忍辱負重，喊上吳老二去打曹老大了！

這就是政治定位問題了，你根本不能選錯。結果劉備就是選錯了。

先別罵老劉，老劉此時和二爺在拿了假節鉞後怎麼做都是錯一樣，國際局勢變幻得實在太快，老劉打吳老二是不得不去幹的一件事。

老劉在二爺死後又聽說了老朋友曹操的離世消息。這兩個勁爆消息傳來後，老劉做出了令所有人瞠目結舌的一件事：這輩子第一次向反了一輩子的曹操遞出了橄欖枝，派使者韓冉帶著外交國書前去弔唁，並隨了個份子。[1]

老劉為什麼要這樣幹呢？很明顯，他要緩和雙方的矛盾，聯合曹丕給他家二爺報仇。

但是，他沒有想到曹丕此時已經準備代漢了，曹丕命令荊州刺史砍了韓冉，說，我爹都讓你家關羽把油熬乾了！跟你劉備勢不兩立！

1　《魏書》：備聞曹公薨，遣掾韓冉奉書弔，並致賵贈之禮。

等曹丕即皇帝位後，第一個打的就是劉備。曹丕遷夏侯尚為征南將軍，領荊州刺史，假節都督南方諸軍事。夏侯尚帶著徐晃和孟達打回了上庸，平東三郡。

曹丕這邊作為新升起來的黃太陽，一點兒不給劉大爺面子，雙方斷絕了任何可以緩和的可能。

曹丕稱帝後，孫權方面迎來了第一個好時機，因為劉備和曹丕沒有了任何和解的可能。關中方面只有曹真、張郃的兵力，曹魏的兵力全部壓在東線，劉備有著非常好的出兵時機，理論上應該是興兵北伐的。這也就意味著，劉備無論多恨他吳老二，都應該和他恢復盟約，雙方繼續一致對付北方。孫權也迎來了擺脫之前稱臣曹魏的解套機會以及修復與劉備彌天大恨的討論空間。

從博弈論的角度來講，孫權應該對老劉示好，繼續尋求合作的可能性。

但是，他早已經把路走絕了。他自打背盟偷襲了荊州，就沒打算回頭，奔著弄死老三的道路一條道走到黑了。

他在拿下荊州後把劉璋封為益州牧，將其放到了秭歸，以招降納叛，當政治符號。

效果很不錯，通過誘降等種種方法，幹掉了數萬人。[2]

他還在劉璋待的地方專門分出宜都郡的巫縣和秭歸二縣，重新命名為固陵郡，拜潘璋為太守。

什麼意思呢？

孫權非常挑釁地在他的國門邊也整出來了一個相同的名字。

實在是夠囂張！

2　《三國志・陸遜傳》：秭歸大姓文布、鄧凱等合夷兵數千人，首尾西方。遜復部旌討破布、凱。布、凱脫走，蜀以為將。遜令人誘之，布帥眾還降。前後斬獲招納，凡數萬計。

史書中已經寫明瞭，孫權想要打到成都去，周泰都被封為漢中太守了。[3]

在二爺死後，一系列國際局勢演化如下：

1. 老劉收到二爺、曹操的喪信，得知荊州被孫權偷襲了。

2. 孫權殺了人、奪了地，還聲稱要打到成都去，將原來的益州領導放在國門邊強力地製造摩擦。

3. 老劉找曹丕方面尋找合作的可能性，被打臉。

4. 曹丕稱帝，派兵奪蜀漢的東三郡。

5. 老劉要迅速地將天命接過來，編了獻帝被殺的理由，承擔了要給大漢報仇的巨大政治壓力。

至此，老劉面臨著兩頭堵的尷尬境地！

如果老劉傾全國之兵北伐了，當時的孫權是一口氣捅死老劉的架勢！孫權這麼牛是什麼意思呢？大概率是想通過表示強硬，嚇唬住老劉：我就殺了你的人，奪了你的城，老子還得抓你這老小子！別跟我來勁！

孫權這樣做明智嗎？並不明智。

1. 老劉是能嚇唬得住的人嗎？

曹操這麼猛的人，雖然老劉東躲西藏了大半生，但並沒有被嚇唬住。現在你殺了他最重要的臂膀，你還拿劉璋刺激他，你的種種做法就是在逼老劉出手。如果老劉真來打你了，北面曹丕要是同時發兵渾水摸魚，你扛得住嗎？

2. 曹丕剛剛上位，已經打完蜀了，拿回了東三郡，人家要是再想幹出點兒政績，肯定不會翻山越嶺地去打漢中，從軍團配置就看出來了，西線只有曹真軍團。曹丕更可能的是打你的長江一線，而且一直沒停止

3　《三國志・蔣欽傳》：後權破關羽，欲進圖蜀，拜泰漢中太守……

對你開火。

你真的有能力在曹丕陳兵長江一線後，仍然能派重兵上溯長江去消滅劉備嗎？幾乎不可能！

所以你現在這麼刺激老劉，真的不明智。你應該將荊州防線像二爺那樣經營成老劉根本不敢動心思的鐵桶，然後等老劉死，和下一任領導班子達成和解。六十歲的人了，他還能活多長時間！

221 年四月，老劉當皇帝的同時，孫權發現自己因對老劉的外交過於強勢而把自己逼向了非常險惡的境地。曹仁又打回了襄陽，荊北壓力驟增。打回了襄陽是什麼意思？襄陽不是一直在曹魏手中嗎？

曹丕剛即位的時候，因為樊城已經被二爺打殘了，所以曹仁屯兵襄陽，但是又擔心被孫權在漢水斷了歸路，而且大戰一年後，襄樊已經沒有糧食了，曹丕命曹仁帶領荊州軍撤到了宛城。

孫權作為整個襄樊會戰的最大受益者，在二爺死後仍然享受著這份偉大遺產的光輝，中國之腹的第一橋頭堡不戰而得，孫權派陳邵據襄陽。

這個位置太關鍵了，卡死了這裡，荊州北部的壓力將驟減！

但是，一年後，神奇的事情發生了。曹丕稱帝後派曹仁去奪回襄陽，曹仁和徐晃輕鬆拿下，又搶回了這個南下的橋頭堡，隨後遷走了漢水以南的老百姓們。[4]

孫權方面「極度輕鬆」地丟了扼住北軍南下的嗓子眼，本來揚州戰區就緊張，國境線已經被推到長江邊了，現在荊州戰區也將面臨隨時可能出現的曹魏大兵壓境！

4　《三國志・曹仁傳》：詔仁討之。仁與徐晃攻破邵，遂入襄陽，使將軍高遷等徙漢南附化民於漢北。

老劉迎來了雖不政治正確，卻極度軍事正確的時機。

老劉打曹丕，孫權這小子照著現在這缺德樣，大概率會偷襲他；老劉打孫權，基本不用擔心北面，因為秦嶺是運糧噩夢，曹丕還隨時有可能在長江全線對孫權進行打劫。

東面已經被曹魏壓到長江邊了，已經觸及了孫權的底線，倒是西邊荊州仍有談判的餘地，還記得當年的湘水之盟嗎？老劉當年為什麼心甘情願地談判了呢？因為擔心面臨雙線作戰。

總之，老劉此次出兵，從理論上來講，不僅沒有危機，還有好多潛在利益點：

1.打擊孫權方面的囂張氣焰。

2.打擊孫權荊州的統治力量。

3.逼孫權走到談判桌前，吐出部分荊州的紅利。

4.給二爺報仇，出惡氣的同時打給兄弟們看！

雖如此，但仍有一部分人在勸諫。比如老兄弟趙雲。

子龍很明確地跟劉哥說了：「國賊是曹操，不是孫權，滅了魏，孫權自會歸順，曹操死了，他兒子竊國了，我們應當順應民心，儘早奪取關中，佔據黃河、渭水上游，以利於征討凶頑叛逆，函谷關以東的義士一定會簞食壺漿地來迎王師的。我們不應放棄曹魏去打孫權，打起來就不那麼好結束了。」

什麼意思呢？老二跟老三打，「不得卒解」之後，就是把國力都搭進去，人家老大輕鬆地就推了你們倆了！但是，子龍這話就是理論上正確，卻並不太符合當時的實際。

因為隨著吳老二背刺荊州後的囂張表現，劉老三根本顧不上什麼長遠大局了！不僅必須打孫權，而且從孫權的出牌慣性來推斷，老劉根本不能再等了！

因為孫權一直對北面跪著舔，對西面吹牛，此時襄陽他已經失手，荊州門戶洞開，按照他的做人準則，一定會再度向曹丕服軟，聯合曹丕攻蜀。

向曹丕可以認慫，因為孫權沒有政治壓力，劉備可是對孫權有深仇大恨的！而且從心理學上來講，背信棄義的施暴者往往最為仇視受害人。

這就和當初說龐涓、孫臏時一樣，受害人會時刻提醒他們有多醜陋，不要相信良心會發現，良心被拷打後，最直接的反應往往就是怒火中燒、一了百了。

老劉現在也是皇帝，自古天無二日，以孫權的手腕更可能將曹丕誘惑過來打他！一旦曹丕攻打漢中，孫權溯江入川，老劉將面臨極其被動的雙線作戰！

與其這樣，還不如老劉先下手為強地表態去打孫權，牽制住孫權的荊州力量，讓曹丕看到有機可乘，於是南下伐吳，隨後將孫權逼到割地賠款的談判桌前。而且，萬一老劉在荊州大勝了呢！

而且老劉此時已經六十歲了，不能再等了！不光他在變老，這夥百戰老兵也在變老，現在打孫權，也許趁著二爺在荊州的恩信大行還能有著民望紅利，再等幾年，這口氣也許就緩不上來了。

綜上所述，劉備東伐孫權，根本沒有選擇！

1.既沒有緩和的可能性，因為對面一直嚷嚷著要弄死他！

2.也沒有等待的可能性，因為孫權可以投降去換曹丕的合攻蜀漢，越拖越被動，再說他已經六十高壽等不起了！

隨著老二不在乎詩和遠方後，老三也只能忙於眼前的苟且了！

有些時候，悲哀就在於，弱者無論怎麼選，都是錯的！

之所以強者恒強，原因就在於弱者只能通過抱團取暖去與老大博弈。這其中只要有一個弱者選錯了一步，邏輯鏈條的推演就開始成為弱

者相互傾軋、強者等待收割。

天命這桿政治大旗，有時候真的好神奇。你既然以獻帝被害死的名義當上了皇帝，你就沒有選擇，要順天而行給你家宗廟社稷去報仇。這樣老天跟祖宗的在天之靈才有可能去護佑你，這樣全世界的老百姓才有可能覺得你還算是興復炎劉的王師。

劉備的運氣自打一宣布伐吳不伐魏，就開始大盤跳水般地狂跌！

老劉六月宣布御駕親征去打孫權，剛命三爺帶著自己的萬人部曲從閬中會師江州，之前被三爺暴力執法的張達、范強就把三爺暗殺了，坐著船投奔孫權去了。

老劉之前經常教育老三：「你平時殺伐過重，鞭打完人家還讓人接著在你身邊，這不是找倒霉嘛！」

三爺打人打幾十年了，仗著自己萬人敵，孫策怎麼被人弄死的教訓從來不當回事兒，結果劉備剛要打孫權，人家就把老三弄死了。

你要是打曹丕也許三爺還死不了，因為張達、范強得一路北逃。蜀道有太多關卡了，他們是跑不出去的！現在倒好，他們忍這麼多年了早就想殺三爺，你終於跟孫權宣戰了，人家找艘船順著長江就奔孫權去了，速度不僅快，而且中間就白帝城一道關口，你追都不好追。

仇越結越大了！

此時此刻，曹丕也迎來了自赤壁之戰後，幹掉孫權的最好的一次機會！雖然曹丕最終沒有抓住好機會，但不能否認，孫權偷襲荊州的這個決定，其實給了曹魏一次巨大的破局和收天下的機會！

所謂的「三國」，其實剛開始就差點兒玩不下去了！

丞相這個時候在幹什麼？有什麼表態嗎？史書並沒有說此時丞相的態度，只記載了這樣一段話：章武二年，大軍敗績，還住白帝。亮歎曰：「法孝直若在，則能制主上，令不東行；就復東行，必不傾危矣。」

在夷陵大敗後，丞相歎息道：「要是法正在，就一定能拉住老劉不東行，就算東行，肯定輸不了這麼慘。」

從這句事後諸葛亮的話中是很難看出丞相當初什麼態度的。但此時怎麼選都是錯了，丞相又能怎樣呢？

老劉最後輸哪兒了呢？

一個是三爺，三爺要是沒死，後面老劉在佈陣江北時肯定會讓三爺去獨當一面，最後一個靠譜的頂級參謀黃權就會留在自己身邊，估計最終不會讓陸遜偷襲得手，甚至可能以奇謀敗敵。

另一個，就是丞相哀歎的法正。220年算是蜀漢政權的徹底轉折，不僅第一神將關雲長沒了，劉備的貼身小棉襖法正，四十五歲，年紀輕輕的，也走人了。

劉備之所以鑄成大錯，是因為缺少了法正這樣的關鍵性人物。

他如果在的話，如丞相所說，誰贏誰輸還不一定呢！

自從法正加盟劉備後，劉哥的整體技戰術水平上了一個臺階。

鄭度勸劉璋堅壁清野，法正說劉璋不會幹的；在葭萌關宣戰後，指導劉備一路戰敗蜀中諸將南下圍攻雒城；軍圍雒城時給劉璋寫信，殺人誅心。

他對於劉備，類似於郭嘉對曹操。知人心、斷人性、出奇謀，最後還招領導喜歡。尤其這最後一點，非常重要。

法正在劉哥階段性革命成功後成為蜀郡太守、揚武將軍，外統都畿，內為謀主。掌權後的第一件事，開始了自己人生的反倒清算：哪怕一頓飯的恩情，法正也去報答。哪怕瞪一眼的矛盾，法正也得報復回來。

很多人找到了丞相，說你得管管，跟咱老大提提這事兒，最近我們看到孝直就哆嗦。

咱丞相是古往今來的好眼光，會做人，是這麼回答的：「我資格老，有一些話語權。老劉這些年太難了，連跟媳婦睡覺都睡不踏實，多虧了人家法正幫著輔佐才讓領導飛了起來，怎麼能卸磨殺驢呢！」[5]

　　這段話最終起到兩個效果：

　　1.丞相將來在法正這裡甭管什麼事兒都不會有阻力。

　　千萬別在背後說人壞話，沒有任何懸念別人肯定會知道，說了就是結仇！

　　法正肯定會通過種種環節最終知道這件事，從而體會到丞相對他的尊重與示好。法正會明白，丞相是懂他的價值的！是尊重他的！將來再有什麼丞相不好說的事情，孝直肯定會幫忙的。

　　2.法正事後會有收斂。

　　丞相在大庭廣眾之下表態說：「老法繼續造！兄弟我挺你！」如果後面法正要是還「於蜀郡太縱橫」，丞相也要受連帶的名譽責任！

　　很多事，一個大人物給你面子後，你通常會反過來給人家一個面子，法正這麼聰明的人，不會讓丞相面子上不好看的。

　　後面打漢中，是法正力勸劉哥的；砍死夏侯淵是法正下令黃忠突擊的。

　　曹操到了漢中，很是納悶劉備怎麼能想到變陣定軍山、砍死夏侯淵呢？聽說是法正的佈置，心裡安慰自己說：我就說劉備沒這個本事，鬧半天是有人教的嘛！

5　《三國志・法正傳》：主公之在公安也，北畏曹公之強，東憚孫權之逼，近則懼孫夫人生變於肘腋之下，當斯之時，進退狼跋。法孝直為之輔翼，令翻然翱翔，不可復製。如何禁止法正使得不行其意邪！

雖說這裡面有砸老劉咖位的動機，但法正仍然是相當重要的，這麼大的兵團打了一年老劉都沒送溫暖，你說法正有多厲害。

劉備為漢中王後，法正是尚書令、護軍將軍。身為尚書台和禁軍的一把手，是老劉心腹中的心腹。

結果二爺死後沒多久，法正也死了，老劉哭了很多天，隨後令人震驚地迅速給了法正「翼侯」的諡號！「剛克為伐，思慮深遠」曰「翼」，評價非常高。這也是老劉唯一給諡號的人。

不是說老劉對二爺的感情淺，是因為無論什麼原因，丟失國土都是需要問責的。有功必賞，不然黃忠不會到那個位置。有過必罰，二爺這麼冤屈、這麼大的腕兒，只要你丟了國土，都不能這個時候給諡號。

法正死了，老劉第一時間就送他進名人堂了。

老劉這輩子，最大的優點就是知道這個人的價值有多大！

二爺永遠是獨當一面的司令；諸葛亮自打入職就當作丞相培養；黃忠和魏延都是他從下層選拔出來的軍官立下大功；法正更不必提了，這麼難過除了感情的因素在，人家是真有本事的！

曹操和法正的前後腳過世，對六十高壽的老劉產生了不可逆的毀滅性影響。前者讓老劉瞬間覺得天下再無敵手，最可怕的那位終於走人了！後者讓老劉的大兵團作戰和臨陣奇謀水平再度回到了建安十六年（211）之前。

關羽（219）、法正（220）、黃忠（220）、張飛（221），大量的頂級人物在夷陵之戰前匆忙退場，結果老兵不死的劉備只能自己突擊了。

雖然確實老兵不死，但也確實只剩凋零了。

三、劉備真的連營了七百里嗎？

　　劉備發起了著名的三國三大戰的最後一戰——夷陵之戰。

　　看上去聲勢很大、歷史地位挺高，但這一戰真的談不上是三大戰之一，甚至沒有什麼必要仔細說。因為老二、老三互掐，只會加速老大最終一統天下的節奏。

　　此戰之後，劉備留給諸葛亮一個瀕臨破產的初創公司，孫權那邊則開始了長達三十年的退休養老生活。

　　之所以被排入三大戰，是因為老劉的咖位比較大，以及後面的爛攤子實在夠爛，突顯了丞相的史上最強反彈傳奇，而且老劉的這一仗雖然大敗虧輸，但最後的謝幕演出還是相當精彩的。他奉獻了史上效果最佳的托孤表演。

　　221年七月，劉備親自帶隊，東進伐吳。孫權終於知道怕了，修書請和，但已經晚了，老劉大怒不許！

　　孫權派陸遜與李異等屯巫縣、秭歸進行阻擊。

　　孫權一邊備戰，一邊派使者去曹丕那裡認慫稱藩，魏國朝堂全都給曹丕道喜，侍中劉曄勸曹丕說：「現在天下三分，咱們十有其八，吳、

蜀各保一州，阻山依水，互為聯盟才沒滅了他們，現在他們自己打起來了，這是天亡他們啊！現在我們應該興大兵發起渡江戰役，蜀攻其外，我襲其內，吳眼瞅著就是完蛋的節奏！吳亡則蜀孤，就算蜀拿下荊州，但只要我們拿下了揚州，蜀還能有什麼蹦頭！」

曹丕說：「人稱臣降而伐之，這是疑天下欲來者之心啊！我們應該受吳降而襲蜀之後。」

劉曄說：「蜀遠吳近，聽說咱打蜀，劉備必然回軍。現在劉備已怒，要是知道我們也打吳國，他知吳必亡！肯定不會救吳國，咱們是穩賺不賠的買賣啊！」

曹丕在精準判斷後，認為劉曄說得不對，於是決定接受吳國的投降，還居然要封孫權為吳王。

劉曄又來勸阻，說：「你爹征伐天下，天下兼十分之八，威震海內，德合天地，聲暨四遠，不是我跟你歌功頌德，你這手續是實打實的世界範圍內認同的！

「現在孫權有雄才，但名分上不過就是個故漢驃騎將軍南昌侯罷了，現在您要是受他的降，可以賜他個將軍號，封個十萬戶侯，絕對不能封為王啊！

「他要是當了王，距離天子就只差一步了！他現在正好在江東沒有合法性，你怎麼還能送他名分呢！」[1]

曹丕認為面子重要，八月丁巳，曹丕派太常邢貞持節拜孫權為大將軍，封吳王，加「九錫」。

孫權出道二十多年了，終於碰到一個比他嫩的了！孫權在劉備要明確來打他的時候，用了一個稱藩的名義進行操作，就換來了曹丕對他的

1　《三國志・劉曄傳》：夫王位，去天子一階耳，其禮秩服御相亂也。彼直為侯，江南士民未有君臣之義也。我信其偽降，就封殖之，崇其位號，定其君臣，是為虎傅翼也。

封王！

曹丕擔憂「人稱臣降而伐之，疑天下欲來者心」，這在大部分情況下是沒錯的，但現在的情況很特殊，孫權這個級別的「降者」就還剩一個劉備，問題是劉備連皇帝位都即了，你認為他會投降嗎？

就算你接受孫權投降，你可以提條件啊，而且他給你什麼了你就上趕著封王啊？

孫權裝了人生中收益最大的一次孫子！老曹估計在地底下還得誇「生子當如孫仲謀」，就我那兒了啊……

半年後，陸遜的三峽阻擊軍扛不住了，孫權又出兵五萬，由陸遜總督迎戰劉備。陸遜正式挑大樑了。

陸遜，本名陸議，是吳郡陸氏，當年被孫策搞死的盧江太守陸康的從孫。盧江之難，陸康瞅準時機將一部分宗族遣回了老家，十二歲的陸議就在這個名單中。剩下的陸家人，後來大部分都讓孫家弄死了。

九年後，二十一歲的陸議陸家人開始入仕孫家，估計在這個時候改名為陸遜。

「遜」是什麼意思呢？三種意思：1.退讓。2.謙恭。3.差勁兒。

孫權對這個名字很滿意，然後把孫策的閨女許配給了陸遜，看看陸遜看到仇人之女的反應。孫權在搞人際鬥爭上面真的是沒辜負他爹給他起名字時的「權謀」期望。

早年間的陸遜一直在山裡幹剿匪的工作。說是剿匪，其實就是拉壯丁，以致於後來會稽太守淳于式告陸遜的狀，說陸遜為了衝績效、擴勢力，把我這裡正常的老百姓都抓去給他當兵。

陸遜對孫權說：「淳于式可是個有本事的人，您要重用啊！」

孫權問：「呦！他可黑過你！」

陸遜說：「人家說得對，我就是拉壯丁拉猛了，他是以人為本，正經

的好領導啊！」

他第一次在外交場合上露頭，是快四十歲的時候。跟呂蒙合計算計關公，隨後去裝小可憐。已經忍了二十多年的陸遜幹起這活兒簡直太輕車熟路了！

後來關公被刺、孫權下荊州，呂蒙前後腳蹬腿，陸遜領了宜都太守，成為繼潘璋後，荊州方面阻擋劉備的第二道門戶。

這個任命，算是孫權最終能夠安心開始三十年養老的神仙操作。因為陸遜不僅在宜都地區開始詳細地瞭解當地的水文地貌，還對新佔領的荊州展開了進一步的制度吸收。

陸遜大規模提拔荊州新降的官員們，對荊州豪族們的地方勢力也給予充分肯定，以安其心。

221年七月，劉備率諸軍伐吳，一直到了222年的正月，劉備終於帶隊攻破了長江峽口，蜀軍吳班、陳式軍在一系列戰鬥中攻下夷陵（今宜昌市東南長江北岸），水軍夾江東西岸，拿下了出川峽口，開闢了灘頭陣地。[2]

半年的時間，打出三峽了。

但是，拿下夷陵後，老劉做了一個很反常的舉動。

二月，老劉並沒有在夷陵爆破登陸，而是自稱歸率諸軍向長江南岸進軍，翻山越嶺地插到了夷道猇亭（今猇亭區西南，長江南岸）。

隨後自很山通武陵，派侍中馬良安慰五谿蠻夷，少數民族們全部響應出兵！

2　《三國志・先主傳》：秋七月，遂帥諸軍伐吳……將軍吳班、馮習自巫攻破異等……二年春正月，先主軍還秭歸，將軍吳班、陳式水軍屯夷陵，夾江東西岸。

夷陵地區換防，由鎮北將軍黃權接管督江北諸軍，與吳軍相拒於夷陵，並提防自臨沮（南漳縣城關鎮）南下的魏軍。（見圖9-3）

劉備為什麼不從北岸已經拿下的夷陵登陸呢？兩個小原因和一個大原因。

兩個小原因：

1.走北線並不明智，夷陵北上有路通到臨沮，那裡是魏國的勢力範圍。（見圖9-4）

2.荊州的當地豪族大姓與百姓這幾年被孫權照料得特別好，呂蒙進江陵時不僅各種噓寒問暖、給衣給藥，還免了當年的租稅，後來陸遜開始大規模提拔當地豪族子弟為官吏。劉備策反荊州內亂的可能性不高。

一個大原因：

只有拿下江陵城後，才能談得上不怕北面曹丕的襲擊，不怕孫權的

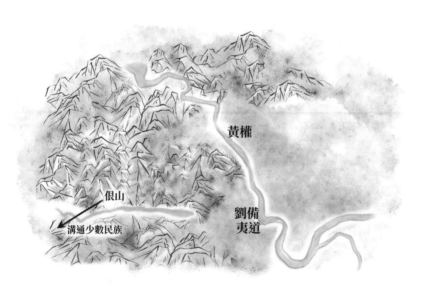

圖9-3　劉備西征路線圖

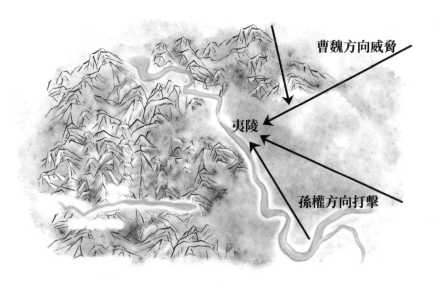

圖 9-4　夷陵面臨的江北危機圖

西進，才能以此為重要據點將蜀中的大量人力、物力調過來。但是二爺造的江陵城基本不太可能靠攻堅戰打下來，更別說此時孫權方面有著全部準備，所以劉備正面攻堅江陵拿下的可能性太小了！

　　由老劉費勁兒折騰地走南路來看，基本可以判斷出老劉此次的戰略意圖（見圖9-5）：

　　1.拿下夷陵，保證後勤物資能從蜀中通過長江源源不斷地運出來，但是避免在北岸和曹魏產生衝突，夷陵主要是起保護糧道作用的。

　　2.突破夷道，拿回公安，將手伸回荊南，和曹丕南北夾擊江陵，變成周瑜死之前的局勢，和孫權進行談判，或者伺機武力拿回江陵。

　　陸遜是怎麼佈置的呢？長江北岸，他將隊伍擺在了夷陵；[3]長江南岸，他將中心放在了夷道。這成為陸遜最後的底線！

3　《三國志・先主傳》：鎮北將軍黃權督江北諸軍，與吳軍相拒於夷陵道。

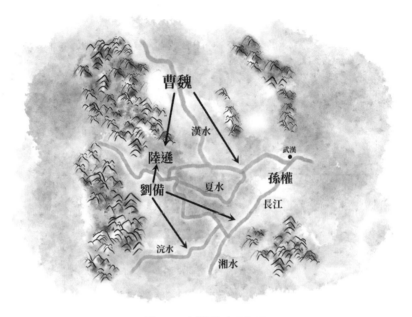

圖 9-5　劉備戰略預想圖

　　夷道以西仍然是狹長的鄂西山地，劉備的主要兵力難以展開，他的陸軍優勢無法發揮，劉備在猇亭紮營後準確地來講是前後連營五十餘座。陸遜在東岸根據老劉的兵力配比，相應地拉開了長長的防守線。[4]

　　傳統說劉備和陸遜對峙連營了幾百里，這並不準確。(見圖9-6)

　　曹丕笑話劉備連營了七百里，他是聽說的，還不知道是具體什麼時候的操作。[5]

　　《三國志・陸遜傳》中說的「備從巫峽、建平連圍至夷陵界，立數十屯，以金錦爵賞誘動諸夷」，更可能是在拿下夷陵之前的半年三峽爭奪戰中，大軍被憋在三峽內的操作。

4　《三國志・吳主傳》：蜀軍分據險地，前後五十餘營，遜隨輕重以兵應拒。
5　《三國志・文帝紀》：初，帝聞備兵東下，與權交戰，樹柵連營七百餘里……

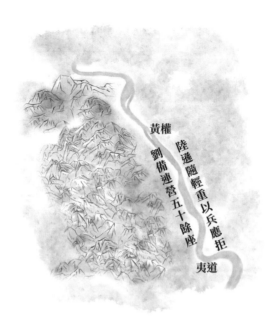

圖 9-6　劉備連營圖

　　根據嚴耕望先生在《唐代交通圖考》中的考據，「蓋夷陵以上至秭歸多行江南，秭歸以西蓋多行江北」而來。

　　因為上述連營時「以金錦爵賞誘動諸夷」，然後《先主傳》中說，劉備拿下秭歸後，陸路開始同行南岸了，武陵五谿蠻夷開始從這個時候遣使喜迎王師了。[6]

　　夷陵東西岸拿下後意味著三峽全線通航，峽內就不再需要留駐大量兵力了，所以劉備的主力大軍應該都在猇亭和夷陵與陸遜對峙。

　　老劉此次帶來多少人呢？

6　《三國志‧先主傳》：吳將陸議、李異、劉阿等屯巫、秭歸；將軍吳班、馮習自巫攻破異等，軍次秭歸，武陵五谿蠻夷遣使請兵。

黃權後來被吳軍截斷退路北投曹魏的時候，有頭有腦的三百一十八人之多，封侯者四十二人，為將者百餘人。[7]

　　這支隊伍規模不小。

　　最開始陸遜根據蜀軍兵力多少應對的時候，蜀軍是五十餘營。結合後面陸遜的最終戰果是「破其四十餘營」，黃權幾乎沒有損失地帶著江北諸軍投降曹魏了，基本可以判斷，老劉的兵力配比應該是江北黃權十餘營，江南主力四十餘營。按當時的慣例，一營兵大約一千人，所以老劉這回帶過來的士兵大約五萬人。陸遜那邊明確是五萬人。所以此戰雙方應該是勢均力敵。

　　陸遜堵在這裡，不僅可以借助兩岸最後的狹長山地憋住老劉，也可以充分發揮吳軍的水軍優勢。自三峽下夷陵，連山疊嶂，水流湍急，至西陵峽口才開始水流變緩，也就是夷陵。

　　但是夷陵之東十幾里，兩岸又開始迅速收緊，水流又變得湍急無比，兩岸最近時僅有七百米，也就是荊門、虎牙兩山夾於中間，與此同時，虎牙灘礁石遍佈，非常容易觸礁翻船，直到中華人民共和國成立後才被爆炸清除。出了虎牙荊門江關後，江面才開始江面寬廣，水流減緩，船隻航行才算得上安全。

　　這也就意味著，陸遜卡在這個位置，蜀漢的水軍幾乎是不敢越過湍急的虎牙江關，隨後在寬闊的水域和吳國水軍作戰的。這使得東吳方面掌握了該航段的制水權。

　　這一點非常重要！（見圖9-7）

7　《魏書》：權及領南郡太守史郃等三百一十八人，詣荊州刺史奉上所假印綬、棨戟、幢麾、牙門、鼓車。……及封史郃等四十二人皆為列侯，為將軍郎將百餘人。

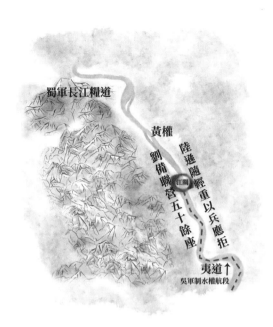

圖 9-7　吳軍制水權航道圖

　　劉備在夷道站穩腳跟後，以將軍馮習為大都督，張南為前部，趙融、廖淳、傅肜等各為別督，先遣吳班帶著數千人於平地立營挑戰陸遜軍。

　　跟陸遜出來的那幫老部下全都要出去跟劉備打。

　　陸遜說：「一定有問題，咱先看看。」

　　劉備等了大半天，看見陸遜沒反應，於是帶出了谷中的八千伏兵。

　　陸遜說：「你看，我說不能打吧，他肯定有問題。」

　　這弄得吳軍班子很不和諧，因為雙方兵力大致相等，並沒有七十萬大軍滅吳而來，其實就是五萬打你五萬來了，你怎麼就這麼慫呢！

　　諸將嚷嚷著要跟劉備打，陸遜說：「不行！現在劉備被咱們憋在山地，人家屯兵在高處，咱們仰攻很費勁，就算能拿下，人家連營五十屯，很難全部攻下。劉備率軍東下，銳氣正盛，一旦交戰咱們輸了，有

損我軍大勢！忘了人家曹仁、張遼的保留曲目了！咱們的陸戰向來只要輸了第一戰，然後瞬間就慫了，隨後每天以百分之二十的速度滑坡，一個禮拜連營門都出不去了！現在就一個字，拖！」

跟他出來的這幫老將全都認為陸遜慫，對他心懷不滿。

隨後就是耗著，這一耗就是半年，陸遜根本不跟劉備打，但陸遜面臨的內部壓力越來越大。

這幫老將要麼是當年跟孫策混出來的，資歷特別老；要麼就是孫家自己人，本來就看不起你陸遜，現在你人如其名，慫了就更看不上你了！所以陸遜下達的很多軍事指令，他們都已經不搭理了。[8]

陸遜沒辦法，只能使出鐵腕政策，拔劍怒吼：「劉備天下知名，當年曹操都忌憚，現在是咱的強敵，全都得聽我的，齊心打這老傢伙，我雖是書生，但受命主上，我忍你們很久了，大夥各司其職，我看誰再敢犯我軍令！」

陸遜撕破臉鎮壓老將的同時也不斷給孫權寫信，大致內容為：

1.劉備逆天而行，不在他的洞穴裡待著千里迢迢來送人頭，我就要弄死他了！

2.劉備這輩子沒打過幾次勝仗，千萬別拿他當回事。

3.我最開始害怕他水陸並進，現在他將水軍全部放棄了，處處結營，我已經詳細地探明他的兵力部署方向，他就這點能耐了，沒什麼變化了！

總結起來就一句話：您千萬踏實住了，我相信現在諸將的怒吼和劉備的間諜會源源不斷地給您吹風，但千萬相信我，咱就要弄死他了！

陸遜那邊極度艱難，老劉這邊則頗為沉得住氣。論僵持等待，這方

8　《三國志‧陸遜傳》：當禦備時，諸將軍或是孫策時舊將，或公室貴戚，各自矜恃，不相聽從。

面老劉是有著豐富經驗的，老劉一輩子就在各種候場，小沛長期不搬遷的釘子戶小強集團；荊州八年保安；葭萌、雒城、陽平動輒以年計算。陸遜的思路沒錯，不過劉備可不是那種能被激怒的。

你不跟我打是吧！我也不氣餒，就等下去了。我都等一輩子了，還耗不過你？

但是，此次的等待，跟打漢中時不一樣。

上次劉哥身邊有法正，在僵持的時候就想出了修定軍山糧道然後突然出現定軍山反客為主的主動求變之局。這次自己親自帶隊，耗了大半年後，六十歲的老爺子腦子已經熱迷糊了。等不怕，但一定要有後手，要持續調動對方。

比如說給曹丕寫信共同搞孫權啊！

比如派間諜去孫權那裡噁心陸遜呀！

比如隔三岔五地設下伏兵，挑戰陸遜。陸遜打，正好，不打，對面的東吳高壓鍋遲早要爆啊。

比如再次整出個定軍山的策略，修條運糧道上別的山頭再次出其不意地嚇對方一跳。

老劉在等什麼呢？他在等曹丕。不怪你爹誇吳老二啊！我從去年七月就出兵了，都快一年了，你就擱那兒看著啊？你不知道這是你這輩子打孫權的最好的機會啊！

曹丕的看戲叉腰以及老劉的六十歲腦轉速使得夷陵之戰的走向奔著拚國力去了，看誰的糧食先沒，轉成拚丞相和孫權的後勤實力了。

時間到了閏六月，陸遜在內部半年的風聲鶴唳後，開始實施他的A、B雙計劃！

四、先主的一生成敗，永安的一聲歎息

老劉受過大半生專業的候場訓練，這一杵，就杵到夏天了。不過劉備覺得無所謂，我是長江上水，軍糧用水路運送非常方便，給養不叫事兒，我家丞相是三國「蕭何」，我還不跟你打了，我去避個暑，立秋再削你。

陸遜在等什麼呢？等每年長江中下游的梅雨季節過去。

梅雨帶範圍在北緯29度至33度之間（西自三峽口，東到上海灘；南起兩湖平原，北至淮河南岸），一般從陽曆五月中下旬，一直維持到七月上旬。按陰曆來算，應該就是四月到六月。

長江中下游梅雨季結束後，太陽開始發力，進入了炎熱的盛夏季節。

閏六月，陸遜覺得等得差不多了，召集諸將準備發動戰爭。

部下們都說：「你別扯了，打劉備應該在最開始他立足未穩的時候，現在人家深入五六百里，已經相持七八個月了，所有的要害人家都防死了，還打什麼啊！」[1]

1　《三國志・陸遜傳》：諸將並曰：「攻備當在初，今乃令入五六百里，相銜持經七八月，其諸要害皆以固守，擊之必無利矣。」

陸遜說：「劉備是老兵油子，花樣多，再加上剛開始時他銳氣盛，所以不能打，現在大半年了，他的士氣早就沒了。」[2]你們沒覺得老頭兒這些日子都熱傻了嗎？弄死這老傢伙就在今天了！」「犄角此寇，正在今日」，這裡的「犄角」通「掎角」，意思是「作戰時分兵牽制、夾擊的意思。」誰是他的「犄角」呢？

陸遜派出了孫桓在夷道當集火器，命孫桓出城挑戰劉備。劉備方面看見孫桓出擊後全軍都瘋了，主力盡出來搞孫桓。

陸遜打算玩田忌賽馬，讓孫桓送死，自己去偷營。

蜀軍群毆孫桓後，陸遜調集兵力，先打了劉備留守的一個營，打得很難看。（乃先攻一營，不利。）

老將們說：「機智哥，別糟蹋兵了，成嗎？」

陸遜說：「此戰敗得有理！我知道怎麼弄死他們了。」（諸將皆曰：「空殺兵耳。」）

陸遜發現大半年等待劉備士氣低迷的打算基本落空了，人家士氣低，自己這裡更不行。

陸遜強裝鎮定，另一邊孫桓的求援信號已經發過來了。老劉終於把孫桓給圍住了。孫桓求救於陸遜。[3]

老將們說：「趕緊救！」

陸遜說：「不能救！」

老將們再次憤怒：「怎麼我們說什麼，你都得反著來啊！孫桓是領導親戚！為你當替死鬼去了怎麼能不救呢！」

2　《三國志・陸遜傳》：遜曰：「備是猾虜，更嘗事多，其軍始集，思慮精專，未可幹也。今住已久，不得我便，兵疲意沮……」

3　《三國志・陸遜傳》：別討備前鋒於夷道，為備所圍，求救於遜。

陸遜說：「孫桓得士卒心，退回城裡就沒事了，城牢糧足不用擔心，等我的計劃施展後，他那裡自己就解圍了！」[4]

　　老將們問：「幽默哥你又有什麼計劃！」

　　陸遜說出了B計劃：現在各軍每人手上拿一把茅草，劉備的主力軍都在圍毆孫桓，守營的蜀軍雖然咱還是打不過，但現在梅雨季節過了！咱該燒他的營了！（見圖9-8）

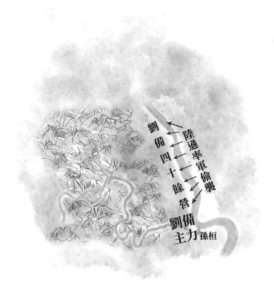

圖 9-8　陸遜襲營示意圖

　　吳軍開始偷襲燒營，點火成功。

　　蜀軍大亂！ 整場戰役的破局點到了。

　　這計謀有多高明嗎？ 值錢在這火攻上嗎？ 並不是。

4　《三國志‧陸遜傳》：遜曰：「安東得士眾心，城牢糧足，無可憂也。待吾計展，欲不救安東，安東自解。」

當初夏侯淵在定軍山是怎麼被砍死的呢？是劉備主動變陣，是劉備主動燒鹿角，是劉備主攻張郃調動夏侯淵去救援，是劉備主動看準時機下令黃忠老兵突擊的。全都是劉備把握著主動權。

《孫子兵法》中有這麼一句：善戰者，致人而不致於人。

你要調動別人，不能讓別人調動你。

其實這些智慧也可以貫通到我們的生活中，當你發現某一段關係、某一件事情，你全程都在被別人調動著走，而且是你一直在付出時，你就要停下來想想是怎麼回事了！要麼及時止損，要麼自己重新立套準則，不能再跟著別人的節奏了。善處世者，致人而不致於人。

老劉這回就全是反的了，論等待的心理素質沒得說，但卻光擱那兒杵著了。

老劉為什麼這輩子大兵團作戰總送溫暖呢？就是在「致人而不致於人」這句精髓上領悟不透。

當你的隊伍多、籌碼多之後，你就可以打出很多種排列組合。你要用這些多出來的籌碼去調動別人，讓他落入你的埋伏圈。

用《孫子兵法》中的話，就是「故敵佚能勞之，飽能饑之，安能動之。出其所不趨，趨其所不意」，白話點就是：「敵進我退，敵駐我擾，敵疲我打，敵退我追。」

無論是游擊隊，還是大兵團，真打起來，精髓處都是那句「致人而不致於人」。

老劉這輩子帶著二爺、三爺、子龍能在漢末這麼亂的年份越打名聲越大，歸根結底是令人瞠目的戰鬥力，關張萬人敵的名頭也是在這些年的戰績中一點點地攢出來的。

部隊人少的時候，拚的是戰鬥力，是執行度，是那顆將魂，所以老劉通常逮誰幹誰。

老劉屬於給他一千萬他能給你畫出三千萬的效果，但給他一個億，分分鐘就給你送沒了的那種人。

法正為什麼這麼值錢？

因為他會幫老劉將越來越富裕的家底安排明白了，滿世界地去調動別人，讓一個億花出三個億的效果；再配合老劉這顆勇敢的心，用咱丞相的話講，那叫一個「翻然翱翔」！

候場一輩子的老劉沒能熬得過另一個被孫家馴化的忍者，開始毀滅了。營中著火，蜀軍驚了，四散奔逃不成陣形，陸遜開始帶領諸軍同時攻營，用絕對主力攻打此時大營已經被點燃的少部分蜀軍，陣斬張南、馮習及胡王沙摩柯等將，盡攻破其四十餘營，劉備的大將杜路、劉寧等請降。

由於後方軍營被燒，吳軍大勝斷了歸路，劉備帶著他圍攻孫桓的主力從夷道退守馬鞍山，令全軍護衛此山。（見圖9-9）

老劉為什麼要往馬鞍山跑呢？（《長陽縣地名志》記載：馬鞍山，位於長陽縣東南部，為平洛和磨市鎮所轄。）

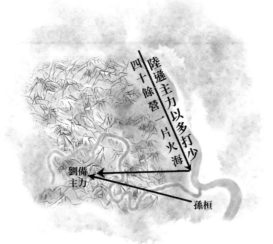

圖9-9　劉備退軍圖

1.馬良在此駐紮，作為聯絡武陵諸夷的據點。（《長陽縣誌》載：三國時，連營敗後，劉備曾令部將馬良駐師馬鞍山，慰五溪蠻，由僻徑返川。）

2.自馬鞍山北上有僻徑返回秭歸。（至今這條路仍有老劉的諸多景點。）

老劉陳兵馬鞍山，打算做最後的抵抗。

但是，吳軍在火燒連營後已經殺紅了眼，迸發出了極為罕見的陸戰攻堅能力。陸遜調集駐軍四面圍攻，漢軍終於土崩瓦解，當場死者萬數。雖無明確證據，但根據吳軍過往戰績推測，此次攻堅中應該有于禁的七軍和二爺的漢水陸戰隊參與。

劉備連夜帶敗軍逃跑，令沿路驛站焚燒敗軍所棄皮鎧，塞斷道路，逃到秭歸後，停下來收合離散兵，然後由步道還魚復。

快逃到魚復的時候，吳軍追來了，傅肜擋住追兵，老劉接著跑。追他的是孫桓，不僅殺了傅肜，還截斷上夔道，堵死了劉備的歸路。劉備再次翻山越嶺走小路，死命逃入白帝城。

戰後看看損失：劉備的南岸軍幾乎全軍覆沒。水陸兩軍的所有物資給養全部被燒毀或被繳獲。督北軍的黃權由於後路被堵，長江被吳軍封鎖，只好率北軍北上投降曹丕。早先被派往武陵策反少數民族起義的馬良在撤退時被步騭截擊而死。

此戰，劉備幾十年攢下的精銳老兵幾乎全軍覆沒。戰場上最重要、最關鍵的，就是老兵。

一個老兵當班長，五千個老兵短時間內就有辦法撐起一個還算像樣的五萬人軍團。如果老兵損失殆盡，即便你的徵兵系統和效率無與倫比，短時間內也根本整不出一個還算像樣的軍團拉上前線！

比精銳盡喪更可怕的是，蜀漢人才梯隊的斷檔式毀滅！

張飛，從征三十年的萬人之敵，死於出征前的刺殺。

黃權，巴西人，降魏。殺夏侯淵，劉備據漢中不戰採用拖字訣，這都是黃權的主要功勞，後來司馬懿跟諸葛亮通信時讚歎黃權大才。

馬良，襄陽人，丞相關係甚好的弟弟。

馮習，南郡公安人，伐吳大都督。

張南，漢軍主力先鋒，攻克夷陵。

傅肜，荊州義陽人，戰死前大罵「吳狗！何有漢將軍降者！」的忠心將領。

程畿，巴西豪族，力戰死於長江。

沙摩柯，五溪蠻王，死於火攻之初。

……

這幫人要是不死，就算劉備過早地離開了蜀漢人民，後面丞相北伐，相信結局都會有很大不同。最起碼馬謖絕對不會繞過他哥哥馬良的序列去守街亭！

馬良是被劉備單獨拎出來去五溪蠻族那裡做指導員的，事實證明這個指導員做得很不錯，畢竟五溪蠻的老大沙摩柯都跟著劉備出來作戰了。劉備這是要培養他做一線指戰員的！

看著馬家五個孩子從小長起來的當地人對他們的評價是：馬氏五常，白眉最良。

此次大敗也使得劉備三十年積攢的從他起事時忠心耿耿跟隨他的北國精銳和荊州派的將領精銳死傷殆盡，益州派的分量開始重了起來。

無論是老兵的大量死亡，還是將領的斷崖式斷檔，還是隨之而來被壓迫的益州本土勢力抬頭，劉備的夷陵大覆滅，基本上來講，徹底地打沒了蜀漢本就微弱的未來。

劉備逃到白帝城後，吳將潘璋、徐盛還惦著擴大戰果。好在趙雲第一時間從江州趕到，鞏固住了白帝城。陸遜又想起了三年前二爺的悲慘事蹟，顧忌曹丕背後捅他，於是主動撤兵。

九月，曹丕開始攻吳了，他也許在等待老劉幹掉陸遜，結果等來的卻是吳軍士氣高漲。

防守天下第一的吳國人再次將北兵趕了回去，也因此，孫權修書劉備求和，幾乎輸光了本錢的劉備無可奈何地同意，吳、蜀因此恢復了外交關係。

劉備不像老對手曹操，給兒子收拾完一個大爛攤子，看見二爺腦袋後才走的。他給兒子留下了一個大爛攤子，然後準備走人了。

劉備逃回白帝城後，改名「永安」，然後住這裡不打算走了。頗有「天子守國門」的氣概，但很大程度上，是老劉走不動了。

半年後，223年春，劉備要交代後事了。他把丞相從成都叫到了永安，進行了著名的「永安托孤」。

他給兒子寫的最後一封信是這樣的：「我最開始就是拉肚子，後來突然間就不行了，我活六十多了，該知足了。丞相說你聰明、有大器量，我很高興，有你這樣的接班人，我還怕什麼呢？平時多讀《漢書》、《禮記》，閒暇時將諸子、《六韜》、商君的書都看一遍吧，全都是帝王成才必需的。」

劉備對丞相說：「你的能耐是曹丕的十倍，一定能安邦定國成大事，我這兒子你看著來，能行就輔佐，不行的話，『君可自取』。」[5]

5　《三國志‧諸葛亮傳》：君才十倍曹丕，必能安國，終定大事。若嗣子可輔，輔之；如其不才，君可自取。」

這個「君可自取」，成了千古疑問。

劉備是要讓丞相取而代之嗎？

一千多年來，太多人說劉備虛偽了，拿話逼諸葛亮表態，甚至陰謀論中說劉備床後有刀斧手，只要諸葛亮表情不對，馬上就砍了。

最有發言權的貌似是康熙皇帝，因為人主的思維都是一樣的。康熙說三國人嘴裡都沒實話，用「鄙哉」來形容劉備的托孤，意思是看不上劉備這麼裝。

劉備到底是什麼意思，現在只能猜了。方北辰教授說：「劉備的意思是，嗣子要是不行，你從我家的老二、老三中挑。」我認為這是相對來說更合理的一種解釋。先主是將廢立之權給了丞相，後面先主還下詔讓自己的三個兒子「父事丞相」。

就算不是讓位，僅僅是廢立權，這也是了不得的放權了。霍光當年廢了個不懂潛規則的皇帝，即便一生對大漢功勞特別大，兩千年來都是個話題人物。

這個權力，在古往今來的托孤中，只有劉備給了。

劉備死後，丞相開府成立自己的班子，領益州牧，這都是在先皇的遺囑精神下進行的。

劉備這輩子說到底，是個厚道人。他基本上善待了身邊的每一個下屬：糜芳捅了這麼大的簍子，他對糜竺仍然是厚待如初；夷陵大敗後，黃權歸路被斷，最後北降曹丕了，劉備仍然善待其家屬，說黃權沒辦法，不是黃權對不起他，是他對不起黃權啊。

後面丞相鞠躬盡瘁死、而後已的表現，自己道德水準高是一方面，劉備十六年的共事與培養也是極其關鍵的情感因素。

老劉對兒子的最後一句教誨是：「勿以惡小而為之，勿以善小而不

為，唯賢唯德，能服於人，你爹德行薄啊，千萬別學老爹啊！」6

老劉這輩子德薄的唯一一次，算來算去也就是拿下劉璋。

這位三國時代最仁義厚道、沒有屠城劣跡、治下百姓擁戴的領導人，在死前能囑咐孩子這個，他可能真的覺得對不起劉璋。臨終能夠表達懺悔，能夠說出「汝父德薄，勿效之」，這種人活一世的磊落與尊嚴，老劉比古往今來那些欺世盜名的英雄們，強太多了。

劉備說孩子成不成你看著來後，丞相哭了：「臣敢竭股肱之力，效忠貞之節，繼之以死！」強烈表態，要忠貞不貳地死在工作崗位上！他也確實這麼做了。《三國志》的作者陳壽說：「舉國托孤於諸葛亮，心神無二。誠君臣之至公，古今之盛軌。」

我認為，這是非常貼切公道的評價了！這對君臣，心神無二，確實堪稱是千古之最了。

其實，又何止丞相和先主「心神無二」呢？我相信先主的官員隊伍中，像丞相這種忠貞不二、鞠躬盡瘁的官員不在少數。

後來為什麼丞相能夠帶領剛進過重症病房的蜀漢沒過幾年就打出了那種堪稱不可思議的精氣神呢？丞相的《出師表》中對劉禪說得很明白：「然侍衛之臣不懈於內，忠志之士忘身於外者，蓋追先帝之殊遇，欲報之於陛下也！」這幫兄弟們，都受過你爹的大恩！

《三國志》最終蓋棺定論時陳壽評價劉備：先主這輩子，義氣、寬容、厚道，待人接物頗有高祖之風，走到哪裡都被人看作英雄！但是整體水平，是稍遜曹操的，所以基業相對而言小了點。先主這輩子百折不撓，最終還是成就了一番基業，其實說到底，不是為了有多大出息，就

6　《諸葛亮集》：汝父德薄，勿效之。

是因為知道曹操容不了他，一輩子都在努力地避害啊！[7]

上述評價平心而論，劉備的性格、能力，包括最終成功的原因，這說的都是事實。劉備這輩子都在反曹操，為什麼呢？自曹操說出那句「天下英雄唯使君與操耳」的話後，劉備就開始了自保的人生道路。這和當初年紀輕輕的孫權因為自己這缺德家庭把路走絕了沒辦法學劉琮投降一樣，都是極端的迫不得已。都是被逼得一步一步地走上人生巔峰。

這很客觀，但又並不客觀。不客觀在哪裡呢？缺少點對寒門的寬容度。

劉備代表著自漢高祖開創基業以來，一個寒門子弟從零到稱帝的最高功業水平了。自高祖之後，檯面上混出來的基本跟寒門子弟都沒什麼關係了。

每逢天下大亂，寒門的最好歸宿，頂多就是憑軍功封個侯，或者經歷一代代的機緣巧合，成為書香門第，一代代人讀書之後開始漸漸地走向仕途。

劉秀是南陽豪族出身，袁紹是四世三公，曹操是巨宦豪門的背景，他們成事的背後，是龐大的階級認同和入股加成。

劉備有什麼呢？

孔明是家道中落的二十七歲不出茅廬的書生。

二爺是河東武人，三爺是涿郡老鄉，哥倆是跟隨劉備百戰後剩下來的北境武人代表。

子龍是常山不被人待見的部曲。

黃忠、魏延是從底層被提拔上來的普通軍官。

7　《三國志・先主傳》：先主之弘毅寬厚，知人待士，蓋有高祖之風，英雄之器焉……機權幹略，不逮魏武，是以基宇亦狹。然折而不撓，終不為下者，抑揆彼之量必不容己，非惟競利，且以避害云爾。

法正是因為關中流氓太多而流浪入蜀不被重用的落魄士族。

如果看到蜀漢諸將的履歷，我們可以發現，基本上沒什麼高門大族出身的人。

但是這幫人，在老劉那裡，全都得到了在這個世家大族主導的時代裡，永遠都不可能得到的知遇之恩，並上演了一出中國古代幾千年歷史中極其罕見的、非常浪漫的、堪稱傳奇的君臣際遇！

老劉的這夥人，即便跨越了千年，你仍然會為他們欣喜，替他們傷心，拿他們當榜樣，為他們傳威名！雖然最終失敗了，但這夥人的這股子「人味兒」，真的太難找了！

這份魅力，不得不說，是一輩子在顛沛流離、險象環生的境遇下，由拚搏堅持、仁厚愛民的老劉所散發出來的！

假如也像秦末那樣，大量的貴族被滅；

假如老劉在一上手時就有個能為其滿世界擦屁股的爹，有能打硬仗的丹陽兵；

假如老劉也有在地方官任上可以不計後果砸淫祠，最終收編青州兵的機緣；

假如老劉也在高層混過，在看不順眼袁紹的荀或決定換東家後，正好在河北以宗親名義嚷嚷興復漢室，接著這位王佐之才；

……

是否老劉的人生會大不同呢？

無論怎樣，他更像是我們普通人的一個榜樣：身上沒什麼籌碼，但努力地修煉自己，努力地壯大自己的實力，不放過每一個機會，認真地對待身邊的每一個人、每一件事，輸了只要沒死，就繼續向前衝，衝到人生的最後一刻就算演砸了，對自己的兒子仍能說出平和的人生經驗。

即便自己在這個亂世算是最厚道、最愛民的了，仍能對兒子說：「老

爹這輩子沒什麼德行，做得很不夠，別學我。」人活到這個份上，可以說真的配得上不以成敗論英雄了。

劉家天命已盡，如果沒有劉備劉玄德，劉家留給人的最後印象，會是董卓暴虐後祖宗皇陵被刨的可憐新聞，會是漢獻帝回家路上的叫花子照片，會是曹操賞口飯感恩戴德的安樂死畫面。

是劉備劉玄德，即便一輩子被曹操追得雞飛狗跳，但永遠老兵不死！最終帶著寒門組成的軍團貢獻出了劉氏王朝最後也最嘹亮的兩次衝鋒集結：雲長血戰漢水裹樊！孔明星落秋風五丈原！

沒有老劉的一生堅韌奮鬥！劉家不會在中國的歷史中謝幕得這麼有餘烈，這麼有尊嚴！

老劉也該歇歇了，臨終前他看著眼前的這個托孤之臣，思緒回到了十六年前：在隆中的那個茅廬中，精神小夥孔明向我這個老縣長描繪出了一幅宏偉藍圖。

十多年後，我這個縣長變成了省長，又成了皇帝。

我一場大賭，將家底輸光了，臨死前，我對當年的那個小夥子說：「再像當年幫我那樣，幫幫我兒子吧，蹉跎大半生，臨死發現，當年的眼光沒錯，你就是我選的接班人！」我手中的大漢雖然人才凋零，但好在還有十六年前，我這輩子最偉大的一次招聘成果！這根十六年前就是大樑的人才，此時已是參天大樹！我相信，有你在，就一切還有機會！孔明啊孔明！我煌煌炎漢的終章，就看你的了！

223年，劉備一聲歎息，永遠地閉上了雙眼，隨後三國時代來到了晚期。

功臣宿將大英雄的批量退場，將整個舞臺讓了出來。

現在該丞相拖住後場了。

中國歷史中，最偉大、最深入人心的丞相，該你上場了。

第 *10* 戰

失街亭：一步也不能走錯的弱者悲哀

一、「先主外出，亮足食足兵」的意義

很多時候，弱者面對強者，通常只有一次機會。

你面對巨無霸的最大一次機會，通常是集中全身之力，去爆破巨無霸沒有防備的一個點，隨後無限地放大戰果。

之所以說只有一次機會，是因為當強者知道你居然想要取他而代之後，強者通常會開始重視你。只要人家重視你了，你就很難再搞死人家了。

你的技戰術打法會被研究；你和你將領的履歷、習慣會成為人家的作戰內參；你的後勤水平會被估算成你出兵的概率和重點方向。總之，你再想搞出血洗人家的一邊倒戰役，基本上就太難了。當然，並非沒有可能，前提要有戰神和神仙般的好運氣。

整個三國時代，強者被弱者暴打，即便強者超級重視弱者後，正面戰場基本仍然沒什麼好辦法的案例只有一次，曹操以舉國之力圍剿關雲長。

二爺的漢水陸戰隊有一個特殊優勢，這種上船能水淹七軍，下船能鹿角十重地水陸來回切換的部隊實在罕見，曹魏本來就沒有靠譜的水軍，而且那年十多天大霖雨的加成不可複製。

這就是有戰神和好運氣的典型代表。

古代戰爭中，強國面對弱國時，有著很多黑天鵝事件般的隨機超大風險，比如項羽滅秦，韓信滅魏、趙、齊，都是一戰滅國。

之所以會出現一戰國滅的情況，是因為古代的國家動員能力較低，要是真的出現一戰將國家精銳打沒了的情況，短時間內緩不過勁兒來，人家就兵臨城下了。

項羽在巨鹿一戰消滅了王離的長城軍，隨後天下大勢顛倒。

韓信在井陘背水封神一戰打垮了趙國的精銳，隨後整個河北風聲鶴唳。

建安末年司馬懿給曹操算家底，天下的兵員就二十多萬，曹仁的荊州方面軍已經被打得僅剩數千，于禁的七軍精銳全部報銷，徐晃帶的是新兵，曹操玩了命地又給調了十二營的兵過去，也不過又派去了一萬多人。這一萬多人還是曹操前前後後從各地擠過去的，短時間內實在是抽不出兵了。

曹操佔領的地盤是如此的廣袤，卻只有二十多萬士兵，襄樊都被打沒四分之一了，其實已經到國防崩盤的臨界點了。

如果二爺後面沒被孫權偷襲，最終蜀、魏大概率會劃漢水而治，屆時樊城前線不要說再被二爺來個水淹七軍級別的戰役了，就算是二爺後面在對峙過程中將徐晃新招的那幫生瓜蛋子吃掉，很可能曹魏的整個國防線就坍塌了。

所以說短短時間內，並非弱不能勝強，只要你有項羽、韓信、關雲長，並且沒有麋芳那種頂級軍貪，因緣際會下是會創造奇蹟的。

弱者顛覆強者通常有三種途徑：

1. 在雙方充分重視的情況下，出現大神打哭對手，比如項羽。

2. 強者對弱者不重視，被弱者襲擊打爆，隨後天下對強者不看好，

比如昆陽之戰。

3.弱者具有制度性優勢，強者無法複製，使得弱通過積累戰勝了強，比如秦併天下和關隴集團建隋唐。

歷史的車輪正式來到三國時代後，給三國時代扛後腰的丞相其實隱隱然也屬於上述的那種軍神級人物，而且老天一度也給他短暫地開了逆天的最後一次窗口：曹魏在整個西北無防備。

但是，夷陵精銳盡喪，面對北軍信心不足，嫡系將領斷檔，所托非人等一系列原因，最終使得諸葛孔明並沒有抓住那次機會。

隨後，整個曹魏不僅開始高度重視帝國西北的邊防，並且在丞相「士卒已練，八陣已成」的兩次北伐時，調過來了另一位和他一個級別的政治家、軍事家、戰略家。弱勝強的前兩種可能，「大神碾壓」和「偷襲不備」就此被封印了。

坦白地說，第三種弱勝強的制度性優勢「孔明漢」也有，但是那道五百里秦嶺極大地抹平了諸葛治蜀後的國家紅利。

還有最關鍵的一點，壽命上，丞相天不假年。

諸葛一門三方為冠蓋，蜀得其龍，吳得其虎，魏得其狗（忠心功狗的意思，非貶義），天下榮之；司馬一門父子三雄傑，老子搏龍，長子鬥虎，次子伏狗。

河內司馬氏通過和琅邪諸葛氏的對陣，一步步地走向了家族的巔峰，也開啟了三百多年華夏的亂世噩夢。

凜冬將至，長城自毀。華夏大地上的第一次民族大浩劫，就要來了。

223年四月，劉備病逝永安，丞相諸葛亮受託孤之重任，奉喪回到成都，託孤副手李嚴留鎮永安。

五月，劉禪繼位，封諸葛亮為武鄉侯，開府，沒多久又領了益州牧。

　　至此，諸葛亮徹徹底底地走上了歷史前臺，史稱：「政事無巨細，咸決於亮。」

　　自207年二十七歲隆中出山，到223年四十三歲總攬蜀漢政權，諸葛亮由當年的那個荊北口碑青年到獨挑大樑的蜀漢一把手，用了十六年的時間。從此，諸葛亮開始了傳奇的十二年的丞相之路。

　　這十二年，他剿撫南中，北伐曹魏，《出師表》流芳千古，無力回天卻感人至深。

　　他用一州之力，讓曹魏的西北半壁寢食難安，雍凉不敢解甲，中國無法釋鞍，另一位大神司馬懿這輩子吃的癟與羞辱基本上都是在對陣丞相那幾年遇到的。哪怕司馬懿後來變成司馬宣王了，後世的普遍看法仍然是：丞相成就了他。

　　人們對於司馬懿的被羞辱與吃癟並不是很在意，甚至會產生你真不容易的感覺。因為那時候能讓丞相每次都消停回家就很不簡單了。你還想漂漂亮亮地把丞相撞回家？簡直貪心不足！

　　魏、蜀、吳的三國史，提到所謂的「蜀」，某種意義上，就是諸葛孔明一個人的獨角戲。老劉登基後三個月就打大牌去了，蜀國的基因、風骨、記憶，基本上都是丞相他老人家締造的。

　　時代的車輪滾到了現在，該丞相扛後腰了，該說他可歌可泣的十二年主政了，但在說之前，我們還是要提出一個問題：中國數千載以來名相如雲，為什麼諸葛亮堪稱是中國歷史上最偉大的丞相？

　　之前我們說過，《三國演義》的助力很大，不過演義中將孔明先生的主線帶偏了。

　　正史中對於丞相的評價是：「治戎為長，奇謀為短，理民之幹，優於將略。」

什麼意思呢？是說丞相的治國與治軍水平，要比戰場上出的奇謀計策水平要高。不過不要以為「奇謀為短」就是說丞相沒有全面發展，九十分和一百分比那也叫「短」，丞相的奇謀也在九十分以上。

丞相最終從兩千多年的股肱之臣中脫穎而出，主要有兩個方面：傳奇和實力。

剛一出道就給劉備畫出了一道宏偉藍圖，還一步步地實現了。

傳奇！

老領導臨終托孤說出了「君可自取」，自己最終「鞠躬盡瘁」。

傳奇！

領一州一地鬧得整個北方心神不定，對面那位一輩子沒碰見對手的竊國大盜看見他需要玩「千里請戰」的把戲。

傳奇！

天時已逝，卻明知不可為而為之，最終秋風星落五丈原。

傳奇！

關於丞相的傳奇故事，去掉羅貫中給加的戲，還有很多。這些傳奇，成為後世太多人所津津樂道的故事。

不過，傳奇都需要實力進行背書。丞相的一系列令後人頂禮膜拜的傳奇背後，還有著超強的實力背書。

就像前面我們說的關二爺，雲長「亙古一人，忠義無雙」的背後，是人家「威震華夏」。

沒有實力說話，傳奇要麼變成神話，要麼就漸漸地煙消雲散。

丞相對於整個劉備集團來講，其實並不僅僅是後世大多數的論調那樣，在第一代領導班子謝幕後毅然地扛起了蜀漢的大旗。更貼切的是，諸葛亮自打加盟了劉備集團後，除了第一年外，後面承擔的都是至關重要的頂樑柱的角色。

最開始，老劉對丞相就是接班人級別的培養，丞相也如別人家孩子般的爭氣！後面的十二年，丞相是當仁不讓的主角。前面的十六年，丞相的重要性至少排在前三。

劉備這份家業，準確地說，沒了誰都行，除了丞相。沒了人家，老劉真的就只能白白地漂泊這一生了。

首先老劉在剛招聘的時候，丞相就跟他說了《隆中對》中的發展規劃。

《隆中對》的重大意義除了指出了荊州、益州的發展方向，還給老劉講明白了今後不要再給爬山虎代言了，你挺直腰桿，自己長成大樹吧！

老劉前半生起點低，遇到丞相已經幹了二十年客將了，老劉這輩子東奔西跑，魅力無限，手底下總不缺兵，關、張、趙也都是能獨當一面的世之虎將，但是卻總想著抱人家的腿，從別人身上汲取養分。

這種抱腿的思路是永遠當不了大哥的！

是丞相在《隆中對》中明明白白地告訴老劉：劉大爺！別老琢磨別人了！還有兩塊地方可以拿下來！你得自己充當頂樑柱地去奮鬥！別再給別人當小弟去了！

沒有丞相給老劉講明白了，長坂坡後老劉第一時間準跟著魯肅給孫權做小弟去了。

歷史要是真走到那一步，權謀哥將迎來人生中最致命的一次大考：因為曹爺在外，老劉在內，不琢磨死他就見了鬼了！

《隆中對》外，並不僅僅是丞相當年提出了戰略規劃那麼簡單，實際上丞相是蜀漢這個小政權能夠持續大功率輸出的那個核心馬達。

看看丞相這些年的履歷吧。

207年，當了不到一年的新野財務負責人兼外交專員。

劉表家的兩個兒子搞權力鬥爭，老劉在這上面嗅覺向來敏銳，在冷灶劉琦身上下了大功夫，聯絡員就是跟劉琦有親戚關係的孔明。

劉琦在權力鬥爭中逐漸被邊緣化，經常向丞相求計。有一天，劉琦又帶丞相逛花園，興致上來了，兩人非要上高樓去喝酒，喝一半劉琦派人把梯子撤了說：「你今天別想跑了！現在咱們懸在半空中，別擔心了，有什麼話你直接說吧。」

丞相說：「君不見申生在內而危，重耳在外而安乎？」既然在「中央」混不下去了，為什麼不去地方培育自己的勢力呢？

劉琦恍然大悟，當時正好趕上黃祖死，劉琦爭取到江夏太守的崗位堵孫權去了。

劉琦在這個位置上，為後來劉備上天無路、入地無門的時候提供了最後的避風港。

208年，二十八歲的諸葛亮被老劉派到江東去搞外交。此時的劉備，在這個生死存亡的重要關頭並沒有派那些跟了他很多年的人去進行這次關鍵對話，而是派了孔明這個剛剛入職的小夥子。

丞相也沒有辜負他的期望，去了之後將已經成潰軍的劉備描繪成了一個盟友，並跟孫權算了下曹操此時外強中乾的一筆帳。

當然，最終促使孫權做決定的是魯肅，但我們還是要通過這件事來看孔明在劉備這個老闆的眼中所代表的意義。

除了考慮到他哥諸葛瑾在江東能說上話的因素之外，劉備早早地就看出了這條臥龍的真正價值：大事是可以託付的。

會用人的老劉隨後對丞相開始了接班人式的培養。

209年，荊南四郡被劉備趁亂平定了，二十九歲的丞相被任命為軍師中郎將，治所臨烝（衡陽市），督零陵、桂陽、長沙三郡，負責足兵足食，充實軍資。

除了武陵郡這個和南郡接壤的「前線」外，劉備將大後方全交給了上班才兩年多的丞相，讓他幹一件對軍閥來說最重要的事：足兵足食，治理地方。

準確地說，諸葛亮自此就當上了劉備集團的「總理」，以後從這個崗上就再也沒下來過。

211年，劉璋「引狼入室」，丞相和關羽、張飛鎮守荊州，丞相當了大半個荊州的家。

212年年底，劉備和劉璋正式開撕。

213年，丞相與張飛、趙雲入川助戰，逆江入川並不容易，這裡丞相的軍事表現史無記載，只看到了最終相當順利的戰績：「亮與張飛、趙雲等率眾溯江，分定郡縣，與先主共圍成都。」

214年，劉璋投降，劉備入主益州，丞相受金五百斤、銀千金、錦千匹，任軍師將軍，署左將軍府事。跟原來一樣幹「總理」，區別就是這回理的事越來越多了，所謂「先主外出，亮常鎮守成都，足食足兵」。

這句「足兵足食」通常並不被人們所重視，在這裡，我們要特別說一下這四個字的分量。

從213年劉備與劉璋開撕後，蜀地戰火連綿，基本上就沒怎麼再歇著了。

215年老劉終於拿下蜀中，但沒多久孫權得知劉備得蜀很氣憤，要來搶荊州，老劉趕忙帶著五萬人從蜀地趕到了荊州要跟孫權比劃比劃，結果曹操那邊南下了，給劉備又嚇回去了。

這五萬人和馬匹來回所需的軍糧，不是小數目。

同年，張飛在巴州跟張郃拆遷隊開戰。

隨後好歹算是歇了兩年，217年年底，劉備拉開了漢中爭奪戰的序

幕，張飛、馬超奪武都，緊接著劉備親自帶隊在陽平關跟夏侯淵進行了長達一年的對峙。

四川往漢中運糧的幾條主幹道，堪稱是中國境內消耗最高的。不僅蜀道難，而且蜀道難的精華全在漢中到劍閣之間。這條燒錢的天路配合著劉備總是在陽平關外苦苦地守候著夏侯淵，使得丞相快被逼瘋了！

如此高消耗的龐大觀光團誰能養得起！到最後，蜀中男子當戰、女子當運，拚了！

耗了一年，劉備突發奇想又蹦到了升級物流難度的定軍山，又在這裡跟曹操耗了小半年。結果這場長達一年半的高消耗後勤戰，丞相作為三國後勤王可是一點兒鏈子也沒掉。

劉備最終圓滿地完成收復漢中任務。此時，已經是219年中旬了。漢中、蜀中，劉備的兩塊地盤都已經達到了戰爭極限！

與此同時，威震華夏的襄樊之戰在中原開打了，半年後，雲長過早地離開了蜀漢人民。

又一年半後，221年七月，老劉興兵伐吳！帶著五萬精銳來奪荊州了！半年打出三峽後又是半年多的消耗。在夷陵蹲點之戰總耗時十三個月之後，最終老劉一把大火全賠了。

這就是諸葛亮自209年開始幹丞相的這十四年所經歷的全部過程。

這十四年中，前面四年丞相利用荊州的戰爭動員能力打開東線戰場，三路入川幫老劉磕下了四川，並給二爺将出了一個好底子；後面建江陵新城、伐曹仁于禁，二爺之所以會這麼牛，很大程度上要得益於丞相的底子打得好。

後面的十年中，用四川一地的戰爭動員能力幫著老劉帶著全部家底又是長江自駕遊又是漢中觀光遊。除了打完四川和打完漢中分別歇過兩年外，有六年是一直在打仗的，而且是那種曠日持久的燒錢戰！

關鍵的問題於是浮現出來了，這根本不是足兵足食這麼簡單！足兵足食的前提是你得有兵有食！更不要說打仗遠不僅僅是把吃的送到戰場就可以了。攻城的器械、戰士的兵器、冬夏的衣服、傷病的藥品，消耗都是極其驚人的。

大家千萬不要以為一場戰役下來，人均一把兵器就夠用了！

就算你滿世界溜躂從不跟人拚刀，但你總歸是要殺敵的，當你刀砍人、槍捅人，一場戰役下來刀被骨頭崩壞了，槍頭卡骨頭裡這都是常事，每一場戰鬥，兵器都會出現很大的磨損，對兵器修理部門和兵工廠的需求甚至要比糧食供應部門的需求量還大！

除此之外，戰死者的撫恤、戰士們的獎金、家屬的優撫待遇……太多需要丞相去操心的了！

老劉這種時間、路途、物流難度的「三高戰爭」，消耗是極其驚人的！四川人民再能幹，天府之國再富饒，也是禁不起他連年折騰的。

但是，人家就折騰了，而且人家總理還就幫他買單了！

那時候可沒有什麼貸款，全是實打實的現結！糧食頂不上去前線士兵就只能餓死！兵器運不到位就只能讓別人砍死！

更深層次的問題也浮現出來了，你薅羊毛把四川人民全薅光了，四川人民居然沒暴動，就擱那兒讓你薅，還隨薅隨有！還薅得時隔一千八百年仍然在緬懷他！

慢慢能品味出來丞相幹的這攤活兒的難度以及他的水平了嗎？知道為什麼老劉要托孤給丞相了吧！

任何時代，老百姓都不是受虐狂。之所以萬民愛戴，是因為身受其利。

來看看整個蜀漢政權的運作機制吧：被史書中忽略的、偉大的諸葛治蜀。

二、「諸葛治蜀」到底高端在哪裡？

丞相治蜀，主要通過三個方面：

第一個方面，興建水利。

丞相自己過日子時就在隆中耕讀，前半輩子就一直在跟土地打交道，後來剛一出道就跟農業對上口了。

他的「足兵足食」可並不是單純地拿著槍頂著人家腦袋說：「你給我交糧！不交打死你！」也不是你收一千斤然後我拿走八百斤。

而是幫助你把蛋糕做大，然後分你利潤增長的部分。

丞相是一個哲學家，他看問題是有深度的。

對於治國，他向來是往根上治理的，來聽聽丞相的勸農心法：「唯勸農業，無奪其時，唯薄賦斂，無盡民財。」

別在老百姓農耕的時候派徭役，天時不能奪，過了日子這莊稼就長不出來了！不要將老百姓的家底都掏空，要按比例徵收。不對啊！要是像說的這樣，老劉那堆自駕遊的「火車票」都是怎麼報銷的呢？

其實這並不矛盾，丞相在為老百姓的增產方面想足了辦法。

比如，他非常重視水利對於農業生產的重要性。

在水網發達的荊州主政時，沒有治水的有關記載，但在蜀中，丞相對於都江堰等一系列水利樞紐的治理，都是有具體記載的。

丞相在北伐前夕，對於自家的「工程」不放心，特地專設了堰官進行都江堰的管理維護，並批了一千二百人的編制，專門負責此地的水利保養問題。[1] 這也開創了此後歷朝歷代設專職水利官員管理都江堰的先河。

在這裡，要專門說一下都江堰。

最早的成都平原，根本不是什麼天府，而是個水災十分嚴重的地方。因為岷江在此流過。

岷江是長江上游水量最大的一條支流，出青藏高原後離成都僅僅一百里，但海拔落差卻接近三百米。雨季來時，岷江之水漲落迅猛，水勢湍急，只要都江堰地區崩潰，以成都為中心的川西平原就將變成澤國。

秦併巴蜀後，天降聖人，偉大的先賢蜀郡太守李冰開始主修了都江堰，利用魚嘴、寶瓶口、飛沙堰等堪稱神仙招數的奇思妙想將岷江水分成兩條，其中一條河道引入了成都平原，這樣既分洪，又灌田。

自此，每當洪峰過境，這個偉大的水利工程就開始護佑它的四川百姓，分洪的同時，也使成都平原的上萬頃良田獲利，天府之國的名聲開始打響。

不過，修建好了都江堰並非意味著一勞永逸。治水是曠日持久的。很快，問題出現了。由於都江堰位於岷江由山谷河道進入沖積平原的地方，水流開始相對變緩，大量的泥沙因此沉積，淤塞了河道。這就需要每年去河道中掏沙子，專業術語叫作「歲修」。

到了丞相這裡，不僅自己在都江堰下了大力氣，還在即將北上時不放心，定下了一系列規章制度並令專人看守。

1　《水經注校證・江水》：諸葛亮北征，以此堰為農本，國之所資，以征丁千二百人主護之，有堰官。

之前對於都江堰的維護，是一些前人約定俗稱的總結：比如六字訣「深淘灘（歲修），低作堰」（分洪）；比如八字真言「遇彎截角（歲修時遇河流彎道，在凸岸截去銳角，減輕主流對河岸的沖刷），逢正抽心」（在主河道的中心一定要深挖保證航道正向流動，避免泛流毀岸、淹毀農田）。

中國人民的智慧是無窮的，但中國人民的智慧又是容易斷檔的。因為缺乏「制度連貫落實」與「邏輯步驟記錄」來保證智慧的可繼承性與可累加性。

舉個例子，《營造法式》是一本建築學的工具書。過去祖先的建築速度和今天鋼筋混凝土的建築速度比起來並不遜色。唐代長安城的宮殿僅僅十個月就完工了，李世民賞魏徵的正堂是從宮裡拆了一個殿，由拆到建用了五天就蓋好了。不僅速度快，質量還有保障。

丞相二次北伐打陳倉走故道那叫一個匆匆忙忙，但是一點兒也不耽誤丞相去陳倉進行了非常全面的高科技攻城器材展示。

這不是像今天的武器要製作為成品才拉到戰場的，而是把一個個零件裝到小推車上，推到戰場上，迅速組裝後再進行攻城。這種速度和技術，到了近代被認為是不可思議的，甚至有人認為史料不準，怎麼可能！

結果20世紀的建築界泰斗，梁思成、林徽因夫婦破解了《營造法式》後，一切真相大白了！通過建築史上的這個重大突破，人們明白了過去是怎麼又好又快地完成建築的！

《營造法式》裡說：「凡構屋之制，皆以材為祖。」

這裡的「材」，是標準材，它的比例關係是木建築施工技術的核心密碼，一座建築中就算有成百上千個部件，不管形狀、大小怎麼變化，標準材的比例都是一樣的。

我們可以理解為，當時的建材全是比例一定的樂高積木。你根本不用去專門生產什麼特殊的材料，而且比例科學合理，標準材截面的高寬比必須是3：2！

因此，建築整體的尺寸，不管是橫寬、進深、高度、坡度，都是標準材的倍數或者分數，而且這個比例很科學，跟現代建築的力學計算相符，受力更均勻合理，所以至今有很多唐宋古建築依然堅挺。

但是，到了清代時，不僅談不上比例一致的標準材了，甚至建築比例也由科學的3：2變成了6：5甚至5：4，接近正方形。

唐宋到明清，中國歷史經歷了很多大變化，像諸如《營造法式》這樣的技術書籍、那些口傳心授的匠人傳統和智慧都沒能流傳下來，相當於核心技術失傳了。

梁思成先生最開始看這本書的時候，發現裡面有大量的行業術語，根本弄不明白。後來梁思成非常幸運地在天津薊州的獨樂寺中，發現了一座保存極為完好的遼代木構觀音閣。

菩薩保修，巨匠出世。梁思成先生和林徽因女士對照著《營造法式》和觀音閣的建築，一點一點地反推書中的密碼術語，漸漸地讓這些失傳的中華神跡重現人間。

直到丞相治蜀時，才將都江堰這些系統的保護、管理、歲修等幾百年來的智慧以官方法律的形式確定下來並付諸行動。

丞相幹每件工作，特別像今天的德國人，事無巨細，必須可量化，能落實，做飯都跟做實驗一樣。用句德國人的格言來說：「生活是具體的。」

比如丞相對於都江堰的維護詳細到了每年清淤工作的日期，挖淤泥的深度是多少，當年丞相設計的用於清淤標記的石標尺直到今天仍然在用。區別是換成不銹鋼的了。

從李冰治都江堰到丞相，近五百年的時間裡，怎麼都沒人幹這事兒呢？因為重視與理解的程度不同。都江堰不僅僅是一個水利工程，它其實是整個蜀中的命脈！

都江堰出問題了，會有如下鏈條的問題：

1.即便整個川西平原的收成完了，還會出現大規模的水災傳染病。

2.老百姓的糧食餿了、飲水髒了、家園破敗了，沒有餘糧，明年能否熬過去很難說。

3.糧食少、瘟疫重、人口大規模減少，總體來說，四川的整個軍備動員能力就垮了。

這種垮，不是一兩年就能恢復的。一年災，二年緩，三年才能站起來。裡裡外外，三年就沒了，還不算因大災造成的人口基數減少。

人這輩子有幾個三年呢？

五百年來，只有丞相將治理都江堰上升到了國家命脈的角度。一千八百年來，由於丞相的高度重視和嚴謹治理，無形中消弭了太多次可能出現的洪澇水災，蜀中因此千年蒙蔭。

為什麼直到今天，丞相的香火還在四川如此興旺呢？相信冥冥中和丞相千百年來間接救人無數有著很大的關係。

丞相走到哪裡建設到哪裡，用老話講，這叫「救人危急，愛惜物命，興建大利」。

丞相把對都江堰的管理寫進了蜀漢法律，除此之外，他還進行了大量的基礎設施建設。

比較著名的有，在成都西北的低窪處修建了九里堤防水，在當時糧食主產地的黃金分割點郫縣（今成都郫都區）設置了國家糧倉來匯聚糧食，以減少各種原因可能帶來的損耗。

總體來說，丞相的治國思路是依託成都大平原，開發道路、橋樑等

各種基礎設施，方便老百姓進行大生產並且堅決讓老百姓過上不用擔心天災的生活。

將老百姓所有的農耕硬件都給配套好，然後通過科學的設計，將國家的稅賦最省成本地收上來。這是大本事。

將堤壩和水堰都修好、建好，然後通過制度性的防微杜漸，把老百姓受天災的影響降到最低。這是大慈悲。

可以說，正因為有了四川平原這個優質的糧食基地，蜀漢才能以小小的一州之地，與魏、吳抗衡長達四十餘年，並進行了多次北伐。

丞相不光在四川平原下了大力氣，在生命尾聲的漢中七年中，除了北伐外，所有的精力也都放在漢中農業潛力的挖掘上了。

丞相進入漢中後就開始整修漢中的最大水利工程「山河堰」。據李儀祉先生考察得知：「山河堰灌褒城田8,000餘畝，灌南鄭縣田30,600餘畝，灌酒縣7,000餘畝，共46,000餘畝。」

據考古調查統計，漢中地區至今尚保留有漢以來的古堰七十多處，很多當年的堰渠經歷代維修，一直沿用至今。

丞相還不斷增修了大批的塘、庫、陂池等水利設施，僅勉縣就增修了能蓄十萬立方米的水庫三十七個，塘與陂池多達三百多個。

所以別看丞相這些年只北伐了！也別以為是四川人民給面子所以他北伐時不罵街，也別納悶為什麼丞相死後會被兩川人民祭奠與哀悼。

說到底，這是個讓老百姓能夠得到實惠、有飽飯吃的好丞相！

丞相治蜀的第二個方面：發展蜀地的品牌工商業。

丞相在進入四川後，就發現了「蜀錦」這個重大的品牌拳頭產品，自此開始了打造品牌之路。

一般來說，古時候主政的領導們多數都是一根筋的。他們普遍認

為，重農就得抑商，全都幹買賣去了那地就荒了，老百姓一腦袋算盤珠子他們就不好控制，收稅還費勁，代表人物就是商鞅。所以大多數時候政府對於手工業和工商業是抵觸與抑制的，而且一個好的主政者能將農業整明白了就很不錯了。

丞相很顯然不是普通的好。他在蜀漢實行了兩個拳頭出擊的「重本不抑末」的政策，在蜀漢範圍內全面推廣「蜀錦」的生產。

官方資本、民間資本、個體工商戶自此開始被鼓勵進行奢侈品生產，丞相還親自在自家的周圍種八百株桑樹進行榜樣示範，號召蜀地百姓大量種桑、養蠶，為奢侈品提供原材料。

丞相在主政後的第一年，也就是223年，下達了官方文件《言錦教》，強調：「今民貧國虛，決敵之資，惟仰錦耳。」

丞相作為跨時代的政治家，提出了新看法：「誰說幹了手工業，發展了工商業，這農業就上不去了？」

打敵方的錢，都是從這蜀錦來的！出口去魏國創匯，回來再拿這錢打魏國！

在丞相的鼓勵、提倡以及官方引導下，本就口碑馳名的蜀錦開始了國際化品牌進程。當年曹操給親屬和員工發福利時，就派人大規模地從蜀地進口蜀錦，後來蜀錦成為蜀漢的頂級拳頭產品，也成為蜀漢外匯收入的主要來源。

曹丕接班後發表政策宣導文章《與群臣論蜀錦書》，稱你們這幫敗家玩意兒別再買蜀錦了，知道嗎，你們買的蜀錦就是咱們魏國健兒的鮮血啊！但好像並不好使，因為他自己就沒少穿。

好東西，是能跨越國界的，是能夠賣出高價的。所謂「蜀錦」，是「織彩為文」的彩色提花絲織品，是所有絲織品中最為精緻、絢麗的珍品。它的製作工藝複雜，耗時費力，為什麼叫「錦」？因為音同「金」，

自古也有「寸錦寸金」之說。

霍去病打通河西走廊後，這條路上最早火起來的東西，就是絲綢。絲綢之所以會火，有三點屬性：物珍貴、耐保存、質量輕。所以它有時候是具有貨幣的效力的。

蜀錦並不僅僅只是當奢侈品拳頭產品賣，更重要的是，蜀錦本身就是貨幣，你發軍餉時、搞獎勵時，給將士們發自己國家的拳頭商品，廣大將士們是認可的。

又因為它的這三個特點，又是國際貿易的寵兒，老百姓放心可勁兒地生產，根本不用擔心它會砸手裡。

丞相對於蜀錦的大規模生產與推廣的品牌化之路，使得蜀錦在三國年間的知名度與產量達到了巔峰。

蜀錦成為丞相送孫權的國禮。曹叡後來送給倭王的國禮中最重要的就是「錦三匹」。在西南絲綢之路和西北絲綢之路上，蜀錦也是頂級的尖貨！

還是那句話，傳奇指數只是點綴，人家能成為中國歷史上偉大的丞相，是有實力背書的！

這還沒有完呢！人家還有厲害的呢！丞相治蜀的第三個方面，依法治國。

丞相在劉備入蜀後，先是與法正、劉巴、伊籍等人共同制定了《蜀科》作為蜀漢的官方法律大典，然後開始厲行法治，解決蜀中非常嚴重的階級矛盾問題。

過去說劉璋的最大特點是「暗弱」，很大程度上，是他爹留下的私人武裝東州兵侵擾地方百姓與當地大戶，劉璋又是靠人家救的命，所以根本管不住這幫活土匪，導致四川人民怨聲載道。

剛入蜀定方針時，蜀漢高層是想實行類似於當年劉邦入咸陽的約法三章的，是想營造出一種溫柔表情面對四川老百姓的。

比如老劉就曾經派法正問孔明：「咱是不是狠點了？當年高祖可不是這樣幹的，咱要不鬆鬆？」

丞相是多聰明的人，知道這是老劉的意思，但丞相能夠看清問題的關鍵之處，表態要具體問題具體分析，高祖可以寬宏是因為秦太殘暴了，劉璋被咱打失業了就是因為他什麼也不管，老百姓看不到公平，所以民心完蛋了。

咱們要樹立法治思想，一視同仁，拿法條說話，讓老百姓感受到咱們是有章法、靠得住的政府，不是上一屆的匪窩子！咱們今天的依法治國，要靠法律樹立政府的威嚴，法律全面推行後，老百姓就知恩感恩。對爵位嚴控編制，爵位的獎賞就意味著恩榮，要通過法律，將國家擰成一股繩！[2]

後來貫徹下去了嗎？那必須啊！不僅老劉信丞相，法正也是丞相的人，丞相可給孝直兄進行過「隨便造」的名譽背書。

《蜀科》頒佈後，丞相撫慰百姓，規定禮儀，確立官職，制定制度，開誠佈公地面對臣民，不僅如此，他還對官吏反復地進行廉政教育，並定下了一系列的業務操作流程。（作八務、七戒、六恐、五懼，皆有條章，以訓勵臣子。）

生活是具體的，行政也是具體的，法條更要是具體的。

百姓和州官都只能點燈，誰也不許放火，過去「嗷嗷」亂叫的東州派被丞相收拾得服服帖帖的，劉備政權靠著肅清過去特殊利益集團的壞影響在蜀地迅速站穩腳跟，整個蜀漢的吏制也是在丞相一手搭建的框架

2　《蜀記》：吾今威之以法，法行則知恩，限之以爵，爵加則知榮；榮恩並濟，上下有節。為治之要，於斯而著。

下，逐漸地走向了正循環。

蜀漢在法制化道路下變成舉國上下「吏不容奸，人懷自厲，道不拾遺，強不侵弱，風化肅然」。

丞相的法制化道路，暫時地壓住了劉備集團非常嚴重的荊州、益州、東州三股勢力的矛盾問題。

一碗水端平，拿法條說話！

這為我們提供了一個非常好的借鑒思路：當所領導的團隊中有多股勢力互相不服氣，該怎麼辦呢？最好的辦法，就是公平對待各種勢力，與此同時將工作量推上去，讓所有人心裡無怨言而且沒空無事生非。

重視農業、興修水利、擴充基建、倡導工商、依法治國，丞相的治蜀最終效果是：「田畝闢，倉廩實，器械利，蓄積饒，朝會不華，路無醉人。」

只有我們捋明白丞相在四川和漢中都幹了些什麼，我們才能順理成章地理解為何後面丞相在十二年主政中居然幹了這麼多的事。

益州在丞相的治理下，內政清平，物資動員能力極強，蜀國這個一州之地已經不僅僅是當時人們舊有眼光所說的：「蜀小國，一州之地耳。」

過去將益州這一大片劃成了一個行政區最大的原因是不發達。但現在已經不是了。丞相要拿自己一手調理出來的天下最大的州，去實現他的夢想了。

三、平定南中真的是靠「攻心為上」嗎？

丞相主政的十二年，頭兩年歇著，丞相下達命令，關閉國門好好生產、休養生息，打掃完屋子再請客，全心全意地恢復實力，因為老劉留下的這攤子太爛了。

劉備死前，南中已經不消停了，益州郡的地方豪強雍闓殺死了太守正昂，通過交州政府跟孫權勾搭請求歸附，又把新派來的益州郡太守張裔抓起來獻給孫權，孫權任命雍闓為永昌太守。

劉備死後，建寧豪族雍闓、越嶲夷王高定、牂柯太守朱褒全都反叛了。此時南中四郡只有永昌郡在呂凱、王伉的艱難抵抗下封鎖邊界，堅守城池。

面對這種情況，丞相一邊辦國喪，一邊嚴守邊界，並沒有發兵征討。丞相在克制，是因為東邊有更迫在眉睫的事情要處理。

丞相派鄧芝去訪問吳國，說咱不打了，換領導人了，新仇舊恨就都不提了，咱們繼續結盟吧，你吳老二不找我劉老三你能好嗎？

至此，孫權終於卸下了當年貪嘴吞荊州的軍備壓力以及沉重的政治包袱。他這些年給曹丕裝孫子裝得那是相當難受。關鍵問題在於，他目

前名義上是臣服於魏的。這也就意味著他對吳國的統治其實是有著巨大政治風險的。因為是他自己承認吳國是魏國的下屬。

孫子裝一年是裝，裝十年就成真孫子了。

蜀漢的求和示好幫助孫權終於可以卸下向曹魏裝孫子這個政治大包袱了。但問題又來了，蜀漢那邊人家也登基當皇帝了。天無二日，國無二主，我不能換個盟友還裝孫子啊！況且你又是被我打趴下的。

孫權希望能夠兩國對等，哪怕將來滅魏後，也是二主分治。也就是說，雙方要承認對方也是天子。

這是個極大的難題，因為上千年的中國政治邏輯演化出來的「天命論」是：有，且只有一個天命！

曹家的天命是從劉家這裡合法得來的。

蜀漢的天命已經很牽強了，但人家仍然能喊得出去，他是單方面說曹家弒君非法後，靠著宗親血緣把劉家的天命給接過來的。

孫權呢？他前兩天還是曹家的手下呢！

孫權這邊對蜀漢也有企圖，他是希望掛靠蜀漢天命這個「高仿貨」玩平等，隨後偷換概念將來自己也稀裡糊塗地跟著上市。

丞相派過去的外交官鄧芝當場給出了非常棒的回答：「咱先好著，併魏之後，如果您還不認可我們的天命，咱到時再打。」[1]

孫權非常欣賞鄧芝的坦率，給丞相的回信中說道：「和合二國，唯有鄧芝。」

其實這麼大的問題，鄧芝這個外交官敢貿然答應嗎？肯定是丞相提前就算明白吳老二這小子幹什麼都得見到好處，提前就溝通了己方的回答底線。

1　《三國志・鄧芝傳》：夫天無二日，土無二王，如併魏之後，大王未深識天命者也，君各茂其德，臣各盡其忠，將提枹鼓，則戰爭方始耳。

兩國再度攜手後，孫權單方面跟曹丕提出分手，我不跟你過了。這讓曹丕很沒有面子。225年，曹丕興兵伐吳。

趁這個機會，丞相在休養兩年後，著手處理南中問題。

這次南下出兵前，參軍馬謖送行時對丞相說出了自己的看法，迎來了自己人生的最高光時刻，他貌似準確地說出了避免把雲南戰爭變成越南戰爭的方法：心戰為上，兵戰為下，想辦法讓他們心服吧。

這段故事在三國歷史中可謂家喻戶曉，也確實有據可依，但是這個根據卻距離事發源頭比較遙遠，原文出自《襄陽記》。

這段記載說了兩件事：

1. 馬謖說出了南方險遠，想要一勞永逸一定要攻心為上，兵戰為下，讓他們心服。[2]

2. 丞相聽了他的話，赦免孟獲讓南方心服，然後丞相有生之年南方沒再復叛。

根據後面的事實發展，並不懷疑馬謖真的說出了這句「心戰為上，兵戰為下」的話，但《襄陽記》中所記述的「亮納其策」和「故終亮之世，南方不敢復反」都是不準確的。

中國幾千年的歷史，漢族與異族「相安無事」的方式是什麼呢？無非是兩種：「和親」和「互市」。

「和親」的本質就是打不過、打不起的時候送人家錢和人。「互市」的本質就是打得過對方的時候讓他覺得老老實實做生意的成本低。其實也可以延伸來看，無論是漢族對異族，還是中國對外國，說到底，都是

2　《資治通鑒·魏紀二》：南中恃其險遠，不服久矣，雖今日破之，明日復反耳。今公方傾國北伐以事強賊。彼知官勢內虛，其叛亦速。若殄盡遺類以除後患，既非仁者之情，且又不可倉卒也。夫用兵之道，攻心為上，攻城為下，心戰為上，兵戰為下，願公服其心而已。

利益！再過幾千年也還是這個意思！

所謂理想化的民族融合，是在以武力威懾為前提下，雙方逐漸融合生活方式並進行通婚，幾代後漸漸地變成了一家。

現實中的大多數民族融合，都是在強者擊敗了弱者後，殺其男子，奴其女子，漸漸地讓被征服的民族內化到征服者中。比如北美洲和南美洲，歐洲人登陸後，進行了血腥屠殺，用武力征服了大片土地。

真正能夠讓兩個民族融合的是什麼呢？是生活方式和文化認同。

漢文化在融合民族方面天下無敵，時至今日漢族成為中國的主要人口，但是在融合的過程中，仍然經歷了三百年的民族大亂的摸索，石虎肆虐和冉閔屠羯的慘劇一再上演。

當雙方的文化、習慣全都不一樣時，民族乃至國家的溝通合作永遠是看誰欺負誰的成本低。

諸葛丞相是有大智慧的人，所謂的「心戰為上」根本就是童話故事！他要是真這麼幹了，這輩子都沒工夫北伐！

丞相南下後兵分三路，主力軍撲向鬧得最凶的越巂夷王高定，派李恢和馬忠兩路進兵益州郡和牂牁郡。

丞相進入越巂郡後，先是攻克了高定的根據地，隨後還逮了這位夷王的家屬。丞相開始打算以此迫使其投降，結果夷王高定糾集了殘部兩千餘人，殺人盟誓，放出話去要和丞相死戰到底！然後丞相就具體問題具體分析地幹掉他和他的兩千武裝了。

東路軍馬忠成功地幹掉牂牁太守朱褒，隨後對當地進行了安撫，東路軍頗為順利。

中路的李恢在益州郡則並不順利。李恢殺到益州郡後就發現壞事了，這個匪窩子把他徹底地圍住了。李恢兵少，於是以益州本地人的身份開始說瞎話：「我沒糧食了，這就打算走了，咱都是鄉里鄉親的，還真

跟我打啊！我準備跟你們一塊鬧革命了！」[3]

結果他的老鄉們就信了，在一個防守鬆懈的日子，李恢出擊將老鄉們暴打了一頓，然後玩命掃蕩他的老鄉，最終和丞相聲勢相連。[4]

總體來講，丞相的南中諸戰，並沒有搞什麼「攻心為上」，而是「兵戰為本」！而且打得毫不客氣！

著名勸降大使譙周後來勸劉禪投降，不能抱有抵抗幻想的時候，說了一句這樣的話：「南方遠夷之地，平常無所供為，猶數反叛，自丞相亮南征，兵勢逼之，窮乃幸從，是後供出官賦，取以給兵，以為愁怨，此患國之人也！」

這句話透露出來兩個重點：

1. 南中是被丞相打服的。

2. 過去沒讓他們上稅的時候還反叛呢！現在又逼人家上稅，又出兵源，早就恨死咱了！

不僅沒有「攻心為上」，而且非常深入人心的「七擒七縱」也大概率不是真的。

關於孟獲和「七擒七縱」，史書中的爭議很多。

最大牌的記錄是《資治通鑑》，確實說了七擒七縱孟獲這事兒，《漢晉春秋》裡面也寫了。

先來看一下《資治通鑑・魏紀二》中的原文：

亮至南中，所在戰捷。聞孟獲者，為夷、漢所服，募生致之。既

3　《三國志・李恢傳》：時恢眾少敵倍，又未得亮聲息，紿謂南人曰：「官軍糧盡，欲規退還，吾中間久斥鄉里，乃今得旋，不能復北，欲還與汝等同計謀，故以誠相告。」

4　《三國志・李恢傳》：南人信之，故圍守怠緩。於是恢出擊，大破之，追奔逐北，南至槃江，東接牂牁，與亮聲勢相連。

得，使觀於營陳之間，問曰：「此軍何如？」獲對曰：「向者不知虛實，故敗。今蒙賜觀看營陳，若只如此，即定易勝耳。亮笑，縱使更戰，七縱七擒，而亮猶遣獲。獲止不去，曰：「公，天威也，南人不復反矣。」

丞相到了南中就成功地逮捕了當地黑社會頭目孟獲。丞相非常大度地讓孟獲參觀了蜀軍的內部陣營，問：「嚇不嚇人？」孟獲說：「再來回試試？高低打死你！」丞相大笑，後來把孟獲逮了七次。孟獲終於不好意思了，代表南方表態我們再也不鬧騰了。

孟獲這個人大概率是存在的，因為後面有史料進行佐證，但是否逮了七次卻很難講，丞相是「五月渡瀘深入不毛」，然後秋天就收工了，相當於兩三個月就把孟獲逮了七次，平均十天就得逮一回，拿孟獲當野兔子了。

一百多年後晉人著的描寫西南地理歷史的《華陽國志》，倒是也有孟獲的事兒，但前面跟《三國志》說的一樣，雍闓、高定那三個人是造反頭子，等丞相出兵時，雍闓已經被高定的部曲給幹掉了，孟獲是接過了雍闓的反叛的大旗。

總體來講，《資治通鑑》想表達的是一個觀點：丞相是通過征服了孟獲的心，從而擺平了對南中少數民族。

這裡是大儒司馬光想通過諸葛亮這個超級IP，寄託儒家對世界大同、撫化萬邦的制度性理想。

這段故事，追根溯源，其真實性有待商榷。

比如第一手的資料《三國志》中就根本沒提孟獲這個人，南中的反叛頭子是益州郡大姓雍闓、夷王高定、牂柯郡守朱褒，卻在多人傳中都有提及。

陳壽是一個非常尊崇丞相的史官，以致於在《諸葛亮傳》中的筆法

都能看出老陳實在是太不容易了，唯恐把寫丞相的話寫過界了，引起本朝大佬們的不滿，最終結尾來了句「臣壽誠惶誠恐，頓首頓首，死罪死罪」。

如果丞相真的有這麼高光的事蹟，作為第一手資料收集者的陳壽是不會給丞相遮過去的。據現存的丞相遺文中，對高定、雍闓等人均有所及，也單單不見孟獲。

相反陳壽倒是非常客觀地寫了丞相對南中採取的一系列穩定措施。絕不是對孟獲「七擒七縱」，而是採取了讓孟獲無力再反抗的措施。

對於高定，一次不投降丞相就幹掉他了。李恢作為當地人更是一點兒不講老鄉情面，殺得那叫一個狠。

戰後還讓他自治？還不留兵？當然不是，而是規規矩矩地在蜀漢的武力範圍下被看管！

此次南征後，總督南中的軍事長官庲降都督的歷任人選分別是：

1. 李恢，益州郡人，南中漢族大姓，當初劉備剛打劉璋的時候就北上投降，是聯絡馬超的介紹人。

2. 張翼，犍為郡人。

3. 馬忠，巴西郡人。

4. 張表，蜀郡人。

5. 閻宇，南郡人。

除了第一位李恢是政治過硬的南中當地豪族，後面四位全都不是南中本土人。

再來看看南中諸郡的太守：

建寧郡（益州郡改名）：李恢（南中本土人）、楊戲（犍為人）、霍弋（南郡人）。

越巂郡：龔祿（巴西郡人）、張嶷（巴郡人）。

牂牁郡：馬忠（巴西郡人）。

雲南郡（南征後新置，分永昌、越巂）：呂凱（南中本土人）。

永昌郡：王伉（蜀郡人）。

興古郡（南征後新置，分牂牁、建寧）：太守人選史書無載。

除了李恢和呂凱這兩個有過堅決抵抗意志的南中本土人外，全都是由外地人做長官。

丞相對南中的處理辦法是：

1.劃成分。

南中有什麼成分呢？無非兩種，漢族人和少數民族。

2.分清朋友和敵人。

誰是我們的朋友呢？

把當地的漢族人當作朋友，都認同祭祀祖先，儒家經典，與他們溝通起來應該是順暢的，出現矛盾就是在利益分配上。

3.發展進步勢力、爭取中間勢力、反對頑固勢力的策略，對頑固勢力開展「有理、有利、有節」的鬥爭。

怎麼發展當地親蜀漢的漢族進步勢力，爭取當地的大姓漢族支持，拉著當地漢族對付當地少數民族頑固勢力。

找準方向後，丞相通過以下四個辦法肢解南中病根：

1.將當地牛人拉到中央去上班。

比如《華陽國志》中說的：「亮收其俊傑建寧爨習、朱提孟琰及獲為官屬，習官至領軍，琰輔漢將軍，獲御史中丞。」

孟獲其實不是少數民族，而是南中的漢族大姓。這裡面還提到了孟獲，還當上了御史中丞，在《宋書‧百官志》裡也有相關佐證：「孟獲為建寧大姓，平南後官至御史中丞。」

2. 將打服的少數民族交給當地漢族大姓支配，讓他們當地內部消化矛盾。

《華陽國志》記載，南中有焦雍、婁爨、孟量、毛李等四個大姓，丞相在平定南中後將其中弱小的少數民族部落分別配給了當地的漢人豪強為部曲。[5] 還有些少數民族並不弱，野性大，根本不理當地大姓，丞相又令地方豪強們出錢給這些少數民族發工資收買其為僱傭兵。[6]

3. 認為當地消化不了的兇猛部落，丞相直接解決。

對於比較猛的青羌部落，丞相使出了鐵腕政策，將青羌萬餘家移民到了蜀郡，並從中抽取了五部精壯，組成了一支部隊，叫作「無當飛軍」。[7]

4. 拿走南中反政府武裝和少數民族的反叛資源。

丞相戰後從南中收了一大筆稅，以致於這一戰不僅沒賠錢，還兵源大漲、國庫猛增。[8]

無論怎樣包裝，從種種的史料中看，丞相對於南中四郡的反叛，用的手法都不是什麼「攻心為上」，而是讓南中從兵源和資源上無力再反抗。

一系列的打法分別是：

1. 武力消滅抵抗者。

2. 控制地方核心官員。

3. 對南中漢族大姓採取分紅與合作的方法，讓頂級大族去蜀國上班。

4. 有戰鬥力的少數民族被移民收編，壓榨少數民族承擔蜀軍軍費並被當地漢人大姓看管。

5　《華陽國志》：分其贏弱，配大姓焦雍、婁爨、孟量、毛李為部曲。

6　《華陽國志》：出金帛，聘策惡夷為部曲……於是夷人貪貨物，以漸服屬於漢。

7　《華陽國志》：移南中勁卒青羌萬餘家於蜀，為五部，所當無前，號為飛軍。

8　《三國志·諸葛亮傳》：軍資所出，國以富饒。《華陽國志》：出其金、銀、丹、漆、耕牛、戰馬，給軍國之用。

這樣真的會讓南中服氣嗎？漢族大姓的孟獲們確實是服氣了，因為他們的利益沒怎麼受損，還得到蜀國扶持，後面的所有反叛再沒看到漢族大姓的身影。但是，傳統意義裡我們認為從此溫順的少數民族算是跟蜀漢結下了血海深仇。自打丞相走了以後，南方就沒完沒了地叛變，但被南中的政府軍一次次地打擊和削弱。

比如丞相前腳剛走，少數民族就鬧起來了，還殺了丞相留下的守將。已知跳反的就有越巂郡、雲南郡、牂牁郡、興古郡。[9]

但是，這股反叛勢力被此時的南中總督李恢帶隊拿下，而且不僅將反叛的士兵全部幹掉了，還將其領導人全都逮到了成都，命他們定期出兵出錢保衛和供養蜀國。[10]

南中後面還反叛了好多次，每次蜀漢基本都是去了就殺，殺完就燒，最後搬東西回家。[11]

總體而言，丞相南征後的多次反叛，主角都是「南夷、叟夷、獠種、夷獠」這幫少數民族，當地大族已經被中央拿下開始合作共贏了。

《隆中對》中的「南撫夷越」，變成了「南撫大姓，剝削夷越」。在這一點上，丞相並沒有免俗，和曹操對烏桓的鐵腕、陸遜對山越的壓榨一樣。性質上都是武力剝削。

9　《三國志·張嶷傳》：越巂郡自丞相亮討高定之後，叟夷數反，殺太守龔祿、焦璜。《三國志·呂凱傳》：以凱為雲南太守……會為叛夷所害。《益部耆舊傳》：平南事訖，牂牁、興古獠種復反。

10　《三國志·李恢傳》：恢身往撲討，鉏盡惡類，徙其豪帥於成都，賦出叟、濮耕牛戰馬金銀犀革，充繼軍資，於時費用不乏。

11　《三國志·馬忠傳》：十一年，南夷豪帥劉冑反，擾亂諸郡……忠遂斬冑，平南土。《三國志·張嶷傳》：時永昌郡夷獠恃險不賓，數為寇害，乃以嶷領永昌太守，率偏軍討之，遂斬其豪帥，破壞邑落，郡界寧靜。

《三國演義》中有一段故事相當客觀，是說丞相火燒藤甲兵後，自己歎道：「吾雖有功於社稷，必損壽矣！」一個人的功是功，過是過，這都是他。

其實讀歷史讀到深處，會對所謂的「功業」看得很淡然。你面臨著一個超級爛的攤子，你還想幹比天還大的事業，就算你長袖再善舞，你仍要面臨種種不得已的選擇和代價。

我相信丞相手中要是有足夠的時間，足夠的人才、足夠的兵力，他是能做到如他入職時說的那句「南撫夷越」的。

丞相千百年來受蜀中萬民祭祀懷念，是他對蜀地漢民族的功；丞相五十四歲壯年而卒，是他在很多地方的「不得已」的過。

一飲一啄，皆有來因。這都是為了他的理想和功業，他所要承受的代價。

「其文直，其事核，不虛美，不隱惡，故謂之實錄」，這是對於太史公的盛讚，我認為陳壽一定意義上也擔得起這句話，在南中諸將的傳記中，他詳細地寫明瞭丞相南征的政策和後續。並沒有童話故事般七擒七縱的心服口服，而是落後就要挨打！

四、「亮正嚴副」隱藏的劇情線

226年，平南中後的丞相準備北伐了，糧草先行，需要好好經營漢中了。這一年，蜀漢政權出現了這麼一件事：托孤的二號人物李嚴移駐江州，留陳到駐軍永安，歸屬李嚴指揮。

這一年，國際上發生了這麼一件事：五月，曹丕駕崩。

這一年，招聘市場中發生了這麼一件事：魏將孟達開始和丞相與李嚴通信，表示自己當初失身於賊是很無奈的。

這三件事連起來後，開啟了諸葛亮時代非常隱性的一條線：「亮正嚴副。」

要說說劉備當年留的這個副手了。劉備臨終時，尊丞相為相父，行「君可自取」之權；李嚴為中都護，統管內外軍事，留鎮永安。

這是個什麼佈置呢？表面上看，李嚴地位很高，統管內外軍事，著實威猛。實際上，後面那個「留鎮永安」才是重點。

老劉這個天子沒法守國門了，總不能讓丞相幫他守吧，裡裡外外那麼一大攤子事，丞相也忙不過來。所以將永安這個益州禍福之門的關鍵位置以及留守永安的兵權，給了他之前就選拔好的第二屆領導班子成

員，李嚴。

李嚴年少時就作為郡吏入仕，以才幹出名，最早在劉表那擔任過基層的好多崗位。曹操南下荊州時他主掌秭歸，劉琮降曹後李嚴拋棄掉如日中天的曹操，逆著長江跑劉璋這裡來了。

劉璋聽說過李嚴的治郡水平，上來就讓他幹成都令，結果李嚴名副其實，幹得特別好，確實是個人才。

劉備一路南下擊破劉璋安排阻擊的五路大軍，劉璋重點培養的李嚴被任命代為護軍，去綿竹抵抗劉備。

李嚴再次站隊，降了。他作為劉璋護軍卻投降劉備，對於劉璋集團的軍心和軍力起到了巨大的破壞作用。

這兩次站隊連一塊是什麼寓意呢：我李嚴是降劉不降曹的！但二劉當中我認可劉皇叔！無論是政治選擇，還是站隊立場，李嚴都是旗幟鮮明地跟隨劉備。

劉備定蜀後，李嚴被任命為犍為太守、興業將軍，級別高了一大塊。

令劉備欣喜的是，政權建立之初，治郡出名的李嚴還展現出了法律才華，丞相牽頭制定的《蜀科》，也有他的一份功勞。

218年，劉備正跟夏侯淵在漢中比賽曬太陽，盜賊馬秦、高勝等在郡縣起兵，短時間內居然煽動起數萬人一路打到了資中縣。李嚴在此時又展現出了軍事之才，緊急帶著本部兵五千人成功剿匪。

不久，前面說的南中三反將中的越巂夷王高定也跳出來了（這人是個老流氓，有點兒動靜就跳，所以丞相南征的第一人就是他），被李嚴再度痛打，老實了。

兩戰皆勝後，老劉加李嚴為輔漢將軍，領郡如故。聽聽這名字，已經屬於重點培養的人物了。

在犍為太守任上，李嚴鑿通天社山，修築沿江大道等基礎設施，給

老百姓辦了不少實事，人家治郡的老本行也沒放下。

綜上所述，李嚴進入了最高領導層的眼中。這是一個政治上可靠、才能上過硬、軍事上靠譜的優秀人才。關鍵是，人家還特別會來事兒。

劉備登基之前，得有天意呀！結果在犍為太守李嚴的治所武陽發現了一條大黃龍在赤水裡泡著，連泡九天才撤。聽說大黃龍都來洗澡了，老劉覺得不能再等了，於是登基當了皇帝。

劉備被陸遜燒回來後，馬上就把李嚴召進永安，任他為尚書令，讓他熟悉內廷操作，並調他的兵馬保衛永安。

半年後，劉備走人，安排丞相和李嚴並受遺詔輔佐少主；李嚴被提拔為中都護（孫策托孤時周瑜幹的崗位），統內外軍事，留鎮永安。這其實就是官方確認李嚴的二號輔政地位，安排他看東大門。

劉禪繼位後，封丞相為武鄉侯，開府治事，領益州牧；封李嚴為都鄉侯，假節，加光祿勳。

丞相開府，自己有行政班子，領益州牧，總攬軍、政、財所有大權。此時蜀漢只有一州，也就是益州。也就是說，整個蜀漢都是丞相的地盤了。

老劉給李嚴此等安排的意思，是認可他的能力，所以將東部的國家安危交給他了，給他的位置拔得那麼高，是希望他不被孫權誘惑。

但是劉備把所有的權力都給孔明了，李嚴這個副手受孔明的節制，工作就是看好東大門，或者退一萬步，成都有事甭管是外敵入侵還是諸葛亮造反，李嚴去勤王。李嚴這個副手，更像是保險，而並非真正意義上的副手。因為自古托孤無論一正幾副，這幫人全都是要在中央的，而且基本托孤編制都是四個人起步的。

劉備托孤的真實含義，就是把國家完完全全地交給丞相了。但李嚴

並沒有參透這個含義。

劉備死後，國家所有權力都歸了相府，這讓當初同是作為托孤大臣的李嚴很不爽。

226年，丞相已經搞定了南中，以大把的資源和兵力充實了國家，下一步準備北伐了。此時蜀漢跟東吳已經重歸於好了，東線的壓力驟然降低，丞相讓李嚴去鎮守漢中。李嚴推脫不去。

多方溝通後，丞相妥協，永安由劉備在徐州時加盟的老兄弟陳到接手，但要歸李嚴轄屬，李嚴移軍到了江州。

丞相其實一直在安撫、照顧李嚴。因為老劉死後，蜀漢這個小政權中的複雜成分開始出現各種各樣的問題，老劉生前對於李嚴等非荊州派的看重讓很多老人不服，代表人物是原長沙太守廖立。

廖立是武陵人，在丞相的口中是能和龐統齊名的良才。[1]劉備當漢中王時，任命廖立為侍中，等後主繼位時，廖立做了禁衛統領的長水校尉。這讓廖立覺得自己大材小用了，在他眼中他是僅次於丞相的人物，現在竟居於李嚴等人之下，心裡一直不痛快。

這位爺後來發表了不團結的言論，比如說劉備不打漢中去爭三郡，差點兒把益州都玩丟了。[2]比如說關羽仗著自己猛，光知道往前衝，結果全賠了吧。[3]

……

廖立對李嚴的不服幾乎是指名道姓，後面丞相撤他職的時候，罪狀之一就是他在公開場合發表「國家不任賢達而任俗吏」的言論。

1　《三國志・廖立傳》：亮答曰：「龐統、廖立，楚之良才，當贊興世業者也。」

2　《三國志・廖立傳》：昔先（帝）不取漢中，走與吳人爭南三郡，卒以三郡與吳人，徒勞役吏士，無益而還。既亡漢中，使夏侯淵、張郃深入於巴，幾喪一州。

3　《三國志・廖立傳》：是羽怙恃勇名，作軍無法，直以意突耳，故前後數喪師眾也。

誰是「賢達」？他廖立唄。誰是「俗吏」？少為郡職吏，以治郡、立法起家的李嚴。

不服李嚴的廖立最終被丞相廢為民，徙汶山郡。丞相公開表態，對這種影響團結的官員予以堅決打擊，哪怕他是荊州派老人也不成！

在處罰廖立的奏表中，丞相用了這麼一句話：「羊之亂群，猶能為害，況立托在大位，中人以下識真偽邪？」

溫順的綿羊中出現「亂群」的羊時都能成為禍害，更何況廖立在這麼重要的崗位卻天天不團結他人！

「亂群」是什麼意思呢？就是在同事之間製造事端，一個人攪和得所有人都惶惶不安、心浮氣躁。

廖立是第一個觸及蜀漢特別敏感的新、舊官員成分問題的人。丞相樹立典型後不久，又一個人明目張膽地蹦出來了。

蜀漢政權中的大佬，東漢開國元勳來歙的後人，司空來豔之子，劉璋的親戚來敏挑撥新舊之爭，公然叫囂：「新人有何功德而奪我榮資與之邪？」丞相評論道：「來敏亂群！比孔文舉還能禍害人！」

孔文舉就是愛演講的孔融，讓梨的那位，在北海被袁譚打得只剩幾百人，城破前還讀書談笑，城破後拋妻棄子逃跑的行為藝術家。到了曹操那裡依然作為時政評論小能手特別能耐地滿世界噴，最終在唯才是舉的浪潮中被「哼嚓」。

丞相對於蜀漢基因裡的派系問題採取了鐵腕政策，誰敢挑撥是非就處理誰，並對李嚴等老劉安排的托孤掌權班子表示了維護和尊重。

但是，李嚴作為被維護之人，並沒有給丞相面子。李嚴不去漢中，而是給丞相寫了封拍馬屁的信，說領導天天太辛苦啦，您受個「九錫」吧。

「九錫」自王莽後開始符號化、制度化了，尤其前幾年曹操的榜樣在前面，如果不是大佬的心腹提出來，基本上就是政治罵街的意思。即便

是心腹提，也得是領導暗示後，才能張嘴！因為這屬於非常敏感的政治表態！

李嚴的這個做法非常過火。無論他的意思是政治罵街，還是真想幫丞相往前拱一步方便自己要待遇，他都觸碰了絕不能碰的政治邊界！

丞相隨後很良苦用心地給懟回來了：「要是把老曹家打跑了，帝還故居，和大夥兒一塊進步，我十錫都能受！現在你扯這幹什麼？」[4]

丞相照顧李嚴的情緒，表態一切都會有的，不要急，咱們是利益共同體。並表達自己對於此次事件的憤怒！

李嚴很快扯出了他心中的想法：他要求丞相劃分五個郡成立巴州，讓他擔任巴州刺史。由此看，他寫這封信的目的就是想捧丞相隨後方便自己進步。

丞相再次否決。

兩人自此開始出現大裂縫了。

李嚴不上道地亂試探，隨後明目張膽地要待遇，這就很過分了。

丞相是非常罕見的那種心中只裝著理想與天下的領導。他有自己的政治綱領，還有具體方針路線以及步驟目標，最關鍵的是，人家放哪兒都是頂級的通才。跟這樣的領導幹，你必須也得是放眼天下和有大局的。

看看諸葛亮用的這些人吧，像後面《出師表》中提到的蔣琬、費禕、董允、向寵，全都是那種不蓄錢財、大公無私的人才。

蔣琬在丞相離開漢中後，一直在幹丞相原來幹的活兒。從性格與能力看，蔣琬都類似於低配版的丞相，是丞相早早地就選定的接班人。[5]

4　《諸葛亮集·答李嚴書》：若滅魏斬睿，帝還故居，與諸子並升，雖十命可受，況於九邪！
5　《三國志·蔣琬傳》：亮數外出，琬常足食足兵以相供給。亮每言：「公琰托志忠雅，當與吾共贊王業者也。」密表後主曰：「臣若不幸，後事宜以付琬。」

蔣琬的接班人費禕，謙和廉潔，管家極嚴，也是武侯遺風。[6]

董允因為為人公正，被丞相培養為內宮的總管，丞相北伐後遷為侍中，領虎賁中郎將，統宿衛親兵。終董允一生，黃皓等後來亂政的宵小都沒能跳出來。

諸葛亮、蔣琬、費禕、董允，被後人稱為「蜀漢四英」。

這一群被後世肯定的蜀漢官員，都是丞相一手提拔起來的。丞相這輩子的人事任命，除了馬謖那兒打眼了，其他人真的是無可指摘。

在《後主傳》中，陳壽對劉禪蓋棺定論的總評第一句，說的就是劉禪用賢相時，那就是明君在朝；用宦官佞臣後，整個國家就垮了。[7]

蜀地確確實實是小政權，而且關上門過日子久了非常容易讓人喪失奮鬥之心，所謂少不入川。

天險確實不假，但堡壘往往都是從內部被攻破的，後面的桓溫入蜀僅僅用了一萬來人就滅了成漢，劉裕派手下兩萬人就打平了四川。這點兒兵力打一座城都不見得有那麼輕鬆，能想像到這是滅天下巨防的四川政權嗎？

天府之國有種酒不醉人人自醉的魔力，千千萬萬要卯足殺出去的一股勁兒！丞相主掌四川的這段時間，堪稱是四川史上最有精氣神兒的十二年！李嚴想進步有沒有辦法？必須有啊！咱團結協作把涼州和關中打下來，作為先帝托孤之人，你去領雍州牧，誰能說什麼！

現在蛋糕就這麼一點兒，不是丞相一個人吊住蜀漢這口精氣神兒，這個國家早就垮了！蜀漢亡的公認原因，就是丞相千古以後，整個國家的魂就漸漸地散了。

6　《禕別傳》：雅性謙素，家不積財，兒子皆令布衣素食，出入不從車騎⋯⋯
7　《三國志・後主傳》：後主任賢相則為循理之君，惑閹豎則為昏暗之後。

在此危急存亡之秋，你不想著幹事業光想著自己那點兒小九九，這是丞相所看不上的。

李嚴被丞相懟了以後也沒有什麼辦法，只能蔫著，不過時局變化很快，同年國際大動盪，曹丕駕崩，孟達的恩主死了。這讓李嚴看到了希望。

該說說孟達了。

孟達七年前投降的時機趕得特別好，曹丕剛剛上位，他這位棄暗投明的老兄成了曹丕打造的天下楷模。

按理講曹丕春秋正盛，而且孟達特別會鑽營關係，在魏國又埋下了多條線，榮華富貴拈之即來啊，結果遇到了黑天鵝事件。誰也沒想到曹丕四十歲就沒了，與此同時，孟達在中央交的高段位好朋友桓階、夏侯尚這兩年也都去世了。新關係還都沒打點呢！你們倒是再挺兩年啊！

孟達又想到了老辦法：帶著手下的三郡當嫁妝再把自己嫁一回。

此時丞相也開始經營漢中，有要北伐的打算了，孟達的這一獻禮將再一次棄暗投明！況且二把手李嚴還是當年自己的老兄弟。孟達於是跟丞相和李嚴都開始通信了。

孟達的算盤打得是不錯的，按當時的趨勢來看，他將再次順利過關，成為炙手可熱的棄暗投明之人。但問題是，他這回並沒有深入地做新公司的內部調研。

對面的二把手李嚴當然熱烈歡迎他回到故國懷抱，不過這位過去的好兄弟希望孟達回來，是多一股力量幫他制衡一把手。

在二人的通信中，看一下《三國志》中陳壽的原文描述吧：李嚴說：「吾與孔明俱受寄託，憂深責重，思得良伴。」

陳壽著的這本《三國志》各方面的水平是很高的，比如他說劉備死

是「殂」，說主流正統的曹操是「崩」，到了孫權那兒，就是「薨」了。一個字就把自己的深情全含進去了。

中國幾千年下來，等級制度是非常完善的，什麼人得什麼待遇都是有章可循的，陳壽作史時，晉是接魏的天命，天命只有一個，所以曹操過世是皇帝專業用詞「崩」。

劉備呢，陳壽沒敢用「崩」，但用的是「殂」。「崩殂」作為一個詞組，這倆字暗地裡其實是一個級別的，所以陳壽用了比較隱晦的方式致敬了故國老領導。孫權就不費勁了，直接「薨」了，你就是個諸侯嘛。

李嚴給孟達寫信不可能就一句話，陳壽卻就摘了這麼一句，我們分成三部分看看什麼意思。

第一部分，我跟孔明都是被托孤之人。（吾與孔明俱受寄託）潛臺詞：我倆是一個級別的。

第二部分，我的責任很大啊。（憂深責重）潛臺詞：我權力很大啊！

第三部分，我需要你這位「良伴」。潛臺詞：你來了是良伴，是合夥人。

一句話，陳壽把李嚴這堆小心思全兜出來了。

李嚴這面跳著腳地歡迎孟達，但孟達跟對面這位一把手是沒什麼交情的，尤其這位一把手對道德屬性要求較高。更關鍵的一點是，對面的二把手跟一把手實力差距太大。所以說，這次孟達的算盤從最開始就打錯了。

但是，丞相這邊卻依舊跟孟達進行了熱情洋溢的來往通信，是丞相想利用孟達把李嚴從江州引到和新城接壤的漢中來嗎？並不是，李嚴是建興八年（230）曹真攻蜀時才被以軍情緊急的名義調到漢中的。

丞相既不會讓孟達成為李嚴分權的助力，也不會試著感召這位眼觀六路大事不妙就給自己找下家的「水性楊花」之人。他這顆棋子，丞相

另有妙用。

　　雖說孟達這回打的算盤從基本面上看又是穩賺不賠的，但是，投機有風險，跳槽需謹慎。

　　這回孟達的家運到頭了。

五、《出師表》流傳千古之謎

　　227年，丞相北駐漢中，臨行前，留下千古名篇《出師表》，這是當頂樑柱時需要的人生智慧。

　　《出師表》說了十一件事，給大家分析一下每件事背後丞相的意思。

　　1.原文：先帝創業未半而中道崩殂，今天下三分，益州疲弊，此誠危急存亡之秋也。

　　意：夷陵那仗輸得太慘了，這都五年了，咱蜀國還沒調理過來呢，孩子，咱還遠沒到能喘口氣休息的時候，還得繼續奮鬥啊。

　　2.原文：然侍衛之臣不懈於內，忠志之士忘身於外者，蓋追先帝之殊遇，欲報之於陛下也。

　　意：先帝偉大，我們這幫人都是受過你爹大恩的，咱們的班子鬥志足。

　　3.原文：誠宜開張聖聽，以光先帝遺德，恢宏志士之氣，不宜妄自菲薄，引喻失義，以塞忠諫之路也。宮中府中，俱為一體，陟罰臧否，不宜異同。若有作奸犯科及為忠善者，宜付有司論其刑賞，以昭陛下平明之理，不宜偏私，使內外異法也。

意：孩子你要志向高遠，多聽勸諫，咱蜀漢成分多、派系雜，必須依法治國，千萬要一視同仁，連皇帝也不能例外，這是咱的立國之本。

4.原文：侍中、侍郎郭攸之、費禕、董允等，此皆良實，志慮忠純，是以先帝簡拔以遺陛下。愚以為宮中之事，事無大小，悉以諮之，然後施行，必能裨補闕漏，有所廣益。

意：這套宮裡的班子是你爹留給你的，是你相父認可看好的，這套宮裡的班子是你的操作說明書，我走了以後有什麼事問他們就出不了問題。

5.原文：將軍向寵，性行淑均，曉暢軍事，試用於昔日，先帝稱之曰能，是以眾議舉寵為督。愚以為營中之事，悉以諮之，必能使行陣和睦，優劣得所。

意：你這輩子沒領過兵，沒打過仗，軍事問題不明白，這個向寵是在夷陵慘案中全身而退的好將軍，碰見軍事問題不要想當然，軍事使用說明書我也給你找好了。

6.原文：親賢臣，遠小人，此先漢所以興隆也；親小人，遠賢臣，此後漢所以傾頹也。先帝在時，每與臣論此事，未嘗不歎息痛恨於桓、靈也。侍中、尚書、長史、參軍，此悉貞良死節之臣，願陛下親之信之，則漢室之隆，可計日而待也。

意：不能忘了咱劉家是怎麼興怎麼衰的啊！我給你配的這些說明書都是讓漢室興隆的賢臣啊！孩子千萬用好了啊！

7.原文：臣本布衣，躬耕於南陽，苟全性命於亂世，不求聞達於諸侯。先帝不以臣卑鄙，猥自枉屈，三顧臣於草廬之中，諮臣以當世之事，由是感激，遂許先帝以驅馳。後值傾覆，受任於敗軍之際，奉命於危難之間，爾來二十有一年矣。先帝知臣謹慎，故臨崩寄臣以大事也。受命以來，夙夜憂歎，恐託付不效，以傷先帝之明。

意：你爹對我有大恩，這些年我也一直是你家最特別的存在，我會為了你家鞠躬盡瘁，拚上這條老命的。

8.原文：故五月渡瀘，深入不毛，今南方已定，兵甲已足，當獎率三軍，北定中原，庶竭駑鈍，攘除奸凶，興復漢室，還於舊都。此臣所以報先帝而忠陛下之職分也。

意：漢賊不兩立！王業不偏安！咱們是正經天命！打到兩京去是我現在的首要工作！

9.原文：至於斟酌損益，進盡忠言，則攸之、褘、允之任也。願陛下托臣以討賊興復之效，不效，則治臣之罪，以告先帝之靈。若無興德之言，則責攸之、褘、允等之慢，以彰其咎。

意：不是相父不輔佐你了，再次重申說明書都給你配好了，放開大膽地用他們，要是使著不順手相父再給你調整。

10.原文：陛下亦宜自謀，以諮諏善道，察納雅言，深追先帝遺詔，臣不勝受恩感激。

意：一定在家好好地聽話啊！

11.原文：今當遠離，臨表涕零，不知所言。

意：我要走了，我愛你孩子。

通篇看完，有沒有覺得思路特別清晰？

《出師表》牛在四個地方的綜合疊加：

1.明確了「漢賊不兩立，王業不偏安」的政治綱領和出兵制高點的天命正當性。

2.明確了依法治國、一視同仁、消滅派系隔閡與黨爭隱患的蜀漢立國之本。

3.詳細的治國理政說明書，文、武、內、外，相當明確。

4.通篇沒有一句廢話，沒有一句可以刪的句子，沒有一句舞文弄墨

地在炫技，而是實實在在地敘述事情。

全文分十一個段落，丞相明明白白地表達了十一件事，卻僅僅用了七百四十一個字。

丞相的這篇《出師表》，因為文法簡潔、主旨清晰以及鞠躬盡瘁的傳奇性，歷經歲月洗禮後愈加散發芬芳，跨越千年不過時。

不逢亂世，不懂《出師表》。丞相的這篇千古名文也成為此後漢民族每當陷入黑暗時的吶喊樣本！

227年三月，丞相上表後率諸軍北駐漢中，使長史張裔、參軍蔣琬統留府事。

這一年，他的長子諸葛瞻剛剛出生。但丞相這一走，就再也沒有回來。

只要他人在漢中，整個雍涼就不敢解甲，偌大中國就不敢釋鞍，天下就始終覺得劉家天下還有希望！只要他在！這口精氣神兒就在！

丞相軍令如山，斷不可能讓家屬前往漢中探視！這也就意味著，丞相除了看到過襁褓中的小諸葛瞻外，再沒見過自己的這個孩子。丞相獨此一妻一子，古時夭亡率高，說句實在話，丞相真的在忠貞不貳上做到了極致。自己的子嗣已經顧不上了，滿腦子都是劉家的天下了。

為什麼蜀漢這個小政權在中國數千年歷史長河中如此璀璨呢？

老劉的厚道、二爺的傳奇、丞相的忠貞，湊一塊兒了！

當然，還有那侵入骨髓的悲劇感！

如果二爺沒丟荊州呢？如果老劉沒毀滅在夷陵呢？如果幾十年攢下來的忠臣良將都還在，丞相是否不至於如此孤單？

沒關係，還有丞相在！

有丞相在！漢家這戲就還沒演完！

六、蜀漢無史官之謎

　　丞相屯兵漢中後，消息傳到了新登基的曹叡那裡。曹叡是小年輕，氣比較盛：我剛上位你諸葛亮就蠢蠢欲動，什麼意思？

　　曹叡將想法告訴了散騎常侍孫資，孫資是這麼回答他的：「當年武皇帝取漢中冒很大風險才拿下來。後來救夏侯淵的敗兵走了五百里斜谷道，說南鄭簡直是『天獄』，走褒斜道就像是鑽了五百里的洞。咱武皇帝這麼善於用兵，卻眼看著蜀賊在山岩上蹦躂，吳虜於江湖中流竄，這是不爭一朝一夕的得失，能打才打，不能打就等。

　　「咱要是打漢中，不僅要調兵運物資，還得防備著吳國的水上進犯，沒有十五六萬士兵下不來，這還沒算更多的隨行兵役。[1]防守就省錢多了，咱們養精蓄銳幾年，那五百里褒斜道讓他們跑，燒錢燒死他，沒幾年他們自己就完蛋了。」

　　曹叡被拉回來了。

1　《三國志‧劉放傳》：今若進軍就南鄭討亮，道既險阻，計用精兵及轉運鎮守南方四州遏禦水賊，凡用十五六萬人，必當復更有所發興。天下騷動，費力廣大，此誠陛下所宜深慮。

秘書長孫資勸住了小年輕曹叡，大家記住這個人，因為他最終影響了歷史的走向。

之所以說劉家氣數已盡，是因為當最後一個大神試圖逆天改命的時候，不僅各種天時不再，還安排了一個非常罕見的、極其剛烈英武的第三代接班人來作為他的對手：魏明帝曹叡。

曹叡是當年曹操擊敗袁尚拿下鄴城後，曹丕向老爹致敬，敲寡婦門拿下袁熙媳婦甄氏後生的孩子。

關於曹叡是不是曹丕的孩子歷來頗有爭議，因為曹叡的生日年份陳壽給了兩個說法。

1.「年十五，封武德侯；延康元年（220）五月戊寅，天子命王追尊皇祖太尉曰太王，夫人丁氏曰太王后，封王子叡為武德侯。」

2.「景初三年（239）帝崩於嘉福殿，時年三十六。」

古人都是按虛歲算，生下來就算一歲，所以兩種說法給出了曹叡的兩個生辰年份，一個是206年，一個是204年。

生在206年就過關了，但要是生在204年就說不清了。

那是個什麼年份呢？那一年是建安九年，曹操八月攻破了鄴城，如果曹叡要是這一年生的，那歷史就非常神奇地變成曹操打拚了大半生，最後便宜袁紹孫子的狗血故事了。

古往今來人們普遍攻擊陳壽著史不嚴謹。要是仔細地品味曹丕、曹叡的父子關係，其實曹叡的身世有著相當大的可疑性。

更重要的是，以陳壽寫《三國志》的水平，他可不是「輕易」出錯那麼簡單，他有他的深刻目的。

首先說一下陳壽寫《三國志》的情況。

《華陽國志》的作者是東晉時期五胡之一的成漢的常璩，裡面說了一下《三國志》的來源：「吳平後，壽乃鳩合三國史，著魏吳蜀三書六十五

篇，號三國志。」

常璩說得比較明確，陳壽匯集了三國的史料編的書。注意，按常璩的說法，三國都有史料。

陳壽自己是怎麼表態的呢？他在《後主傳》中非常明確地說，蜀國不置史，註記沒有官，所以史料全都沒了，不是我不寫！諸葛丞相雖然什麼都能想到，結果這事兒忘了。[2]

他這話是什麼意思呢？不置史就不置史，把丞相捎著幹什麼呢？

是他在用鍋給丞相嗎？並不是，他對丞相那叫一個推崇備至！那為什麼後面要加上「諸葛亮雖達於為政，凡此之類，猶有未周焉」這句話呢？

因為他想用一個超級大 IP 吸引住大家的注意力，隨後發現他說的「又國不置史，註記無官，是以行事多遺」是不得已而為之！

丞相是什麼人？是具體到極致的政治家！國家史料這種意識形態的事情怎麼可能不作為流傳千古的重點項目進行佈置！

而且同在《後主傳》中，陳壽又蹦出來了這麼一句話：「景耀元年，姜維還成都。史官言景星見，於是大赦，改年。」不是不置史嗎？這白紙黑字的史官是幹什麼用的呢？

陳壽通過自己犯低級錯誤以及說丞相不置史來表明一個態度：老劉前面大半輩子越打越天下聞名，你們看見的卻全都是雞飛狗跳，看不見的都是我不敢寫的！

二爺在襄樊什麼戰績沒有，曹仁這個荊州總司令卻躲在樊城需要于禁去救，那也是我沒辦法寫的！你們自己推理去吧！

2　《三國志‧後主傳》：又國不置史，注記無官，是以行事多遺，災異靡書。諸葛亮雖達於為政，凡此之類，猶有未周焉。

三爺和二爺同為萬人敵，為什麼本傳中第一次露面的時候都到長坂坡了呢？因為他們都不是主角！因為他們都在很大程度上讓主角下不來台！因為我想身不由己地活下去，也希望這部史書能夠流傳！所以我什麼都不能寫！但是，我可是給你們線索了！

　　同樣，在《曹叡傳》中，陳壽蓋棺定論，寫的這筆「三十六歲」，大概率也並非是單純地算錯了，他貌似還是有話要說。

　　首先曹丕和曹叡這父子倆的關係實在是讓人沒辦法不遐想。

　　曹叡幾歲的時候就已經得到了曹操的青睞，曹操甚至說過這麼一句話：「看見這小子我踏實了，看來第三代敗不了家了。」[3]

　　曹操經常讓小曹叡跟隨左右，曹叡也在跟著爺爺四處征戰的時候開拓了普通孩子無法見識的眼界，在宮廷跟著天下最牛的官員學習治國理政。[4]

　　按理說這個孩子應該是曹丕的驕傲，而且也是和他兄弟曹植競爭世子大位時的重要砝碼，但曹丕貌似對自己的這個兒子並不喜歡。

　　曹丕在代漢後，不僅沒立太子，還將當初非常喜歡的甄夫人給殺了。按理來講，曹叡如此優秀，在曹丕諸子中一騎絕塵，剩下的都病病歪歪的沒什麼出息，甄夫人此時應當母以子貴了，怎麼會突然被殺了呢？

　　官方給出的理由是甄夫人被郭后算計了，曹叡對曹丕有怨言。但這個行為非常反常。曹魏剛剛承接天命大赦天下，沒多久居然賜死了生下優秀皇子的后妃，而且甄夫人的死法極其恐怖：以髮覆面，以糠塞口。

3　《魏書》：帝生數歲而有岐嶷之姿，武皇帝異之，曰：「我基於爾三世矣。」
4　《三國志·明帝紀》：生而太祖愛之，常令在左右。《魏書》：每朝宴會同，與侍中近臣並列帷幄。

有一種說法是曹丕連陰狀都不想讓她告，希望某些秘密到了另一個世界都不能被公開。

下面的內容僅為對於曹丕對曹叡母子涼薄的一個推測：

有可能曹丕知道這孩子不是自己的，但因為老爹喜歡這孩子，而且自己還沒辦法生出再讓老爹喜歡的孫子，所以必須讓這孩子一直給自己充門面。

曹丕生了九個兒子，活到成年的只有曹叡和曹霖。曹操要是知道曹叡不是他曹家的孩子，在曹丕和曹植的太子抉擇中，可能會想得更深一些。

曹丕弄死甄夫人後立了郭氏為皇后，但是生殖能力很不錯的曹丕和這個皇后生不出孩子來。

曹叡雖然一枝獨秀，但曹丕永遠不提立他為太子這茬。

對於曹叡的接班原因，《魏末傳》中引了一個故事：

曹丕愛打獵，經常帶著曹叡，看到鹿媽媽和鹿寶寶，曹丕一箭就幹掉了母鹿，隨後讓曹叡射死那個小鹿。曹叡哭著說：「陛下已經殺了牠媽了，我實在不想再殺人家孩子了。」[5]

因為這句話，曹丕決定立曹叡為太子。[6]

曹叡這話怎麼解讀呢：你已經把我媽殺了，留我一條命吧，我將來不會害你的孩子的。

但是這段話細推起來是有待商榷的！這段話並沒有如文中所說的那樣，曹丕因此「樹立之意定」，只是曹叡的一個承諾和求饒，真正立曹叡當皇太子的時候，曹丕就要死了！[7]

5　《魏末傳》：帝常從文帝獵，見子母鹿。文帝射殺鹿母，使帝射鹿子，帝不從，曰：「陛下已殺其母，臣不忍復殺其子。」因涕泣。

6　《魏末傳》：文帝即放弓箭，以此深奇之，而樹立之意定。

7　《三國志‧明帝紀》：七年夏五月，帝病篤，乃立為皇太子。

直到生命的最後時刻，曹丕才無可奈何地讓曹叡上位。

再次重申，上述僅僅是一個推測，並不代表著曹叡的真實身份。

同樣，作為一個蜀國人，隔了幾十年大概率也不會接觸到如此隱秘的甄妃秘史。

他的動機大概率有兩個：

1. 替晉朝噁心曹魏。

2. 為從小就非常優秀，被曹操看重，甚至在爭儲大位上給曹丕有重大加分幫助的曹叡，卻始終不被曹丕待見，找一個相對來說更合理的解釋。

說這些，就是想表明一件事：曹叡這些年被他爹壓制得相當厲害！

曹丕防曹叡到了什麼地步呢？曹操當年帶著曹叡天天在身邊教導，但到了曹丕上位後，曹叡和所有的朝臣都沒辦法接觸了。

直到曹丕死，群臣們都不知道曹叡水平的廬山真面目。數天之後，曹叡才單獨叫侍中劉曄去談話，一談就是一天。等到劉曄出來後群臣們問：「新領導怎麼樣？」劉曄說：「除了才幹稍欠，堪稱秦皇漢武的級別。」[8]

雖說劉曄有誇自己領導的成分在，但這位深得曹操喜愛的孫子應該並非尋常之君。曹叡自幼聰明，在爺爺耳提面命下見識廣闊，卻始終被打壓、被提防，不被當作繼承人，直到老爹生命的最後一刻才終於拿下皇位。

這樣一位有能力、有見識，成長過程中卻一直鬱鬱不得志的接班人，一旦得到了上位的機會，他要幹什麼事呢？

8　《世語》：帝與朝士素不接，即位之後，群下想聞風采。居數日，獨見侍中劉曄，語盡日。眾人側聽，曄既出，問「何如」？曄曰：「秦始皇、漢孝武之儔，才具微不及耳。」

證明自己的能幹！ 兌現自己的才華！ 讓你知道我究竟有多麼厲害！

丞相的整個北伐過程，面對的就是這位領導！

丞相繼遇到最難開局、最難蜀道、最難秦嶺之後，又遇到了一個高難度問題：曹叡這位極其英武的曹魏第三代領導人！

七、被武都大地震改變的炎漢國運

時間來到227年的年底，丞相準備北伐了。

大戰之前，先回顧一下四百年前的一個知識點：天池大澤。

同樣都是漢家在漢中北伐，天運問題就在「天池大澤」上體現出差別了：天池大澤在，四百年前的劉邦北伐，物流根本不受困擾而且速度飛快；天池大澤不在了，此時此刻的丞相北伐，物流就出現了大問題！

在此回顧一下四百年前漢中入關中的路線圖。（見圖10-1）

最早祁山道和陳倉道實際上是如圖10-1般依託西漢水和嘉陵江的，全程可通航。這也就意味著再難走的秦嶺山脈，韓信的運糧渠道並不艱難，可以通過一艘艘大船做到使命必達。

這是此時丞相要走的河道路線。（見圖10-2）

在這中間，漢水斷了，西漢水最終和嘉陵江源頭匯入了今天的嘉陵江。糧草、輜重無法再通過水路直接通到祁山道和陳倉道了。

嘉陵江不是可以直接通往四川嗎？從四川發水路直接走不是一樣嗎？不一樣，因為雖然那裡確實有河，但卻是無法通航的。

先來看這次河流改道的原因，在劉邦出漢中的二十年後，發生了一

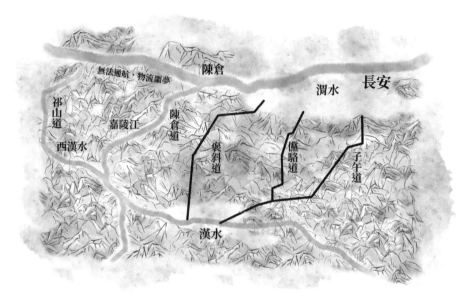

圖 10-1　西漢開國時的秦嶺諸道圖

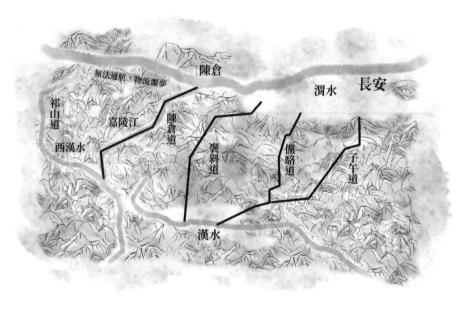

圖 10-2　丞相北伐時的秦嶺諸道圖

次著名的武都大地震。在那次地震之前，今天的略陽地區原是一個大湖泊，叫作「天池大澤」。（見圖10-3）

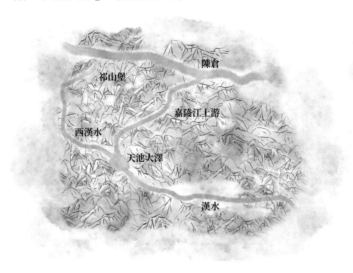

陳倉

祁山堡

嘉陵江上游

西漢水

天池大澤

漢水

圖10-3　天池大澤位置示意圖

這個大澤就相當於一個大水庫，使得西漢水和嘉陵江上游的水位高漲，水流速度變緩，也將祁山道和陳倉道同漢中平原貫通了起來。

但武都大地震後有了兩點巨大改變：

1.改變了河道，漢水被截斷了。

2.保證上游能夠通航的關鍵大水庫——天池大澤被震沒了。

這相當於在西漢水和嘉陵江上游失去了一個緩衝、攔截的水庫。

這又導致了兩個巨大變化：

1.上游水位降低，大船難以溯江而上了。

2.水流的流速變得湍急，小船幾乎無法航行。

這最終都成為丞相北伐的運糧噩夢。

後來著名的「木牛流馬」中的「流馬」，實際上就是最後一次北伐

時，應對褒斜道航行河道水流湍急而發明的運糧艇。但艇和船，這兩種運輸工具一比，效率不知差了多少。

兵仙和丞相同是「武廟十哲」，導致兩個人有截然不同的最終戰績，很大程度上還是國運問題。

僅僅一次大地震，從此天差地別！劉邦的「還定三秦」成為西南政權問鼎關中的絕響！從此以後，這個窗口永遠地關閉了！

本來秦嶺南北的比拚就是「漢中經濟體」和「關中＋河東經濟體」的較量。漢中本就沒什麼機會，因為物資生產能力與關中的差距太大了！唯一的機會就是關中局面亂＋漢中有大神，就像四百年前那樣。

現在糧道也給震沒了，丞相要北伐了，發現過秦嶺的五條道都一個德行，區別就是沒有最爛只有更爛！基本上會讓所有蜀漢人都產生墮入冰窖般的寒冷。

悲，莫過於絕望！哀，莫大於心死！

為什麼丞相之後的蜀漢主政者（姜維非關鍵人物）都沒再嚷嚷北伐呢？因為丞相通天大才尚且功敗垂成，這其實已經預示了這是一條註定能看到結局的路。

丞相的北伐既是蜀漢的最後一劑強心針，同樣也是蜀漢自知天命的最後一道休止符！該認命了！能扛到什麼時候就扛到什麼時候吧！

在丞相準備北伐之前，召開了戰前班子會，大將魏延提出了著名的「子午谷之謀」。

過秦嶺，大軍主要走的是陳倉道和褒斜道，儻駱道和子午道由於太險太窄，並不適合大軍行走。

魏延說：「現在鎮守長安的是夏侯楙，他是夏侯惇的廢物兒子，您給我精兵五千，扛糧食的五千，我走子午谷用不了十天就能神兵天降，到

達長安。[1]那草包聽我降臨必定棄城逃跑，長安城中唯有御史和京兆太守，沒有抵抗能力，長安城中的糧食夠我們吃的。[2]等到魏國再調大軍來最少得二十多天，到時您也接應過來了，這樣，咱一口氣就把咸陽以西拿下來了。」[3]

魏延的這個提案，成為千百年來眾多軍事愛好者討論的一個大課題，因為魏延眼睜睜說得聽起來是挺有意思的，再結合丞相後來北伐那麼多次卻全都失敗了，為什麼當初不賭一把呢？

站在丞相的角度琢磨這件事，我們就會明白為什麼丞相不賭這一把。

1.算上扛糧食的就一萬人去，最關鍵的一點，夏侯楙萬一不跑呢？攏共這一萬人想佔領四百年古都長安？

最關鍵的設想點，如果建立在對手的決策上，預期他會怎樣做，這種預案上來就失敗百分之九十了！即便成功了，那是魏延運氣好，談不上魏延有本事。

2.魏延的最大能動性是佔住長安，然後等丞相來支援，丞相這大軍能不能準時趕來支援是個很大的問題。

要知道大軍走的可是過秦嶺的恐怖道路，中間但凡有點兒突發情況，時間一耽誤，魏延就徹底地成孤軍了。

3.哪怕支援魏延來了，你們以長安做據點跟魏國援軍決戰靠不靠譜？

縱觀古往今來的關中爭奪戰，焦點都在黃河與潼關，關中這個大平原更適合的是塊頭更大、實力更強的魏國鋪開優勢兵力，長安城基本上

1　《魏略》：聞夏侯楙少，主婿也，怯而無謀。今假延精兵五千，負糧五千，直從褒中出，循秦嶺而東，當子午而北，不過十日可到長安。

2　《魏略》：楙聞延奄至，必乘船逃走。長安中惟有御史、京兆太守耳，橫門邸閣與散民之穀足周食也。

3　《魏略》：比東方相合聚，尚二十許日，而公從斜谷來，必足以達。如此，則一舉而咸陽以西可定矣。

並沒有成功阻擊過大規模的攻堅戰。

有人猜測，魏延的意圖也許是為了向東堵住潼關，將整個關中包餃子，但這有三個問題。

1.魏延沒那麼說，他自己說的最終目的是拿下咸陽以西，他的終極任務是偷襲長安。

2.就算他堵住潼關，人家關中還有駐軍呢，他打算用五千人橫掃關中無敵手嗎？再說當年曹操入關也不是從潼關進的，而是走的蒲津渡。

3.如果魏延堵了潼關，那麼黃河呢？

綜上三點所述，按照魏延的這一整套方案操作下來，基本去多少人死多少人。

不過即便如此，很多人也在說，丞相這輩子太謹慎，賭一把，萬一成功了呢？不就一萬個人嘛！

這就有點兒《三國演義》的思維了，書中動不動就七八十萬大軍，所以大家對一萬人並不當回事。實際上這一萬人至少相當於蜀漢當時所有武裝力量的十分之一了。

魏延要的一萬人裡面還有五千精兵，去了基本就是死，你說丞相能給嗎？拋開這一萬兵不說，還要搭上魏延，此時蜀中人才凋零，像樣的將軍不好找啊！

諸葛一生不用險，好的軍事家是先為不可勝，再勝別人。

丞相是怎麼回應的呢？丞相說你這種孤軍打法太懸了，不如跟著我踏踏實實地取隴右，那幾乎是百分百的成功率。[4]丞相從最開始就沒有將戰

4　《三國志·魏延傳》：亮以為此縣危，不如安從坦道，可以平取隴右，十全必克而無虞，故不用延計。

略重點放在關中，而是放在了西北的涼州。

丞相作為歷史級的戰略家，在《隆中對》失敗後，巧妙地制定了下一個戰略方針：由「橫跨荊益」，變成「縱跨涼益」。

這樣，孫、劉聯盟的實力壯大了，老大曹魏受損了，孫權還不吃虧。

這是國際實力平衡上的算計。

更重要的是，隴右對於關中有著戰略上的優勢。

1.自關中平原往隴山打，海拔突然高了大約一千五百米，這種仰攻作戰，首先就很艱難。

2.真爬上了隴西高原，又要面臨六盤山險惡的地貌環境，山勢迅速地就達到了四百米以上的落差，峽谷處處是懸崖峭壁，極為險峻。

3.隴山東坡陡峭，西坡和緩。（見圖10-4）

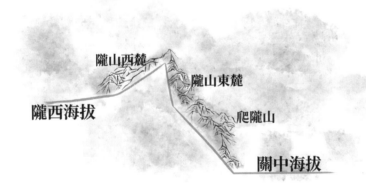

圖10-4　隴西與關中的地勢對比圖

涼州和關中交界的這道隴山跟秦嶺比較像，除了比秦嶺窄一塊以外，基本就是個小號的秦嶺。不僅非常險，而且和秦嶺一樣並沒有給人

們留下幾道可以走的正經路。

兩百多年前，西北梟雄隗囂靠著這道隴山，和摧枯拉朽平定天下的劉秀耗了整整五年。丞相是讀過歷史書的。

不僅隗老前輩在激勵著丞相，丞相這位算帳的大當家還看到了涼州的整體戰略地位。

從漢中往關中打，是從南往北打，這叫逆天而動，還得過恐怖的秦嶺，光一路的物流成本就給你弄神經了。

要是從涼州往關中打，過隴山比過秦嶺的難度要降一個維度，而且是從西往東打，大河向東流，這叫順天而動，還是居高臨下壓下來，想想就氣勢洶洶。關中要是往涼州討伐就是仰攻，當年劉秀帶著雲台核心將星出征隴西都那麼費勁。所以，丞相將目標瞄準了涼州，今後基本一直在踐行這個方針。

丞相這邊開拔北伐，另一邊派了一個人去幹一件很重要的事。他派的這個人，叫郭模。去的地方，是魏國的魏興郡。

幹什麼去呢？詐降，捎帶腳告密。

郭模去和孟達有矛盾的魏興太守申儀那裡詐降請求歸順，投名狀就是孟達通敵的重大機密，擺事實講證據的舉報你們孟達太守跟我們眉來眼去很久了。

丞相的目的是什麼呢？官方解釋是幫助孟達下決心：別琢磨了，反吧，我把你退路斷了，看你還三心二意。

實際上，要是丞相幫孟達下決心，為什麼大軍不在漢中，這樣在告發孟達時能隨時支援他？出兵幫助孟達鞏固住東三郡啊！

丞相的目的，是為他的北伐涼州，扔出孟達這個吸引火力的集火點。

226年年底，丞相同時扔出了三個劇本：

1. 自己率主力走岐山道北伐隴右。

2.令趙雲、鄧芝出褒斜道，據守箕谷作為疑兵混淆曹魏的判斷。

3.與此同時，派郭模向魏興太守申儀洩露孟達的通敵證據。

丞相打算搞出這樣一種效果：曹叡的辦公桌上在同一時間收到兩份軍情急件：一份是蜀軍主力出現箕谷，關中告急；另一份是新城太守孟達又反水了，東三郡告急。

曹叡迅速調動關中軍區和宛洛軍區分別平叛，過不了多久，接到最新戰報，孟達和箕谷蜀軍都不好弄，陷入僵局。曹叡派中央軍去分別支援。再過幾天又收到戰報：隴右丟了。

丞相為了編造這個劇本可謂煞費苦心。不過他算錯了三個人。這三個人，讓他斷送了他一生中最好的一次機會。

第一個人，是司馬懿（算錯的另外兩人後文再講）。

丞相鎮漢中的同年六月，司馬懿被安排都督荊、豫州諸軍事，率所領軍鎮宛城。司馬懿終於走到台前了，這是他這輩子第一次掌大軍區軍權。

好巧不巧，他在這個時候駐防荊州了！他這次恰到好處地駐軍宛城，破壞了丞相的一石二鳥之計。

司馬懿是跟丞相平級別的帝國大才，也和丞相一樣，都是特別會算帳的人。

司馬懿這輩子有一個最大的優點，就是根據自身的情況具體問題具體分析。

申儀向司馬懿匯報孟達裡通外國後，按常理講，這種地方大員級別的通敵案件是要交到朝堂上讓皇帝親斷的。

你怎麼就能確定是孟達造反而不是申儀栽贓呢？司馬懿能！

司馬懿在當年孟達投降過來的時候就斷定了這小子有問題，而且多次勸諫過曹丕，不能對這小子委以重任！此時已經是三朝元老並有托孤

威望，這份資歷使得對孟達早有預判的司馬懿做出了決定：「來不及報告了！先斬後奏！迅速解決孟達！」

當初孟達給丞相的信中，這麼寫道：「宛城距洛陽八百里，距我所在新城一千二百里，聽說我起兵，自然要向曹叡報告，單單中央批示的往返時間就要用一個月的時間，那時我的城池已防守堅固，各軍也做好充分的準備了。」

孟達在突然得知申儀告密後開始做反水的準備了，但沒多久他收到了司馬懿的來信，說裡面有誤會，誰的話我也不信，你別想不開。[5]

孟達當然知道這是拖延之詞，他已經開始向蜀與吳兩國分別求救了。沒錯，還有吳的事。買賣人孟達並沒有把全部希望壓在蜀那邊，在跟蜀通信時，跟吳也有聯繫。[6]

這老小子多油啊！不過他並沒有料到司馬懿會來得這麼快。

史書中說司馬懿八天走完一千二百里閃擊孟達，來誇他是閃電部隊在前進，我們說過這種幾百里的強行軍趕到戰場是不太可能的，趕到了也都累死了。

司馬懿在給孟達寫信的時候，已經開始星夜兼程地急行軍了，司馬懿並沒有向洛陽報告等請示，這就省了來回走一千六百里的時間，等到正月孟達官方宣佈造反的時候，司馬懿已經快到了，隨後僅僅用了八天就到達了上庸城下。這讓孟達比較蒙圈，怎麼會這麼快？

司馬懿率軍迅速趕到有什麼效果呢？迅速截斷了吳與蜀的支援路線，將孟達的上庸城變成一個無法逃脫也無人支援的孤城。

孟達體會到當年老長官關羽的感受了。

5　《晉書・宣帝紀》：蜀人愚智，莫不切齒於將軍。諸葛亮欲相破，惟苦無路耳。模之所言，非小事也，亮豈輕之而令宣露，此殆易耳。

6　《晉書・宣帝紀》：達於是連吳固蜀，潛圖中國……吳蜀各遣其將向西城安橋、木蘭塞以救達……

隨後就是連續十六天的八個方向的猛攻，一月底，上庸城破，孟達被殺，新城被司馬懿解放。

值得說一句的是，孟達並非是被打敗的，孟達是被親戚和手下背叛當投名狀了。司馬懿千里行軍，新城已被孟達經營多年，真打起來是很難拿下的。

物以類聚，人以群分。此君的結局對照他的人生喜感非凡。

司馬懿迅速拿下了孟達，使得曹叡收到西北告急的文件時，司馬懿已經把平叛成功的戰報往回送了。

曹叡因此可以專心致志地面對西北危機了。

八、街亭之戰前，曹魏真正的幕後英雄是誰？

228年正月還沒過，孟達這邊就迅速塵埃落定了。

雖說東邊的計劃沒能達到預期，但丞相在西邊的進展卻可以用「形勢一片大好」來形容。

丞相率蜀漢子弟兵在隴西亮相，軍容整齊、號令嚴肅，再加上自打劉備拿下漢中後這已八年了，隴西根本就沒見過兵火，突然看到丞相兵出祁山，魏國朝野上下恐懼，雍州的天水、南安、安定皆反叛響應丞相，關中震動。

丞相的這次北伐，堪稱其人生當中的最好一次機會。因為此時他手握兩項巨大優勢：

1. 魏國方面根本就沒有防備。

魏國本來只是提防劉備的，但是隨著老劉被燒崩了，幾十年的精銳全部賠進去後，魏國就再也不擔心了，再加上蜀漢好幾年都沒動靜，魏國根本就沒想過會有人討伐。[1]

---

1 《魏略》：始，國家以蜀中惟有劉備。備既死，數歲寂然無聲，是以略無備預。

2.魏國在戰略層面上出現了巨大失誤，隴西無重兵。

魏國對蜀漢無防備，使得他們在國防層面並沒有積極對待，隔著那道堪稱天險的隴山，居然並沒有將隴西方面進行行政區的單獨劃分，而是統歸為雍州管轄。（見圖10-5）

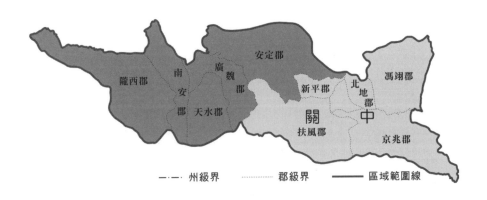

—·— 州級界　　　········· 郡級界　　　——— 區域範圍線

圖 10-5　隴西諸郡圖

魏國也根本就沒有想到蜀軍會打隴西，因此把佈防都集中在關中。

夏侯惇的兒子夏侯楙此時為安西將軍、持節都督關中，駐紮在長安。

雍州刺史郭淮的治所也在長安，所統率的州兵也在三輔駐紮。

丞相在戰後進行總結時承認了此次出征戰敗是責無旁貸的，因為己方的準備要比魏國充分太多了，最起碼人數是多過對手的。[2]

此時的形勢好到什麼地步呢？

隴右三郡在聽說丞相來了以後，除了隴西太守游楚，領導們第一時

2　《三國志·諸葛亮傳》：大軍在祁山、箕谷，皆多於賊，而不能破賊為賊所破者，則此病不在兵少也，在一人耳。

間扔了崗位都跑了，更不要說支援祁山了。

困守的游楚其實也快混不下去了，他是怎麼對手底下的人說的呢？

游楚說：「那幾個郡的太守因為對手下沒有恩德，聽說蜀兵來了以後都跑了，我為了國家守邊疆，已經決定與此城誓存亡了，誰要是想拿我的腦袋謀富貴我絕不攔著。」

手下的人說：「咱們是有感情的，我們和您生死與共。」

游楚說：「你們真夠意思！咱這樣，我也給你們想個出路，現在東邊的南安、天水兩郡都已經投降了，蜀兵必來。咱們先守著。如果國家救咱來了，蜀兵必退，咱們是戰鬥英雄；要是國家救兵不到，蜀兵攻城又太猛，你們就把我綁了投降，我絕對不連累大家，成不成？」[3]

手下的人於是和游楚達成君子協定，大家開始專心守城，後來投降的南安郡郡守果然當導遊帶著蜀軍來了。

游楚對內幾乎是哀求了，對外也並沒有把路走死，聽說蜀兵來了之後在城頭上喊：「對面的大帥，你要是能斷隴，使東兵不能上隴，用不了一個月整個隴西就都投降了；要是不能斷隴，純屬白費勁，別跟我這逗悶子了，快去幹正事吧！」[4]

游楚幾乎明碼播報了投降的條件：你們快斷隴去吧！

那後來丞相完成了斷隴了嗎？並沒有！

為什麼呢？因為一個人的關鍵抉擇問題！並非馬謖，他僅僅是最終崩盤的環節！這個關鍵人物比張郃和馬謖對於此次戰役的影響都要大！

3　《三國志‧張既傳》：卿曹若不願，我為卿畫一計。今東二郡已去，必將寇來，但可共堅守。若國家救到，寇必去，是為一郡守義，人人獲爵寵也。若官救不到，蜀攻日急，爾乃取太守以降，未為晚也。

4　《魏略》：楚聞賊到，乃遣長史馬顒出門設陳，而自於城上曉謂蜀帥，言：「卿能斷隴，使東兵不上，一月之中，則隴西吏人不攻自服；卿若不能，虛自疲弊耳。」

繼司馬懿飛車斬孟達後，丞相在隴西又遇到了非常罕見的黑天鵝事件！整個一出祁山戰役中，最大的勝負手出現在了曹魏這裡。

丞相在隴西遇到了一個並不遜色於此役獨享大名的張郃級別的人物：雍州刺史郭淮！就是在漢中之戰最關鍵時刻依然泡病假，夏侯淵一死就迅速挑大樑的那位。

郭淮自漢中之戰鍍金後沒多久曹丕就繼位了，有著曹丕背景的郭淮轉為鎮西長史，行征羌護軍，開始全面負責隴西工作。

在此期間和張郃、楊秋討山賊鄭甘與盧水叛胡等立有戰功，曹丕代漢後，提拔郭淮領雍州刺史，封射陽亭侯。

郭淮在雍州刺史任上幹得極其出色，每有羌、胡來降，郭淮都詳細地做好各部落的情報工作，等到和對方見面後突然說出來對方的秘密，以此達到自己半仙的效果，少數民族們被郭淮整得很伏貼。[5]

《三國志》中，對於郭淮，給出了「方策精詳，垂問秦、雍」的極高評價！

丞相為什麼挑了天寒地凍的正月來打隴西呢？就是為了躲這位郭淮！因為按常理來講，郭淮此時應該在去洛陽匯報工作、看望人質家屬的途中！[6]

魏延為什麼在子午谷之謀的時候判斷夏侯楙一定會跑呢？也和長安城中沒有郭淮這個主心骨有著巨大關係！整個蜀漢軍界在此次戰役推演中，都沒打這位郭淮的預案。

但是，誰也沒想到，郭淮在這年的這個時候極其反常地進行突擊巡查來了！《魏略》：「天水太守馬遵將維及諸官屬隨雍州刺史郭淮偶自西至

5　《三國志‧郭淮傳》：淮輒先使人推問其親理，男女多少，年歲長幼；及見，一二知其款曲，訊問周至，咸稱神明。

6　《後漢書‧百官志五》：初歲盡詣京都奏事。

洛門案行」,「案行」,是指中央及地方總督領導的定期巡視制度。

郭淮大正月的帶著巡視組去天水了!之所以說這次是突擊巡查,是因為按常規來講,每年的「案行」時間通常在八月![7]

是魏國的間諜部門收到什麼消息了嗎?極大概率並非魏國方面收到蜀軍要北伐的確切消息。因為整個曹魏的朝野反應和軍事部署在最開始非常被動。郭淮的反常,極有可能是自己作為雍州刺史的單方面判斷。通過丞相這半年多的北駐漢中,他大概率感覺到了大戰在即,於是開始緊鑼密鼓地進行邊疆巡查和軍事準備。

最終,郭淮成為丞相北伐繼司馬懿後第二個算錯的人!

丞相北上後一路勢如破竹,直到到了祁山後,丞相遇到了硬骨頭。

曹叡在中央強調他爺爺對天下三座第一檔要塞的重要性時曾經說過這麼一句話:「先帝東置合肥,南守襄陽,西固祁山,賊來輒破於三城之下者,地有所必爭也。」

這句話把祁山的地位捧得很高。

準確地說,祁山的全名叫作祁山堡。《水經注》中記載:「祁山在蟠塚(今天水齊壽山)之西七十許里,山上有城,極為嚴固,昔諸葛亮攻祁山,即斯城也。」

祁山堡位於禮縣東,祁山鄉以西,西漢水北岸,距離縣城二十多公里,所在的山峰地勢陡峭,為寬闊平川上突起的一座石質孤峰,山圍六七里,高八十米左右,四面絕壁,如斧劈刀削,易守難攻。

別看貌似挺險絕的地方,山上面其實沒什麼可利用的地勢,山頂面積僅有數十丈,大約兩千多平方米,僅僅有三分之一個足球場大小。算上宿舍和屯糧的地方,在山上駐防千人都費勁。

7　《後漢書・百官志五》:諸州常以八月巡行所部郡國,錄囚徒,考殿最。

祁山堡作為戰略阻擊點的能動性和地位跟襄陽與合肥根本沒法比。襄陽與合肥的背後都有水路直通超大都會宛城和壽春。一旦襄陽與合肥出現戰事，後方可以迅速調集大規模兵力和糧草去支援。祁山堡則沒有這個待遇。

　　此時涼州駐防的部隊都是郡兵，基本都在渭水河谷一線，廣魏郡治臨渭（今甘肅天水市東），天水郡治冀縣（今甘肅甘谷縣東），南安郡治源道（今甘肅隴西縣東），隴西郡治襄武（今甘肅隴西縣），它們與祁山堡之間有北秦嶺相隔。（見圖10-6）

圖 10-6　渭水河谷路線圖

　　渭水河谷南下只有兩條路：一條自上邽南下，一條自洛門南下。離祁山堡路途最近的是上邽（天水市秦州區），相距也有一百里。其實祁山堡對於整個北伐戰局並沒有太大的影響，因為孤懸在外而且能動性有限。攏共就千把來人，而且山圍很小，幾千人圍住山腳，能掀什麼風浪？

　　但是，丞相因為第一次上隴，各方面比較謹慎，在祁山堡耽擱了幾天的時間。就是這幾天的時間，某種意義上改變了整場戰役的最終結

果！

丞相到了祁山被絆住後，蜀軍北伐的消息開始迅速傳遍隴右，此時郭淮正和陪同著的天水郡各領導巡查到了洛門（今洛門鎮），聽說丞相已經到了祁山，郭淮對天水太守馬遵說：「要壞！」

此時郭淮和丞相的位置分別在這裡。（見圖10-7）

圖10-7　丞相與郭淮位置示意圖

郭淮在得知丞相已經到了祁山後第一時間就往上邽趕！[8]

理論上來講，丞相和郭淮距離上邽的路是差不多的，而且在時間上，丞相佔有先手！郭淮得到消息的時候，丞相至少已經到祁山幾天了。

但是，祁山堡耽誤的這幾天時間，使得郭淮最終搶先進入上邽，堵住了丞相繼續突破的口子。

8　《魏略》：天水太守馬遵將維及諸官屬隨雍州刺史郭淮偶自西至洛門案行，會聞亮已到祁山，淮顧遵曰：「是欲不善！」遂驅東還上邽。

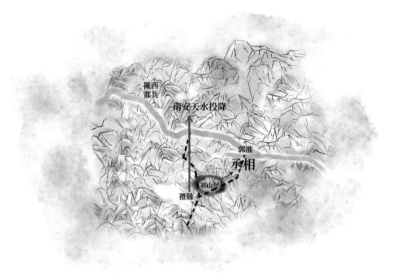

圖 10-8　郭淮阻攔蜀軍示意圖

雖然南安、天水軍民響應，蜀軍自陽溪支道進入，成功拿下二郡，但丞相斷隴的戰略目標，因郭淮搶入上邽而無法實現了。這也為後來的張部上隴，爭取了極其寶貴的時間！（見圖10-8）

整個邏輯鏈條是這樣推演的。

第一種可能：

如果沒有郭淮巡視組突然回頭看，南安、天水不戰而降後，上邽會輕鬆地被蜀軍拿下，祁山堡作為孤山堅持不了多久，丞相將迅速斷隴拿下隴西。

第二種可能：

1.即便郭淮巡查，如果沒有祁山堡的阻擊，丞相會第一時間迅速兵分兩路推進到洛門和上邽。

2.身處洛門的郭淮不僅沒機會搶入上邽，甚至會被蜀軍東西夾擊。

3.丞相可以迅速佈置兵力斷隴，並溝通響應的隴東安定郡一起參加

革命。

4.等到張郃救兵上隴的時候很可能就會面對丞相本人的親自阻擊。

第一次北伐很有可能就此圓滿成功！

結果因為郭淮這一個人的突然存在，使得祁山堡這個戰略支點有了意義，丞相雖然贏了先手，卻給了人家緩一口氣的機會！

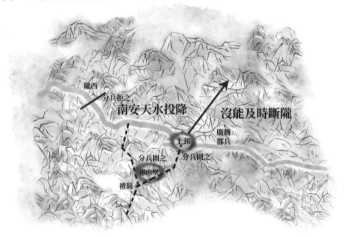

圖 10-9　蜀軍北伐前期戰略示意圖

郭淮這位雍州刺史已經在能動範圍內做到最好了，剩下就看中央的了。

魏國朝堂接到報告後，諸臣比較慌，拿不出個好建議。

時年二十四歲的曹叡在全都懵圈的時候展現出了不同於他這個歲數的睿智與英明，反應非常迅速，開始往西北調兵遣將。

1.意識形態上高調打氣，諸葛亮本來在洞裡待著咱打不著他，現在他出來就是送死，大魏必勝！

2.派大將軍曹真去長安接替夏侯楙，督中軍和關右兵去堵箕谷之敵。

3.派右將軍張郃上隴去解救隴西危機。

4.自己去長安坐鎮，表明高度關注西北戰事，為將士們助陣。

曹叡的這個部署雖然從戰略上非常積極，但是也可以看出，曹叡的戰略目標是保住關中不失，涼州保下來最好，保不下來也認了。

為什麼這麼說？因為此時丞相與趙雲的兩路部隊均已亮相，不難判斷出丞相的方向才是主攻的位置，蜀漢的目標是涼州。但是曹叡此次卻是令級別更高的曹真帶著部分中央軍和關中軍去堵趙雲並平定隴東反叛的安定郡；派右將軍張郃帶領部分中央軍去完成更艱巨的任務：支援隴西，打通隴道。這在戰略上比較明顯是保一望二了。

關中絕不能丟，曹真坐鎮郿縣，南堵趙雲，北平安定；張郃此行的目的，更像是佔領隴道，等待曹真的後續支援，甚至是堵住隴道防止丞相順勢東進下隴山搶關中。

因為天水、南安兩個最核心的隴右郡已經表態叛變了，丞相神兵天降已經到涼州了，過隴山又是仰攻。此時此刻，丞相的戰略目的，幾乎已經達到了。但是，由於郭淮的堅守上邽和蜀漢自身的實力原因，蜀軍並沒有來得及封鎖隴道！

從上邽到洛陽，按漢魏的「里」來計算，有一千五百里！

按孟達計算他造反的消息傳到洛陽，然後等來正式剿匪批文需要一個月時間來計算。[9]丞相攻隴右的消息需要半個月左右的時間傳到洛陽，但張郃從洛陽帶著中央軍絕對半個月到不了隴西！

這一來一回相當於至少一個多月的時間，丞相沒有完成斷隴！

這是為什麼呢？國力問題！盤子太小了！

丞相此次北上，由於不知魏國強弱，所以一步步走得極穩。

9　《晉書·宣帝紀》：宛去洛八百里，去吾一千二百里，聞吾舉事，當表上天子，比相反覆，一月間也……

史載當時丞相的基礎打得極牢，先為不可勝以待敵之可勝，數萬人
幹出了數十萬人的工事效果。[10]

丞相此次出隴西的兵力並不多，數萬而已！但丞相要幹多少事呢？
要分兵圍祁山，要分兵圍上邽，要分兵堵隴西郡。而隴道並不是一條，
有四條道。（見圖10-10）

圖 10-10　隴山諸道示意圖

所以理論上來講，丞相是無法再分兵上諸道斷隴了。

丞相這段時間在扎扎實實地營建營盤，並且全力圍攻祁山堡和上邽
城兩個關鍵點！只要把這兩個戰略位置拿下來，整個隴西將連成一片，
這數萬人就能聚攏回來，集中力量辦大事了！

10　《袁子》：亮率數萬之眾，其所興造，若數十萬之功，是其奇者也。所至營壘、井灶、
圍溷、藩籬、障塞皆應繩墨……

祁山堡守將高剛已經快不行了！後來二伐時郝昭在陳倉喊話表示誓死抵抗就舉了他的例子。[11]

聽說張郃率中央軍前來馳援後，丞相這裡仍然有主動權。

因為魏軍上隴後，無論走哪條隴道，都要經略陽地區南下上邽。只要堵住這裡，魏軍的支援就過不來！

在這個時候，丞相這輩子最大的一次，甚至是唯一的一次用人失誤出現了！這是丞相此次北伐算錯的第三人。他派了嫡系馬謖去堵了那個最關鍵的口子，略陽地區（今秦安縣隴城鎮）。

京劇中的著名橋段「失、空、斬」，就要上演了。

11　《元和郡縣圖志‧關內道二》：曩時高剛守祁山，坐不專意，雖終得全，於今誚議不止。

九、街亭之戰到底輸在了哪裡？

趙括的「親弟弟」，中國史上最臭名昭著、眼高手低的「聰明人」馬謖登場了。

馬謖要是有趙括的如下本事：

1. 能在戰國第一檔的武將白起合圍下，將趙軍攏住四十六天不崩盤。

2. 能逼得秦昭王親赴河內，將河內所有老少爺們全都賜爵趕到長平戰場去包餃子加固合圍。

3. 在斷糧一個半月後仍能有效組織起突擊隊，而且是有章法，有套路地分四個隊，正兵、奇兵地輪番衝殺，最後自己戰死。

4. 能將殺神白起打得最後心有餘悸地說「慘勝」。

咱丞相此次的北伐已經圓滿成功了，馬謖即便浪上了南山，也會在表彰大會上主席臺前排就座。

如果說趙括的「紙上談兵」多少有點冤，那馬謖的「言過其實」則根本沒得洗。

馬謖在老劉時代是作為治郡之才使用的，幹過綿竹成都令、越雋太守，「才器過人，好論軍計」，丞相對他非常器重。

劉備臨死前曾經專門對丞相說：「馬謖這小子言過其實，不可大用，你可千萬得想好了。」

老劉這輩子看人眼光極其毒辣，他單單挑出來了這麼一句話囑咐丞相，其實是已經預感到了丞相將來要大用馬謖。丞相你幹什麼我都放心，但這小子真不是這塊料，千萬別讓他挑大樑。

丞相在老劉死後將馬謖引為參軍，開始並沒有給他太大的施展空間，但馬謖比較能侃，經常一宿一宿地跟丞相進行頭腦風暴。

相信丞相對馬謖的感覺很有可能和曹操對郭嘉是一樣的：

1. 發自內心地喜歡。

2. 小夥子滿腦子的奇思妙想。

郭嘉說：「咱五百里奔襲，偷襲烏桓人去！」

曹操被撩得興奮了，道：「走！打他們去！」

結果喜提「天寒地凍進東北＋兩百里路沒有水」的地獄難度大禮包，曹操殺馬數千匹、掘井三十丈，才叫花子般地走到了白狼山。在上輩子拯救地球的好運氣下，曹操是碰上對面比他還浪，這才平安回來。

形成鮮明對比的是，丞相這輩子就沒碰上過好運氣。

1. 年少喪父，生逢亂世，家鄉遇到了百年未曾一見的屠城狂魔曹操。

2. 學有所成卻天下已定，被落魄縣長敲窗戶。

3. 上班不到一年被拆遷強制流浪，並被當世最精銳的虎豹騎追擊。

4. 隨後辛辛苦苦地幹了一輩子，其實就是給老劉擦了一輩子屁股。

5. 北伐這年才生了這輩子唯一的兒子，臨終難見一面。

6. 這輩子沒有一次「別人送」的好運氣，除了自己能掌控的之外，對手肯定會把最強難度的問題給他「精裝修」後送過來。

說句實在話，丞相這種運氣是消費不了郭嘉這種類型的參謀的。

丞相對馬謖的重用除了馬謖可能真的是位好參謀之外，還有一個原

因：他是丞相的嫡系，自己人中的自己人。

馬謖的哥哥馬良，是丞相異父異母的「親弟弟」。馬良是襄陽宜城人，離丞相耕讀時的隆中不遠，劉備領荊州後參加革命，後來丞相去跟老劉打劉璋，馬良留荊州輔佐二爺，經常給丞相寫慶功信，信中管丞相喊「尊兄」。[1]

劉備拿下成都後，馬良入蜀進入劉備班子成為左將軍掾，後來出使吳國，做過外交大使。

老劉稱帝后，馬良為侍中進入核心圈，東征夷陵的時候馬良被作為重點對象培養，獨當一面地入武陵招納五溪蠻夷。馬良幹得相當不錯，指揮少數民族部隊那叫一個得心應手。[2]

但是馬良在馬鞍山之役遇害，老劉親自選中的這顆好苗子白培養了。

丞相這麼喜歡馬謖，相信和馬良有著非常大的關係。丞相也打算培養幾個軍事上的嫡系，所以在聽說張郃援軍即將上隴後，破格提拔馬謖作為總指揮統領先鋒軍去阻擊。

當時宿將還有不少，大家覺得像守漢中的魏延、掌東州兵的吳壹都是好選擇，但丞相卻執意選了馬謖。[3]

為什麼要這樣呢？舉個呼聲最高的魏延的例子吧。

魏延是當年被老劉破格提拔起來的，漢中之戰後當了漢中太守，當時「一軍盡驚」，出乎了所有人的預料。這也就意味著，魏延永遠是劉備的人，永遠有著巨大的政治優勢，張飛都得靠邊站，由魏延來守漢中！

這位先主破格提拔的猛將有三個特點：

1　《三國志‧馬良傳》：聞雒城已拔，此天祚也。尊兄應期贊世，配業光國，魄兆見矣。

2　《三國志‧馬良傳》：蠻夷渠帥皆受印號，咸如意指。

3　《三國志‧馬良傳》：時有宿將魏延、吳壹等，論者皆言以為宜令為先鋒，而亮違眾拔謖，統大眾在前……

1.威風實在是比較大，除了丞相之外的人看見魏延都得躲著走。

2.自視比較高，每次出征，都打算分兵單獨行動，拿自己當劉邦的兵仙韓信、劉備的二爺關羽了。

3.經常背地裡發牢騷。

魏延還沒怎麼著就已經這麼牛了，如果他拿下了北伐第一功，會鬧出什麼動靜呢？他再嚷嚷分兵的底氣就更足了！蜀漢這點兒小體格，禁不禁得起分兵呢？

不懷疑魏延的能力，但是真實的世界不單單只考察能力的。戰略家有戰略家的考慮，當盤子太小時，必須聚攏所有力量在最高水平的人的指揮下，全域一盤棋！

丞相提拔嫡系，是進一步提高自己在蜀漢軍界的威嚴。就是為了讓魏延這種心裡野，還表現出來的人今後把嘴閉上！

這是沒有錯的，錯在他看錯了馬謖這個人！

客觀來講，丞相之所以會選馬謖，也是因為給馬謖的任務並不艱巨。因為二百年前來歙曾經在比馬謖還淒慘的條件下立下了大功。

公元32年，劉秀與西北狼隗囂鏖戰隴山時，來歙獨自帶領兩千本部軍開始了孤膽之旅，一路穿山越谷，伐林開道，躲過番須等隴坻諸要隘，突然出現在戰略要衝略陽城下，躲過了所有保安，冷不防揮軍入城斬殺守將金梁，成功奪佔了隴西心臟略陽城。

隨後劉秀把來歙給放棄了，讓來歙在略陽自生自滅地消耗隗囂。

隗囂也如劉秀所料，緊急令王元率軍防守隴坻，行巡防守番須口（陝西隴縣西北），王孟塞雞頭道（寧夏隆德東），牛邯防守瓦亭（寧夏固原南），在防線部完後，親率數萬大軍反攻略陽。

隗囂數萬人，拿不下來歙兩千兵守的略陽城。強攻不下後，隗囂又劈山築堤，截斷河水，引水淹城，玩起了水攻。但隴西的水勢肯定沒有

二爺淹于禁的漢水猛，隗囂水攻沖不垮略陽城，來歙則水來土掩，拚死固守，打到後面箭都用光了，便拆毀房屋，造箭接著打。就這樣，來歙的兩千孤軍在略陽堅持了四個月，略陽城巋然不動。

兩百年後，略陽城附近有個景點，叫作街亭。丞相命馬謖阻擊的地方，就是這麼個戰略要地。

略陽是今天秦安縣隴城鎮，地理位置並未在隴山隘口上。

為什麼丞相把阻擊點放在這裡呢？為什麼不再往東走直接堵在隴山口上呢？因為它是隴山諸道南下的關鍵交匯點！

關隴道、番須道、雞頭道、瓦亭道南下全都會經過略陽地區。

隴山有諸多要塞關隘，隴道其實眾多。游楚說的那句想拿下隴西的必需條件是「斷隴」。從戰略層面上，要是想實實在在地保證「斷隴」，就必須把上述隴道全部守住，才能徹底地「斷隴」。

如果此時丞相手中有十萬人，他大可以把四條隴道都堵死。但以丞相此時的兵力，是無法完成既包圍上邽的郭淮和祁山的高剛，又去堵這麼多的隴山隘口的。所以他才退而求其次地選在了南下匯總點略陽地區。

略陽地區的職能從來就不是攔住大軍的去路，而是所有隴道最終南下的匯總點，釘在這個地方能斷糧道！敵軍因此不敢南下。

東面大軍上隴後，來到略陽，會有四種選擇：

1. 直接邁過去這座城。

那後續給養路線肯定就會被略陽守軍破壞，大軍被餓死。

2. 留少部分兵力圍住略陽，大部隊偷渡過去。

那樣略陽城守軍很可能會把圍城軍吃掉。即便吃不掉，少量圍城軍也很難達到保護漫長糧道的作用。

3. 留大量士兵圍城，少部分先鋒軍南下支援。

確實是不用擔心略陽了，但先鋒去了就讓南邊打死了。

4.老老實實地把略陽城轟下來，糧道通後再踏踏實實地南下。

但凡打過仗的將領，都會選擇第四種。

如果兵力足夠，「斷隴」實際上還是要阻塞隴山諸道為上。如果兵力不足，守住了這座城，實際上也起到了把援軍堵在略陽的效果。

丞相令馬謖「統大眾在前」，此時馬謖面對的比當年來歙的局面可好太多了！

1.手中的人絕對比來歙的兩千人要多出好幾倍！

2.張部的援軍也絕對沒有主場作戰的隗囂實力強！

而且丞相明明白白地交代了任務：要求馬謖去守城！！！

後來馬謖的罪過是：

1.謖違亮節度，舉動失宜。

2.謖依阻南山，不下據城。

馬謖上山不據城，違背了丞相的節度安排。

這裡有兩個疑問：

1.此時的街亭並非當年的略陽城。

沒錯，街亭城並非原略陽城，街亭全名是街泉亭，歸屬略陽地區管轄。

《後漢書‧郡國志》：「略陽縣有街泉亭。」

《大元混一方輿勝覽》：「街泉故城，後漢省入略陽，為街泉亭，今秦州隴城縣。」

《秦安縣誌》：「斷山，其山當略陽南北之衡，截然中起，不與眾山連屬，其下為連合川，即馬謖覆軍處。」

但是，正因為這點，才將一個謎底揭開：丞相並非是匆忙去搶街亭，而是早有預案！

因為從常理來講，丞相安排的「據城」任務，應該是當年的英雄景點略陽城。但最終選在同一區域不遠處的街亭城，極大可能是丞相在圍攻郭淮的時候已經進行過勘察，認為此時的略陽城在阻擊條件上比不上街亭城！略陽城年久失修，而街亭城沒問題！

丞相數萬人幹出了數十萬人的工程量，如果略陽城和街亭城都不堪重任，他可能不去修嗎？就差這點兒活就幹不了了？

街亭城應該是丞相早就選好的預案，丞相判斷這座城是能夠擔當重任的。蜀漢的戰略就是集中全部力量圍攻卜邽和祁山，一旦救援來了，就及時派兵佔領街亭，堵住略陽地區！

這座城是丞相的預案！不是城破爛！不是不能防守！不是沒經過勘察！不是沒跟馬謖交代明白！

要是兩眼一抹黑的話，丞相肯定會讓馬謖去守略陽城，而不會是之前史書中從未記載的街亭城！

街亭城在治軍頂級的丞相眼中，是足以擔當狙擊任務的！

2.第二個疑問：萬一街亭城就是殘破不適合防守呢？丞相就是沒勘察，然後教條主義地想當然讓馬謖守城了，所以馬謖一看不對就上山了。

即便出現這種不太可能的情況，舉個半年多後的例子就清楚了。丞相二次北伐打陳倉，陳倉守將郝昭手中僅僅有千餘人，丞相手中有數萬人，攻城到最關鍵時期，郝昭能夠臨時築牆來抵擋蜀軍進攻！[4]

就算城殘破也並非不能整修，時間上絕對不會來不及！丞相都用高科技手段輪番攻城了，郝昭照樣不耽誤臨時築牆！而且修城絕對比從山上從無到有地搭工事要省時省力得多！

張部千里馳援其實更像是強弩之末，倉促間攻城器材是否帶了都很難講。

4　《魏略》：亮乃更為井闌百尺以射城中，以土丸填塹，欲直攀城，昭又於內築重牆。

丞相命馬謖「統大眾在前」，實際上是將一件難度並不大，卻功勳極大的任務給了自己要培養的嫡系！

　　沒讓你攻堅城！沒讓你野戰勝！就是僅僅釘在那裡！拖住張部！祁山就要打下來了！等張部疲憊了，我拿下祁山後再匯攏大軍來收割他！

　　但是，丞相這輩子就算錯了這麼一次！

　　派其他任何一個人去，都不敢違背治軍極嚴的丞相軍令，讓守城肯定守城！不然回來肯定軍法從事。就算是魏延也不敢，因為他不是嫡系。他需要打好這一戰增加自己的功勳，將來好找丞相提分兵的事。

　　丞相就是為了杜絕魏延的這種小心思才會「違眾拔謖」，讓自己的嫡系去拿這個功勞。

　　結果他千算萬算，卻繼司馬懿和郭淮後，算漏了整場戰役的第三個人：他的嫡系馬謖！

　　馬謖不怕違背丞相的軍令，因為他是領導的鐵桿嫡系，丞相跟他「每引見談論，自晝達夜」的過程中沒少誇他！所以他「統大眾在前」後，覺得自己有資本、有能力具體問題具體分析，他覺得在城裡當縮頭烏龜已經不過癮了！上了隴西就是圍城，現在好不容易能野戰了！他要陣斬張部！奪下北伐第一功！

　　馬謖到了前線根本不搭理丞相前面的佈置，根本不去守城，而是上了南山。他放著城不守，就是想複製類似於趙奢在閼與之戰時，秦國援軍立足未穩，趙軍從山上衝擊大勝的案例！

　　他不想阻敵，而是殲滅！

　　當時馬謖的先鋒王平就對他說：「你就算不據城，你也不能捨水上山啊！最起碼大軍守著河水駐紮，將少量伏兵安排在山上去啊！」

那哪兒行！在河邊，我怎麼能夠將重力勢能轉化為動能！我得高山落大石地砸死他！

馬謖上山後，開始了各種各樣的佈置，下達了很多煩擾的命令，王平多次勸諫，馬謖繼續不搭理。[5]

山上什麼都沒有，營寨要新建，各營的佈置要安排，舉措要是不煩擾就見了鬼了！

就這樣，馬謖信心滿滿地迎來了千里迢迢趕來的張郃。

張郃到了街亭後高興得都哭了。老天終於睜眼了！人家張遼在合肥一次次地被孫權送溫暖，我這大半輩子都在西北鏖戰，上司夏侯淵是那種拿我當炮灰不眨眼的老雞賊，打仗碰上的不是老劉就是蠻夷，從來沒有中大獎的時候！這輩子終於也有給我刷封地的人了。

馬謖不是沒安排守水道的，但是他的兵力如王平所說有問題。因為張郃到了街亭一眼就看見這個弱點下手了。[6]

打一輩子仗了，什麼情況一打眼就知道怎麼置你於死地了。等給馬謖斷了水之後，張郃再打，蜀軍就崩了。

馬謖敗在了哪裡呢？敗在了大家對他失去了信心。

本來一向一碗水端平的丞相這次突然搞圈子文化就讓大家很不爽了！

結果本來部署去守城的，你非得自作聰明上山，丞相的話你都不聽了！瞅給你能的！上山就上山吧，你自己不去保護水道，還進行各種各樣的煩擾的部署！

5　《三國志・王平傳》：謖舍水上山，舉措煩擾，平連規諫謖，謖不能用。
6　《三國志・張郃傳》：謖依阻南山，不下據城。郃絕其汲道，擊，大破之。

最終被張郃打哭的時候是個什麼狀態呢？諸軍大潰敗，只有僅帶一營兵千餘人的王平鳴鼓穩住陣腳，嚇唬住了張郃，收斂敗兵撤了回來。[7]

後來丞相在問趙雲部撤退戰況的時候說：「街亭戰敗，軍隊指揮系統已經失靈崩潰了。」[8]這種崩潰戰役在治軍極嚴的丞相帶兵生涯中也是唯一的一次！

就算馬謖被斷了水道，他要是有本事攏住部隊，也不至於「眾盡星散」，丞相仍然有翻盤的機會，因為丞相已經帶著後軍就要趕到街亭了！丞相估計是聽說了馬謖的佈置，知道壞事了，於是緊趕慢趕地往街亭奔，還剩數里的時候聽到了噩耗：馬謖那邊已經被張郃打花了！[9]

就差一步啊！

丞相回來救馬謖匆忙到什麼地步呢？被圍在上邽的郭淮隨後就出城攻打高詳，大破之。高詳事後沒被追責，仍被重用，估計是丞相帶著所有人來救馬謖了，高詳這裡已經沒什麼阻擊力量了。

丞相聽說馬謖崩潰後並沒有急忙前去解救，而是原地整頓，張郃被王平唬走了，不久又追過來了，丞相下令徐行接戰，隨後魏軍退。

前軍大損，士氣被打爆，丞相之前的所有努力全都白做了！如果馬謖能在街亭和張郃僵持住，丞相內功極穩，南安天水已降，丞相營壘的數萬人幹出了數十萬人的效果，完全具有打持久戰的可能性。

隨後就是拚後勤了。魏軍需要自關中翻隴山調糧，蜀軍雖然從漢中調糧也不容易，但同時還能從南安天水就地取糧，誰能撐得久不言而喻。

但是這一戰，前軍被張郃打崩，士氣淪喪，整個隴西的大勢已經顛倒了。不僅隴西諸郡會牆頭草般地拋棄蜀漢，而且馬謖帶走的部隊不是

7　《三國志·王平傳》：大敗於街亭。眾盡星散，惟平所領千人，鳴鼓自持，魏將張郃疑其伏兵，不往逼也。於是平徐徐收合諸營遺逼，率將士而還。

8　《雲別傳》：街亭軍退，兵將不復相錄……

9　《袁子》：袁子曰：亮之在街亭也，前軍大破，亮屯去數里……

小數！他「統大眾在前」，結果「眾皆星散」，相當大比例的部隊已經喪失戰鬥意志了。

丞相面臨著軍隊士氣和隴西行情的雙輸局面！本來總量就不大，這一敗就更翻不了盤了！求穩的丞相開始退軍，拔西縣千餘家，還於漢中。

戰後清算，最可恨的是馬謖還跑了，[10]被逮回來後，丞相殺掉馬謖以平眾怒。

丞相哭了。哭什麼呢？這輩子可能就這一次沒按原則辦事，結果卻捅了這麼大的簍子！

回漢中後，子龍那路也退回來了，在箕谷被曹真擊敗，子龍雖斂眾固守，不至於大敗，但仍被貶為鎮軍將軍。

丞相又誅張休、李盛這兩個街亭戰中表現特別差的將軍，把將軍黃襲的兵權奪了，只有在臨陣有大將之風的王平受到了封賞！[11]

實踐是檢驗真理的唯一標準。靠譜的王平後來又一次遇到了張郃，在丞相交給阻擊任務後，完美地扛住了張郃的進攻，為丞相攻打司馬懿提供了關鍵的戰略保障！

戰後丞相總攬全責，自貶三等，為右將軍，行丞相事，所總管事務如前。

丞相賞罰分明，挽回軍心，也給自己的工作繼續加量加碼，逐漸將民心、軍心從這次失利中帶出來。[12]

但是，天時已去！

10　《三國志・向朗傳》：朗素與馬謖善，謖逃亡，朗知情不舉，亮恨之，免官還成都。

11　《三國志・王平傳》：丞相亮既誅馬謖及將軍張休、李盛，奪將軍黃襲等兵，平特見崇顯，加拜參軍，統五部兼當營事，進位討寇將軍，封亭侯。

12　《三國志・諸葛亮傳》：於是考微勞，甄烈壯，引咎責躬，布所失於天下，厲兵講武，以為後圖，戎士簡練，民忘其敗矣。

此戰後，郭淮就開始一直在隴西辦公，將所轄州兵帶到了隴右，作為常駐軍。曹真在督戰關中時命郝昭重修了陳倉城，自己也受命代替草包夏侯楙常駐關中。

天水、南安、安定三郡領導分別被整肅，堅守的游楚被封侯，受到表彰。隴西再也不會出現那麼輕易響應的機會了！

丞相這輩子可能就這麼一次違心的人事安排。但弱者的容錯率是極低的！錯過了，就永遠錯過了。

大唐最 in 的時尚潮流雜誌
《唐風美人誌》夢迴號來啦！

集美妝‧八卦‧選秀於一刊
帶你走入唐朝上流才子佳人的藝文圈
吃最新鮮的瓜，看最淒美的愛恨情仇
還有美食美景專欄介紹
千萬不要錯過！

穿越時空，夢回唐朝
突然有一天你睜開眼睛，發現自己身處繁華和平的盛世大唐，看見街上往來的行人中不乏有
裝扮美艷、詩詞歌賦信手拈來，或絲毫不在乎世俗目光，一身瀟灑勁裝的女子，你是否也會
對這個朝代感到好奇？

唐朝女子愛梳妝打扮，人人都知，花鈿面靨樣樣來。當然，一般女子如此，傳奇才女更不得
了，在愛情上，她們不僅敢於追求，愛了之後更是敢愛敢恨。

一起來聽聽這些美人們如何親口對你說！

風靡大宋的時尚潮流雜誌
《雅宋美人集》火熱上市啦！

看美人、品雅事、玩風俗
帶你一窺宋朝才女賢后斑斕起伏的人生
看煙花女子如何從底層崛起，逆風翻盤
難的不只女性，還有皇帝
快點翻開書一同穿梭時光，品味千年前的人間煙火

宋朝女子不僅愛美，更有才華。

一句「知否？知否？應是綠肥紅瘦」紅遍大街小巷、串聯起千年的傳統文化與當代潮流，不僅僅是這個世代最熱門的電視劇，也是宋朝最具代表性的詞人李清照的詞作。

現在就翻開本書，深入了解宋朝那些你聽過或未曾知道的才女豪傑，讓最平凡、最有人間煙火味的大宋美學，陪你度過一段風雅時光！

翻開本書，帶你玩轉漢服！
從漢朝到明朝的古人穿衣哲學

詳盡為你解釋各種形制款式

～～漢風霓裳～～

歡迎來到【漢風霓裳】服飾頻道。

近幾年，各種話題的古裝劇輪番上演，
你是不是想知道，漢朝人民穿得和電視劇裡的人是否一樣樸素？

辛追夫人的素紗襌衣到底長什麼樣？

古代也有「女裝大佬」嗎？

竹林七賢裡的名士們都穿些什麼？

本書以插畫搭配文物照片，並入小短文等活潑的方式，
帶你深入了解漢朝到魏晉南北朝時代的衣著打扮，
既風趣幽默又能學習新知識。

謙謙君子，溫潤如玉
提到古人帥哥，你的腦海裡首先想起了誰？

是電影裡娶了八任老婆還點了秋香的風流才子唐伯虎，
還是周瑜的好基友，人稱「江東小霸王」的孫策？
你聽過余光中寫李白「繡口一吐，就半個盛唐」，
那你知道這位青蓮居士謫仙人的瀟灑值有多高嗎？

屈原、曹植、蘇軾、韓信……
亂世中的男神們不僅有堅定的信仰，
更是文韜武略智勇雙全！
快翻開本書，陪男神們一起度過人生起落！

不要以為古人都一本正經做學問，這些古人不僅長得帥，還一個個都「超難搞」！
◆又双叒叕被貶官的蘇東坡會一蹶不振嗎？不！人生除吃無大事！
◆溫柔小王子扶蘇線上為你回答關於他的熱門提問！
◆別以為七步成詩在家就能混得風生水起，除了嚴父還有一個嫉妒自己的變態老哥，曹家八卦全都報乎你知！

君子溫如玉

16.9 X 23.4 cm　208頁

陌上人如玉，公子世無雙
你知道長得帥除了可以為所欲為，還可以流芳百世嗎？

潘安已經成了美男子的代名詞，
戰神蘭陵王更是因為長太美才戴上面具。
傳為中國古代第一「男皇后」的韓子高不僅貌美，還能征戰沙場。
更別提顏值、智商和諸葛亮不相上下，
和好基友孫策站一起就成了「江東雙璧」的周瑜。

男神們不僅能打、有才還寫得一手好字，
快翻開本書，陪男神們一起看遍風起雲湧！

談到「男神」，你多半會想到那些有名有姓的全民偶像，類似「宋玉」、「潘安」這樣的存在。只要一提到他們的名字，大家就知道此人帥得無庸置疑。

那麼在古代，他們到底如何誇讚美男子的呢？讓《詩經》來告訴你！

千萬不要以為古書都是非常古板死氣沉沉的東西，裡頭對人的描述是既精準又唯美，倘若有一天你不小心穿越到了古代，也可以現學現賣用上兩句，當然，依照書裡頭的形容，你也可以選擇以身仿效，自己實踐做一個有德有才的美男子試試看哦！

憂國憂民杜甫、逆襲牛人高適、完美男神王維、
文藝大叔孟浩然、情詩天王李商隱、花間浪子溫庭筠、
大女主體質李清照、全能天才辛棄疾……

三十多位詩詞大咖,迫不及待地想告訴你,
在唐宋江湖裡,他們是如何意氣風發、快意恩仇?
而一首首流傳千古的名篇背後又有怎樣的故事?

詩詞＋歷史＋故事
既接地氣又尊重正史,保證「笑中帶淚」
帶你夢回唐宋,認識一個個有血有肉的文人將相。

★★特別適合～想進一步了解詩詞背景、詩人小傳的詩詞愛好者。★★

超人氣詩詞公眾號的掌門人──少年怒馬決定帶你讀詩、讀人、讀歷史!
全書採用活潑輕鬆的現代用語,接地氣的同時也絕對尊重正史,在有所依據的基礎上,注入
個人豐富的想像與情感,開展出一篇篇「詩詞歷史故事」。這麼寫是想跳出「翻譯＋注解」的條
條框框,詩仍是主菜,史是配料,力求生動有趣,期許能幫助讀者將生硬的歷史在談笑風生
中消化吸收。

鮮衣怒馬少年時 壹 貳   16.9 X 23.4 cm   240頁

夜奔情郎的卓文君，詠絮之才的謝道韞，
婉約不失豪情的李清照，宮廷覆雨翻雲的上官婉兒，
顛沛中堅毅圖存的蔡文姬，紅顏未老恩先斷的班婕妤……

我們讚歎古代女子的才華橫溢，也感喟其生不逢時的境遇。
聽作者娓娓述說她們的故事，如此鮮活立體，
隔著千年時光的長河，仍能觸動現代人的心弦。

收錄十幀精細絕美彩色插圖，
盡展十位文壇女子的才貌雙全！

★為什麼想寫古代文壇才女呢？

那些在歷史上留下姓名和事蹟的女子，好像都有些叛逆，特別是為我們所熟知的古代才女們，例如李清照、蘇小小、魚玄機、上官婉兒，她們都不是傳統意義上的好女人。她們中有的酗酒，有的賭博，有的不結婚，有的養男寵。

她們從來就不是千篇一律的美女面孔，而是活得特立獨行，千姿百態，每一位都有自己的個性、特點。可是在男性主導的世界裡，她們常常會被忽略，只有史書上關於她們的三言兩語和一些散 落民間的傳聞逸事留存。千百年前真正的才女，到底是怎樣的呢？

我想寫一寫她們的故事，喚醒她們，將她們的音容笑貌、喜怒哀樂，再次呈現在世人面前。

烈焰繁花少女時   14.5 X 21 cm   288 頁

TITLE

三國爭霸（中）

STAFF

出版	瑞昇文化事業股份有限公司
作者	渤海小吏
創辦人 / 董事長	駱東墻
CEO / 行銷	陳冠偉
總編輯	郭湘齡
文字編輯	張聿雯　徐承義
美術編輯	謝彥如　李芸安
校對編輯	于忠勤
國際版權	駱念德　張聿雯
排版	洪伊珊
製版	明宏彩色照相製版股份有限公司
印刷	龍岡數位文化股份有限公司 紘億彩色印刷有限公司
法律顧問	立勤國際法律事務所　黃沛聲律師
戶名	瑞昇文化事業股份有限公司
劃撥帳號	19598343
地址	新北市中和區景平路464巷2弄1-4號
電話 / 傳真	(02)2945-3191 / (02)2945-3190
網址	www.rising-books.com.tw
Mail	deepblue@rising-books.com.tw
港澳總經銷	泛華發行代理有限公司
初版日期	2024年10月
套書定價	NT$880／HK$275（全套3冊不分售）

國家圖書館出版品預行編目資料

三國爭霸 / 渤海小吏著. -- 初版. -- 新北市 : 瑞昇文化事業股份有限公司, 2024.10
3冊 ; 16X23公分
ISBN 978-986-401-777-5(全套 : 平裝)

1.CST: 三國史 2.CST: 通俗史話

622.3　　113013430